Friederike von Aderkas
mit Sylvia Gredig

Wutkraft

Für Thilo

Friederike von Aderkas
mit Sylvia Gredig

Wutkraft

Beziehungen beleben

Energie gewinnen

Grenzen setzen

BELTZ

Dieses Buch ist ausdrücklich kein Selbsthilfebuch bei Suizidgedanken. Wenn Sie solche Gedanken haben, können Sie hier Hilfe finden:
Deutsche Telefonseelsorge: www.telefonseelsorge.de oder unter (08 00) 111 0 111 (kostenfreie Notfall-Hotline).

FSC www.fsc.org MIX Papier | Fördert gute Waldnutzung FSC® C089473

Dieses Buch ist erhältlich als:
ISBN 978-3-407-86644-8 Print
ISBN 978-3-407-86645-5 E-Book (EPUB)

4. Auflage 2024

Lektorat: Bettina Brinkmann
Umschlaggestaltung: anjagrimmgestaltung.de
Bildnachweis: © MyStocks/Shutterstock.com
Herstellung und Layout: Sarah Veith
Satz: Publikations Atelier, Dreieich
Druck und Bindung: Beltz Grafische Betriebe, Bad Langensalza
Beltz Grafische Betriebe ist ein klimaneutrales Unternehmen (ID 15985-2104-100).
Printed in Germany

Weitere Informationen zu unseren Autor:innen und Titeln finden Sie unter: www.beltz.de

Inhalt

DRITTER TEIL

Nutze Wut als Lebenskraft

Wer Ja sagt zur Wut, sagt Ja zum Leben

Wut hat viele Gesichter. Bei einigen zeigt sie sich durch einen roten Kopf und hervortretende Adern auf der Stirn. Andere setzen eine strenge Miene auf oder begegnen dir mit einem hämischen Lächeln. Wieder andere zeigen ein undurchschaubares Pokerface, das dir keinerlei Hinweise auf die innerlich aufschäumende Wut gibt. So erkennen wir bei manchen Menschen gar nicht, dass sie wütend sind. Vielleicht schlägt uns nur ein eisiges Schweigen entgegen, das den Groll stumm in sich trägt. Andere spüren die Wut in sich selbst erst, wenn sie bereits hochgekocht ist. Plötzlich sitzt ihnen ein dicker Kloß im Hals, oder ein stechender Kopfschmerz begleitet sie durch den weiteren Tag. Viele von uns haben früh verlernt, die ersten Zeichen von Wut zu erkennen. Vielleicht war es in der Familie nicht gerne gesehen, Widerstand zu leisten und Trotz und Zorn wurden sofort gemaßregelt: »Fang jetzt bloß kein Theater an!« oder »Reiß dich zusammen!«.

Unbewusst ausagierte Wut trägt zerstörerische Tendenzen in sich. Wut hingegen, die uns dient, das Leben nach unseren Bedürfnissen zu gestalten, ist nicht blind und aggressiv, sondern klar und ausgerichtet. Wie gelingt es uns, unsere Wut auszudrücken, bevor sie unkontrolliert überkocht? Und was hat dazu geführt, dass viele von uns diese Wut in sich gar nicht zulassen?

Unterdrückte Wut schadet Seele und Körper

Während meiner Tätigkeit als Pädagogin und Seminarleiterin sind mir häufig Menschen begegnet, die sich selbst verboten haben, ihre eigene Wut zu spüren, und es erst recht nicht wagten, sie anderen zu zeigen. Ich beobachtete, dass es ihnen schwer fiel, ihr Leben mutig in die eigenen Hände zu nehmen, und suchte nach Wegen, sie bestmöglich zu unterstützen. In dem Zusammenhang nahm ich bald auch mein eigenes Familiensystem unter die Lupe und entdeckte, was mich prägte: Wenn ich als Kind ärgerlich war oder den Anweisungen meiner Eltern nicht folgte, kam es vor, dass meine Eltern mich mit dem Satz auf mein Zimmer schickten: »Bring dein Böckchen auf die Weide. Wenn du dich beruhigt hast, dann darfst du wiederkommen.« Sie sagten das bestimmt, wenn auch keineswegs herabsetzend oder besonders laut. Mir gefiel es nicht, allein im Zimmer zu sein, also verkniff ich mir rebellisches Verhalten möglichst – ich begann, die unerwünschte Wut zu unterdrücken. Ich entschied mehr oder weniger unbewusst, meine Bedürfnisse zurückzustellen und mein Verhalten anzupassen, um geliebt zu werden. So auch, wenn es mal etwas zu essen gab, das ich nicht mochte: Wir Kinder mussten drei obligatorische Löffel probieren. Ich erinnere mich, dass ich das als unfair und gemein empfand, dass das für mich nicht stimmte, etwas zu essen, was mir nicht schmeckte. Ich lernte jedoch, dass diskutieren hier nicht half, und hielt mich an die Regel. Manchmal fühlte es sich an, als würgte ich mehr als das Essen hinunter. Heute würde ich sagen, ich habe meine Wut mit hinuntergeschluckt. Denn auch wenn ich mich entschieden hatte, meine Wut nicht auszudrücken, so funktionierte es nicht, sie gänzlich loszuwerden.

Das war eine weitreichende Erfahrung für mich. Heute kann ich sehen, was ich mir mit der Entscheidung, meine Wut nicht auszudrücken, genommen habe. Heute weiß ich: Wut ist eine Kraft, die du nutzen kannst, dein Leben so zu gestalten, dass du dich präsent und lebendig fühlst! Wut zeigt dir, wo Ereignisse, Situationen und Verhältnisse für dich nicht stimmen. Sie kann dir helfen, im Beziehungs- und Familienleben und auch im Beruf neue Weichen zu stellen und positive Veränderungen herbeizuführen. Wut ermuntert dich, deine Stimme zu erheben, deine Meinung zu äußern, Grenzen zu setzen und handlungsfähig zu werden. Sie hilft dir, an wichtigen Stellen einzugreifen, Unterstützung anzubieten oder um Hilfe zu bitten; sie hilft Menschen, ihre Wahrheit zu sprechen und Streit zu beenden.

Wird Wut unterdrückt, bahnt sie sich anderweitig ihren Weg und sucht eine Form, sich zu zeigen – wenn nicht laut, dann eben leise, passiv oder schlimmstenfalls auch gegen sich selbst gerichtet. Die Schweizer Professorin für Psychologie Verena Kast hat Gefühle wie Ärger und Wut umfangreich erforscht und erkannt: Menschen, die sich Wut verbieten, leiden nicht selten an Depressionen.[1] Das Herunterschlucken von Wut kann negative Folgen haben, die sich sowohl in psychischen als auch in somatischen Krankheiten ausdrücken können. Menschen, die kaum Zugang zu ihrer Wut haben, leiden nicht selten an geringem Selbstwert und starken Selbstzweifeln. Sie stellen sich häufig die Frage nach ihrer Daseinsberechtigung.

Der Zusammenhang von Emotionen mit psychischen und somatischen Beschwerden gelangt durch neue Erkenntnisse, zum Beispiel in der Traumaforschung, seit einigen Jahren stärker in den wissenschaftlichen Fokus. Panik, Angstattacken und Depressionen, wie auch verschiedene körperliche Symptome, sind nach dem Amerikaner Peter A. Levine, einem der bedeutendsten Traumaforscher unserer Zeit, Kennzeichen für anhaltenden Stress.[2] »Heftige Gefühle – ebenso wie ein Mangel an Gefühlen – führen zu körperlichen Veränderungen, die zu [...] psychosomatischen Störungen beitragen«, wissen die Psychologen Laurence Heller und Aline LaPierre, Experten für Bindungsstörungen und Entwicklungstraumata.[3]

Wissenschaftliche Untersuchungen dazu, welchen Einfluss etwa die Körperhaltung und das Körperbewusstsein auf unser Befinden haben, liegen schon länger vor. Nina Bull forschte auf diesem Gebiet ab den 1940er-Jahren an der Columbia University of New York. Sie legte Studien über den engen Zusammenhang körperlicher Haltung und Spannungsmuster mit dem Empfinden bei Depression vor. Therapien wie Feldenkrais und die Alexander-Technik, die auf eine Neuausrichtung von Körperhaltungen abzielen, basieren auf der Grundannahme, dass körperliche, geistige und seelische Prozesse miteinander verbunden sind.

Als systemische Beraterin und Begleiterin von Gefühlsprozessen lade ich meine Klienten[4] dazu ein, ihren Körper zu beobachten und festzustellen, ob sie bestimmte Symptome mit unterdrückter Wut in Verbindung bringen. Ich habe bereits einige Menschen, die über eine Neigung zu chronischen Beschwerden oder depressiven Verstimmungen klagten, bei Gefühlsprozessen begleiten dürfen. Es waren fast alles Menschen, die versucht haben, es den Menschen um sie herum recht zu machen – der Familie, dem Chef, den Kollegen oder den Freunden. Dabei sind sie selbst immer wieder an ihre Grenzen gestoßen und haben den Kontakt zu sich selbst und den eigenen Bedürfnissen verloren. Sie hatten (noch) nicht den Mut, ihrem Gegenüber diese Grenzen mitzuteilen. Mit diesen Klienten arbeite ich an der Wahrnehmung ihres Körpers und auch ihrer Gefühle und Emotionen – vorrangig ihrer Wut, aus der sie lernen können, Kraft für ein neues Leben abseits von Schmerzen, Niedergeschlagenheit und Selbstzerstörung zu schöpfen. Ebenso hilfreich ist die Arbeit an und mit der Wut bei Menschen, die schnell hitzig oder trotzig reagieren und die deshalb womöglich Freunde verloren oder Probleme mit Kollegen oder dem Chef bekommen haben. Wenn sie lernen, ihre Wut früher zu spüren und gezielt und angemessen in herausfordernden Situationen zu agieren, verändert sich ihr Leben grundsätzlich; sie erleben Beziehungen neu und erfahren im Miteinander immer häufiger Lebendigkeit und Freude.

Wie wir mit unseren Gefühlen umgehen, trägt wesentlich zu unserer Lebensqualität und seelischen Gesundheit bei. Schauen wir doch einmal genauer hin: Wie hältst du es mit dem Gefühl der Wut? Erlaubst du dir, deine Wut zu fühlen? Wie zeigt sie sich bei dir? Und wann? Manche agieren bei Wut gerade heraus, andere sticheln erst hinterher gegen den Kollegen, der sich bei jeder Aktion immer vordrängelt. Liegst du vielleicht sogar mit Magenschmerzen im Bett, nachdem dein Partner – nicht zum ersten Mal – wegen eines Arbeitstermins eine Verabredung mit dir verschoben hat? Um Wut zu spüren, muss manch einer erst entdecken, wo sie in ihm steckt und wie sie sich zeigt. Ich biete dir in diesem Buch praktische Übungen an, die dich dabei unterstützen können zu bemerken, wie sich deine Wut zeigt oder wo sie feststeckt. Erlaube dir, Wut als hilfreiches Gefühl kennenzulernen und zu nutzen, um dein Leben so zu gestalten, dass du zu deinen Bedürfnissen stehst und dich nicht länger verstellst. Entdecke neue Möglichkeiten und Wege, die dir mehr Lebendigkeit und Wahrhaftigkeit schenken.

Wieso mir die Wut am Herzen liegt

Mir liegt am Herzen, dich für die Kraft und lichte Seite der Wut zu sensibilisieren. Doch vorher möchte ich dir erzählen, wie meine eigene Geschichte hin zur Entdeckung der »Wutkraft« verlief. Ich habe einen Schicksalsschlag erlebt, der mich völlig durchgerüttelt hat. In dieser Zeit glaubte ich, meinen Lebenshalt zu verlieren. Mein Bruder Thilo, vier Jahre älter als ich, nahm sich im Jahr 2013 das Leben – er war damals 35 Jahre alt, verheiratet und Vater von zwei kleinen Kindern. Unfassbar für jeden, der es hörte. Völlig unfassbar für seine Familie, seine Freunde, seine Kollegen, für mich. In meine unendlich große Trauer mischte sich auch Wut – sehr viel Wut: Auf verschiedene Menschen, auf das Gesundheitssystem, auf die Gesellschaft und ihre Strukturen, nicht zuletzt auf mich selbst, weil ich doch hätte da sein und diesen grausamen Suizid verhindern müssen. Ich verspürte große Wut darüber, dass ich nun von meinem Bruder getrennt war. Thilo und ich teilten viele Gemeinsamkeiten und waren zeitlebens emotional eng miteinander verbunden. Diese Verbindung hatte sich verstärkt, nachdem unser ältester Bruder Gero nach Australien ausgewandert war. Uns verband eine große Wertschätzung und Liebe füreinander. Thilo und ich verstanden uns auf vielen Ebenen, teilten einen ähnlichen Humor, liebten die Natur und Reisen und verstanden uns intuitiv. Wir hatten Ideen und Pläne für gemeinsame Zukunftsprojekte, wollten Teamtrainings anbieten. Gemeinsam hatten wir in die Zukunft geträumt, doch diese Zukunft gab es nun nicht mehr.

Mir gelang es anfangs kaum, die immense Trauer über den Verlust und auch die Wut, die mich überfiel, auszudrücken. Manchmal explodierten meine Gefühle, ich weinte und schrie und nahm mich immer wieder völlig außer mir wahr. Mir fehlte die Erdung, der Kontakt zu mir selbst. Thilos Suizid war mir instinktiv auch eine Warnung, die mich innehalten und nach Hilfe suchen ließ. Zum Glück traf ich liebevolle Begleiter und fand Halt in einer Lebensgemeinschaft. In dieser Zeit traf ich auch erstmals auf meine zukünftigen Lehrer Clinton Callahan und Vivian Dittmar, deren Perspektiven, dass Gefühle Botschaften für uns bereithalten, die uns im Leben dienen, mich besonders inspirierten. Während ich das Gefühlschaos um meine Trauer herum allmählich sortierte und zu erforschen begann, erkannte ich bald die Tiefe der Depression, an der mein Bruder erkrankt war. Im Rückblick kann ich sagen: Thilo war jemand, dem der Schulstoff leichtfiel, einer der Besten, einer, der erreichte, was er sich vornahm. Ich habe an ihm immer bewundert, wie gut er Menschen in Verbindung bringen und Harmonie herstellen konnte. Er wurde von vielen Menschen geliebt und geschätzt. Dass er seinem Gegenüber deutliche Grenzen setzte oder einen Freund oder Kollegen mal vor den Kopf stieß, ist mir kaum vorstellbar.

Er hatte sich in dem renommierten Unternehmen, in dem er seit einigen Jahren arbeitete und beliebt war, zuversichtlich auf den Weg einer steilen Führungskarriere begeben. Trotzdem spürte er, dass dieser Weg nur einer der möglichen Wege für ihn und einer seiner vielen Lebensträume war. Ihn begleitete auch die leise Sehnsucht nach Teilzeitarbeit und damit nach mehr Zeit für die Familie, wie er mir anvertraut hatte.

Vermutlich hatte Thilo starke innere Stimmgeber, die ihn mehr zur Karriere und zum Verharren im vermeintlich richtigen Leben ermutigten, als herauszufinden, wofür sein Herz wirklich schlug. »Depression ist die Belohnung fürs Bravsein«[5], formulierte Marshall B. Rosenberg, der Begründer der Gewaltfreien Kommunikation (GFK), pointiert. Thilos Gefühle drehten den Spieß für ihn um: Über das tief vergrabene Bedürfnis, ein authentisches Leben nach eigenen Bedürfnissen und Vorstellungen zu leben, legte sich die Angst vor dem Versagen im falschen Leben. Die Angst, seine Rolle nicht perfekt genug auszufüllen. Mein Bruder sah keinen Ausweg aus seiner überbordenden inneren Not. Nicht zu funktionieren, Fehler zu machen, andere zu enttäuschen oder die Erwartungen anderer zu vernachlässigen, war keine Option für ihn. Und so hat er die übergroße gestaute Wut, die er in sich trug, gegen sich selbst gerichtet.

Den Gedanken, andere nicht enttäuschen zu wollen, kenne ich selbst nur zu gut. Was für eine Hybris von mir zu denken, ich könne es allen recht machen und fehlerfrei leben. Wie gerne wäre ich, bevor Thilo starb, schon an dem Punkt gewesen, wo ich mich heute sehe. Ich hätte ihn gerne ermutigt, auf sein Gefühl der Wut zu hören und für sich selbst einzustehen. Ich hätte ihn bestärkt zu äußern, was für ihn nicht stimmt, zu benennen, wo er sich selbst zurückhält, und mutig nach vorne zu gehen.

Durch den Suizid meines Bruders ist mir klar geworden, wie lebensnotwendig es ist, dass wir mit uns selbst verbunden sind. Vier Millionen Menschen in Deutschland leiden laut WHO unter Depressionen – die Stiftung Deutsche Depressionshilfe spricht von einer Volkskrankheit.[6] Ich sehe einen Zusammenhang darin, dass viele von uns verlernt haben, auf ihre Gefühle zu hören. Wut als Kraft zu nutzen, kann in diesen Fällen wie eine Art Antidepressivum wirken und helfen, das Leben wieder aktiv zu gestalten. Verantwortung für das eigene Leben kann jedoch jeder nur für sich selbst übernehmen.

All diese Erfahrungen und Erkenntnisse und vor allem die Arbeit an meinen eigenen Wutgefühlen haben mich selbst letztlich neu ins Leben gebracht. Mit Klarheit blicke ich seitdem nach vorne und empfinde große Dankbarkeit und Freude, dass ich auf dieser Welt sein und sie mitgestalten darf. Ich nehme mein Leben in die Hand, finde mich im Miteinander wieder, reibe mich im Kontakt mit anderen und lerne, dass wir durch Konflikte immer weiter wachsen dürfen. Eine Sackgasse ist nicht zwangsläufig das Ende des Weges, sie kann auch der Ort des Wandels, der Anlass einer Wende, einer neuen Perspektive sein. Wut ist mir hierbei ein verlässlicher Ratgeber, sie sagt mir: »Stopp, hier passt etwas nicht. Da geht's nicht weiter. Es muss sich etwas ändern, damit der Weg wieder stimmt.«

Um tiefe Lebenskraft und Lebensfreude zu spüren, müssen wir zuallererst unsere Bedürfnisse kennen. Weißt du, wonach du dich sehnst? Welche Bedürfnisse du hast? Was für dich in deinem Leben und Alltag stimmt? Und was nicht? An welchen Stellen handelst du im Interesse von anderen und stehst nicht für dich selbst ein? Wann hast du zum Beispiel das letzte Mal jemandem gegenüber deine Meinung ausgesprochen? Wann hast du sie runtergeschluckt – und dabei vielleicht sogar gespürt, wie dir deine Energie verloren geht? Kennst du Situationen, in denen Ärger und Wut in dir hochkochen, du nach außen jedoch immer ruhiger wirst? Vielleicht beobachtest du auch, dass du von jetzt auf gleich müde wirst, und wunderst dich, da du doch eigentlich genügend Schlaf bekommen hattest. Es strengt uns Menschen an, nicht ganz wir selbst zu sein. Es fordert uns heraus, uns zurückzunehmen. Um diese Anstrengung nicht zu spüren oder zu fühlen, stellt dein System möglicherweise den Schlafmodus an. Abschalten und wegdämmern. So lässt sich das Agieren gegen die eigene Wahrheit scheinbar leichter aushalten.

Es braucht anfangs Mut, sich für sich selbst einzusetzen, auch schon im Kleinen. Etwa dem Partner zu sagen, dass du den Blockbuster im Kino, für den er schon Karten reserviert hat, doch nicht sehen, sondern dich lieber mit einem Buch im Bett verkriechen willst. Deine eigenen Bedürfnisse ernst zu nehmen und entsprechend zu agieren, auch wenn du den anderen in dieser Situation verprellst, zieht keinen Weltuntergang nach sich. Vielleicht einen Konflikt, ja. Doch diesen anzunehmen, ist mehr wert und sorgt bestenfalls für ein lebendiges Miteinander und für ganz neue Wege in der Partnerschaft und im Leben. Nicht nur im Privaten und im Beruf kann uns die positive Kraft der Wut nutzen. Auch in unserer

Gesellschaft brauchen wir mehr Menschen, die sich nicht von anderen manipulieren lassen und ihre Meinung sachlich äußern, auch wenn sie unbequem ist. Seit einiger Zeit versammeln sich freitags in den großen Städten junge Menschen der Fridays-for-Future-Bewegung – sie demonstrieren friedlich. Die Gründerin dieser Bewegung, Greta Thunberg, hält immer wieder leidenschaftliche Reden, in denen sie auch ganz deutlich ihre Wut darüber ausdrückt, dass sich trotz erkennbarer Umweltfolgen des Klimawandels politisch und gesellschaftlich nicht genug verändert. Aus dieser Wut über das unverantwortliche Handeln der Mächtigen ist eine globale friedliche Protestbewegung gewachsen, die immer mehr Anhänger und Befürworter findet. Greta Thunberg ist ein gutes Beispiel dafür, wie aus der Wut einer Einzelnen, wenn sie klar Position bezieht, ein neues Denken erwachsen kann.

Meine langjährige Arbeit in verschiedenen Gruppensettings, dem Bereich der Persönlichkeitsbildung und im Coaching hat mich mit vielen Menschen zusammengebracht, deren Gefühlswelten ich kennenlernen und begleiten durfte. Ich habe Material über ihre und meine Gefühlsprozesse gesammelt und diese für eigene Studien ausgewertet. Ich habe verschiedene Techniken zur Selbstbeobachtung und Transformation von Gefühlen ausprobiert, unterrichtet und optimiert – jetzt ist der richtige Zeitpunkt, all diese Erkenntnisse zusammenzubringen und einer größeren Gemeinschaft zur Verfügung zu stellen.

»Wer Ja zur Wut sagt, sagt Ja zum Leben« – dies ist der Leitgedanke dieses Buches. In den folgenden drei Teilen hast du die Möglichkeit, Wut neu zu entdecken (erster Teil). Du erhältst konkrete Anregungen, wie dich das Experimentieren mit Wut deinen wahren Bedürfnissen und Wünschen näherbringt (zweiter Teil), und erfährst, wie du Wut für ein authentisches und erfüllteres Leben nutzen kannst (dritter Teil). In jedem Teil gibt es Übungen zum achtsamen Umgang mit deiner Wut und Strategien, deine Wut positiv für dich zu nutzen. Ich lade dich ein, begleitend zur Lektüre dieses Buches dein ganz persönliches Wut-Journal zu führen. Nimm dazu ein leeres Heft und einen Stift zur Hand. Bei vielen der Übungen und Reflexionsfragen in diesem Buch werde ich dich darum bitten, deine Ergebnisse in deinem Wut-Journal festzuhalten. Dieses Wut-Journal hilft dir dabei, deine ganz individuelle Wutkraft besser kennenzulernen und einzusetzen. Lass dich inspirieren!

Friederike von Aderkas

ERSTER TEIL

Entdecke die Kraft der Wut

KAPITEL 1

Wut im Körper – Fluch und Segen

Unser Körper ist ein wahres Wunderwerk – es laufen in jeder Sekunde des Lebens höchst komplexe Vorgänge in ihm ab, gleichgültig, ob wir gerade einen Marathon laufen, spazieren gehen, bei der Arbeit sind oder schlafen. Unser Körper bewegt uns durch das Leben und macht uns handlungsfähig. Eine seiner weiteren großen Fähigkeiten ist es, uns Botschaften zu senden. Eine schmerzende Druckstelle am Fuß zeigt an, dass die neuen Schuhe zu eng sind. Das Magendrücken nach einer üppigen Mahlzeit signalisiert, dass diese Art des Essens weniger bekömmlich für uns ist. Hormone, die uns durcheinanderwirbeln, informieren uns über Stress und Anspannung. Doch oft überhören wir die Signale des Körpers, sind gerade auf etwas anderes fokussiert oder nehmen seine Botschaften nicht ernst. In vereinzelten Situationen mag das kein großes Problem sein, doch wenn wir diese hilfreiche Instanz generell vernachlässigen oder gar gegen sie operieren, entfernen wir uns auch von uns selbst und laufen Gefahr, wichtige Bedürfnisse zu ignorieren. Ein achtsamer Umgang mit unserem Körper und seinen Signalen verhilft uns dazu, dass wir uns im Hier und Jetzt mit all unseren Sinnen erleben und Entscheidungen für uns, unser Wohlbefinden und unser Miteinander mit anderen treffen können. Auch für unsere Emotionen und Gefühle ist der Körper eine wichtige Schalt- und Meldestelle. Spalten wir Gefühle ab oder unterdrücken sie, kann das weitreichende Konsequenzen für unser

Leben haben, nicht zuletzt für unsere Gesundheit und unsere Zufriedenheit.

Dass Menschen, die zu heftigen Wutausbrüchen und Bluthochdruck neigen, ein höheres Herzinfarktrisiko haben, ist lange bekannt. Der Psychoanalytiker und Mitbegründer der Psychosomatik, Franz Alexander, hat schon im Jahr 1939 unterdrückten Ärger in Zusammenhang mit Bluthochdruck sowie mit Depressionen und Bulimie gebracht. Ein Forscherteam um Constanze Leineweber vom Stress Research Institute der Universität Stockholm knüpfte 1992 hieran an und stellte in einer Langzeitstudie fest, dass diejenigen, die in ihrem Beruf regelmäßig Ärger hinunterschluckten, ein doppelt so hohes Risiko aufwiesen, herzkrank zu werden. Peter A. Levine verweist in seinem Buch *Sprache ohne Worte* auf eine Studie des amerikanischen Universitätsprofessors Timothy Smith aus dem Jahr 2006, mit der er die Folgen von Feindseligkeit bei Ehekonflikten bei 150 Paaren erforschte.[7] Die Teilnehmer waren fast alle über sechzig Jahre alt. Es stellte sich heraus, dass Frauen, die bei einem Ehestreit nicht über die Meinungsverschiedenheit reden konnten, mit einer größeren Wahrscheinlichkeit an Arteriosklerose erkrankten.

Der kanadische Mediziner Dr. Gabor Maté hat wohl eine der bedeutendsten jüngeren Untersuchungen zum Zusammenhang von unterdrückten Emotionen und dem Immunsystem durchgeführt. Er fand heraus, dass bei Frauen, die an Brustkrebs erkrankt sind und die es gewohnt sind, Ärger nicht auszudrücken, die sogenannten natürlichen Killerzellen – eine Gruppe der Immunzellen, die fremdartige Bakterien, Viren sowie bösartige Zellen attackieren – vermindert aktiv sind. Aktive natürliche Killerzellen beschützen unsere Grenzen. Doch nicht nur Frauen, die ihre persönlichen Grenzen emotional nicht ausdrücken, entwickeln nach Dr. Gabor Maté mit hoher Wahrscheinlichkeit eine Krankheit.

Auch auf Männer trifft dies zu. Gefühle – und ganz besonders unterdrückte – haben bei Frauen und bei Männern einen nicht zu unterschätzenden Einfluss auf das Immunsystem.[8]

Aufgestaute Emotionen wie Wut können uns krank machen. Jahrtausendealte fernöstliche Heilmethoden, wie die Traditionelle Chinesische Medizin (TCM), das indische Ayurveda und die schamanische Medizin, sind ganzheitlich ausgerichtet und haben immer auch die Emotionen im Blick. Unsere westliche Medizin tut sich nach wie vor schwer mit der Auflösung ihrer selbst konstruierten Trennung von Körper und Psyche. In der Öffentlichkeit überwog viele Jahre der Streit zwischen Schul- und alternativer Medizin, als ginge es um die Entscheidung zwischen Chemie und Natur, Wissenschaft und Altbewährtem, schneller Apparatemedizin und geduldigem Einfühlungsvermögen. Inzwischen bieten viele Schulmediziner auch komplementäre und alternative Heilmethoden in ihren Praxen an.[9] Wer sich heute mit Magenproblemen zum Hausarzt begibt, wird in der Regel auch gefragt, ob er denn Stress habe. Ebenso etablieren sich unter den Verfechtern ganzheitlicher Medizin und Heilverfahren Arbeitsgruppen, die international Forschung betreiben.

In meiner beruflichen Praxis erfahre ich den Zusammenhang zwischen Körper, Psyche und Emotionen immer wieder, hier ein Beispiel:[10]

Alina ist Mitte vierzig, Grundschullehrerin und Mutter dreier Kinder zwischen zehn und sechzehn Jahren, mit denen sie seit fünf Jahren alleine lebt. Ihre Stimme war sanft, als sie das erste Mal von sich und ihren Beschwerden erzählte: »Ich hatte in den letzten Jahren immer wieder starke Rückenschmerzen, sodass ich an manchen Tagen kaum laufen konnte. Ich dachte manchmal, ich breche einfach auseinander, und konnte nur noch heulen.« Sie sei in guter ärztlicher Behandlung, mache Rückenübungen und gehe seit einem halben Jahr auch zweimal die Woche joggen, aber die Schmerzen kämen in Schüben immer wieder. Sie hatte es sich nach eigener Aussage in der Rolle der Helferin und Gebenden eingerichtet: »Ich weiß, dass ich in meinem Leben viel stemme. Drei Jungen allein aufzuziehen und berufstätig zu sein, ist eine ständige Herausforderung.« Ich fragte sie nach Freunden und Hobbys, und sie erklärte, dass dafür in den letzten Jahren einfach keine Zeit geblieben sei: »Jetzt muss sich aber etwas ändern; wenn der Rücken nicht mehr mitmacht, bricht alles zusammen«, sagte sie und ihre Verzweiflung war nicht zu übersehen. Alina begann, ihren Körper und ihre Gefühle zu beobachten und bewusster wahrzunehmen. Sie stellte fest, dass sie in ihrer normalen Körperhaltung so gut wie keine Körperspannung fühlt. Indem sie sich bewusst aufrichtete, spürte sie seit Langem so etwas wie Kraft und auch Zuversicht. »Mir war gar nicht klar, wie deprimiert und freudlos ich bin, ich funktioniere ja eigentlich nur«, erkannte sie für sich. Und mit dieser Einsicht konnte ihre Arbeit an ihren unterdrückten Gefühlen und Emotionen richtig beginnen.

Alina war Einzelkind gewesen, hatte einen cholerischen Vater und eine zur Depression neigende Mutter. Sie hatte es sich als Kind schon früh abgewöhnt, ihre Bedürfnisse zu äußern und ihre wahren Gefühle zu zeigen, zum einen aus Angst vor dem aggressiven Vater und seinen Brüllattacken und zum anderen, weil sie erfahren hatte, dass sie sowieso nicht gehört wurde. Wenn die Mutter ganze Tage schwermütig im Bett verbrachte, hielt das Mädchen den Familienhaushalt am Laufen. Wie jedes Kind wollte sie von den Eltern geliebt werden. Würde sie dem Vater trotzen und der Mutter nicht helfen, fürchtete sie, die Liebe und Versorgung der Eltern zu verlieren. So geprägt ging Alina ins Leben – ihre Wut und Traurigkeit tief in sich vergraben. Erst ihre schmerzende Körpermitte brachte sie auf die

Spur, sich ihren unterdrückten Gefühlen und Emotionen zu stellen. Als ich ihr erklärte, wie nützlich gefühlte Wut für uns ist, weil sie uns mit unseren Bedürfnissen in Kontakt bringt, sagte sie erstaunt: »Für mich war Wut immer negativ. Wütend war nur mein Vater, wenn er mal wieder böse auf mich oder meine Mutter war und herumbrüllte. Dann war sein Gesicht ganz hässlich. So wollte ich nie werden.«

Die Annahme, dass es positive und negative Gefühle gibt, herrscht vor. Gefühle haben eine bestimmte Aufgabe. Durch unsere Prägung schieben wir sie in eine bestimmte Schublade. Dabei sind Gefühle neutral und jedes dient uns auf eine spezielle Weise.

**Gefühle sind neutral.
Auch Wut ist nicht negativ.**

In der Kindheit haben jedoch viele von uns vermittelt bekommen, dass Freude etwas Positives ist. Frauen dürfen ihre Traurigkeit zeigen, wobei bei Männern eher der Wutausdruck anerkannt ist. Angst ist unerwünscht und zeugt von Schwäche oder kindlicher Reaktion. Vielleicht hast du selbst in deiner Kindheit Sätze wie diese gehört: »Ein Indianer kennt keinen Schmerz«, »Reiß dich mal zusammen« oder »Stell dich nicht so an«.

Erwachsene, die sich früh in ihrer Kindheit Gefühle wie Wut, Trotz und Ärger verboten haben, taten dies meist aus Angst vor Bindungsverlust, Konflikten und Liebesentzug. Wer seine Gefühle unterdrückt, missachtet die eigenen Bedürfnisse und stellt die Erwartungen der anderen an erste Stelle. Dass die unterdrückten Gefühle uns irgendwann zu schmerzen beginnen, weiß ein Kind natürlich nicht. Es verhält sich aus einer Notlage heraus und sorgt zu dem Zeitpunkt bestmöglich für sich. Eine automatische Vorrichtung, die diese Gefühlshemmung wieder löst, gibt es nicht. Und wenn wir den Eltern entwachsen sind, wissen wir meist nicht einmal, was uns plagt. Die Zuwendung zu den alten Emotionen ist häufig ein schmerzvoller Schritt und erfordert unseren Mut.

Alinas Körper etwa hatte ihr all die Jahre Botschaften geschickt, doch erst als die Schmerzen nicht mehr zu ignorieren waren, hörte sie auf ihn und begab sich auf die Suche nach Heilung. Da ihr die Schulmedizin zwar Linderung, aber keine Heilung brachte, suchte sie nach weiteren Möglichkeiten, sich selbst zu helfen. Erst als sie begann, ihre Traurigkeit und die darunter verborgene Wut mehr und mehr zuzulassen und sie im Körper und in ihren Gedanken nachzuspüren, stellte sich eine nachhaltige Veränderung ein. Nicht nur ihre Rückenschmerzen traten immer seltener auf, Alina empfand auch, dass sie sich zum ersten Mal wohl mit sich selbst fühlte. Seit sie einen Zugang zu ihrer Wut hat, kennt sie ihre Ressourcen und weiß, wie sie für sich eintreten und sorgen kann.

Das Beispiel von Alina zeigt zum einen, wie sich die seit der Kindheit unterdrückte Angst und Wut in körperlichen Schmerzen ausdrückt. Es zeigt auch, welche Konsequenzen ihr Verhalten auf der Beziehungsebene hat. Alina geht seit Kindertagen Konflikten aus Angst vor Liebesentzug aus dem Weg. Dies führte dazu, dass sie den Kontakt zu ihren Eltern verloren hat, denn als Erwachsene und Mutter von drei Kindern konnte sie die Erwartungen der Eltern an eine brave und fleißige Tochter nicht länger erfüllen. Dem längst überfälligen Konflikt wich sie durch Kontaktabbruch aus.

An dieser Stelle möchte ich noch mal darauf eingehen, was Alina den Anstoß gab, sich mit ihren Gefühlen und Emotionen zu beschäftigen: ihr Körper. Als sie zum ersten Mal nach dem Bereich im Körper suchte, der ihre Wut hielt, erinnerte sie sich daran, dass sie als Kind oft wie erstarrt dagesessen hatte. Das war immer dann, wenn der Vater herumgetobt und geschrien hatte. Diese Erstarrung war ihre natürliche Angstreaktion. Auch dann noch, wenn er sich beruhigt hatte, konnte sie sich nicht bewegen. Wie eingefroren habe sie sich gefühlt, der Rücken ganz steif, erzählte sie unter Tränen. Ihre Tränen waren Ausdruck für ihre Traurigkeit und Angst. Als Kind hätte ihr eigener Wutausdruck im Kontakt mit ihrem Vater Gefahr für sie bedeuten können. In diesen Momenten des intensiven emotionalen Ausdrucks war es wichtig, dass jemand bei ihr war, der ihr zur Seite stand, sodass sie die Emotionen aus Kindertagen noch einmal im geschützten Rahmen erleben konnte.

Wut und Körper agieren bei jedem Menschen auf individuelle Art und Weise miteinander. Wer zu Wutausbrüchen neigt, kann die Energie, die damit einhergeht, im Körper deutlich fühlen: Das Herz schlägt schneller und der Blutdruck steigt, die Pupillen werden weiter, Hitze flutet den Körper, Schweißperlen zeigen sich auf der Haut. Auch scheinbar friedfertige Menschen erleben Ärger oder Wut und haben körperliche Reaktionen, spüren zum Beispiel Anspannung und Enge. Bei ihnen sind die Empfindungen gegebenenfalls weniger heftig und deutlich. Es gibt keine allgemeingültige Ausdrucksform von Wut, auch nicht von anderen Gefühlen. Wie sich Wut, Zorn und Ärger ausdrücken, hängt davon ab, welcher Typ wir sind, ob uns diese Gefühle in der Kindheit erlaubt wurden und wie unsere Eltern und andere Bezugspersonen damit umgegangen sind.

Weißt du, wie sich Wut bei dir zeigt? Erlaubst du dir, sie zu spüren? Die Wut ist für uns das, was das Auto zum Fahren, das Schiff zum Segeln, das Flugzeug zum Fliegen bringt. Wut, wie auch alle anderen Gefühle, ist Energie, wie Treibstoff oder Wind. Um deine Wut zu verstehen, musst du erst einmal herausfinden, wo deine Triebwerke sind und wie sich deine Wut äußert. Eher in der Stimme, die lauter wird, oder in einem Muskel, der sich anspannt?

Wo im Körper bahnt sie sich ihren Weg? Und was ist der Motor für deine Wut, was löst sie aus? Mit der folgenden ersten Übung lade ich dich ein, nun deine eigenen Wutsignale zu entdecken. Du kannst sie im Stehen, im Liegen oder im Sitzen machen, so wie es dir angenehm ist. Spüre zuerst in dich hinein und schreibe später in dein Wut-Journal.

Übung 1
Wut wahrnehmen

Schließe die Augen und atme ein paarmal tief ein und aus. Spüre deinen Körper. Atme tief in ihn hinein. Nun erinnere dich an eine Situation, in der du sehr verärgert warst. Versetze dich gedanklich noch einmal an den Ort und gehe in diese Situation hinein. Was passierte? Spüre in deinen Körper hinein. Wer tat was? Wer sagte was? Wo in deinem Körper verändert sich das Körpergefühl? Spannt sich etwas an? Empfindest du Wärme oder Kälte? Fühlst du Stiche oder ein Brennen? Spürst du es im Hals, in der Brust oder im Bauch? Es können sich mehrere Körperreaktionen zeigen. Wenn du deine Wut noch nicht lokalisieren kannst, wiederhole die Übung an einem anderen Tag, vielleicht zeitnah, nachdem du dich über etwas oder jemanden sehr geärgert hast.

Halte in deinem Wut-Journal fest, wo du die Wut in deinem Körper spürst. Wenn du noch nichts spürst, beobachte es einfach weiter. Dein System hat dieses Gefühl vermutlich viele Jahre nicht zugelassen, daher braucht es Geduld.

Zugang zur Wut finden – den Körper befragen

Wer Wut schon lange unterdrückt, braucht einen neuen Zugang zu seiner Wut. Etwa acht von zehn Teilnehmern in meinen Kursen haben keinen Zugang zu ihrer Wut. Bemerkenswert ist, dass die meisten denken, sie seien die Einzigen, denen eine Verbindung zu ihrer Gefühlswelt fehlt. Eine Teilnehmerin brachte es auf den Punkt, als sie sagte: »In meiner ganzen Familie gibt es keine Wut, ich habe gar kein Vorbild, wie ich meine Wut ausdrücken könnte.«

Dein Körper jedoch hat jederzeit wichtige Informationen für dich verfügbar – über ihn kannst du deine Wut (wieder)entdecken. Indem du körperliche Symptome – vor allem auch, wenn sie wiederholt oder über längere Zeit auftreten – wahrnimmst und dich selbst befragst, ob es eine Verbindung zwischen deiner unterdrückten Wut und der körperlichen Reaktion gibt, kannst du einen neuen Zugang zu dem verschütteten Gefühl finden. Für die eigene Lebensqualität in der Zukunft kann es sehr wohl hilfreich sein, dich selbst beobachtend mit den körperlichen Symptomen zu befassen und sie zu befragen. Welche Beschwerden kennst du? Wozu neigst du? Überlege, in welcher Verbindung sie mit deiner Wut stehen: Beobachte, wann sie auftreten. Ein Hinweis kann sein, wenn die Symptome häufig im Anschluss an einen Konflikt auftreten oder du deine Meinung hinuntergeschluckt oder zur Seite gestellt, dich nicht ernst oder wahrgenommen gefühlt hast.

Chronischer Stress schwächt das Immunsystem, was nach wissenschaftlichen Erkenntnissen damit zusammenhängt, dass weniger weiße Blutkörperchen gebildet werden, die für den Schutz vor Infektionen wichtig sind. Bist du häufig erkältet oder angeschlagen? Überlege: Wann schluckst du deinen Ärger hinunter? Wann hast du Stress, weil du nicht gut für dich sorgst? Nimmst du zum Beispiel mehr Arbeit an, als du schaffen kannst? Anhaltender

Stress produziert übermäßig Cholesterin, das dann von Leber und Galle abgebaut werden muss. Wissenschaftler haben herausgefunden, dass Menschen, die sich ärgern, vermehrt Gallensaft produzieren.[11] Deine Organe haben also viel zu tun – vielleicht zu viel? Wut und Ärger werden auch sprichwörtlich mit Leber und Galle zusammengebracht: »Dir ist wohl eine Laus über die Leber gelaufen?« Oder: »Ich könnte Gift und Galle spucken.« Wenn Gefühle wie Wut unterdrückt werden, kann auch das Herz empfindlich reagieren, wie die Studie des Forscherteams um Constanze Leineweber vom Stress Research Institute der Universität Stockholm gezeigt hat. Befrage dich und dein stolperndes Herz: Was nehme ich mir so sehr zu Herzen? Wann höre ich nicht auf mein Herz? Auf meine Wahrheit? Wann erlebe ich großen emotionalen Stress? Was bringt mich aus dem Rhythmus? Auch dass die Haut der Spiegel unserer Seele ist, haben Mediziner inzwischen vielfach untersucht. Was juckt dich, was stört dich? Was in deinem Leben stimmt für dich nicht? Nimm dir Zeit, deine körperlichen Symptome wahrzunehmen und in einem neuen Zusammenhang zu sehen.

Unterdrückte Wut kann auch den Energiefluss stören und so zu chronischer Muskelverspannung führen. Leidest du regelmäßig an Verspannungen im Nacken und Schulterbereich oder hast angespannte Oberschenkel? Befrage dich: An welchen Stellen in meinem Leben reiße ich mich besonders zusammen? Wo halte ich mich oder meine Meinung zurück? Welche Wut halte ich in mir? In welchen wiederkehrenden Situationen meine ich, Haltung bewahren zu müssen? Oder hast du oft Magendrücken, und der Arzt kann nichts finden? Überlege: Welche Situationen, Erlebnisse schlagen dir schnell auf den Magen? Schmerzt der Kiefer am Morgen mal wieder, forsche nach und frage dich: Was macht mich so wütend? Wo beiße ich zu oft die Zähne zusammen? Mache dir auch Notizen in deinem Wut-Journal.

Dein Körper sendet dir Botschaften, die nur du entschlüsseln kannst.

Im nächsten Kapitel möchte ich dir den Unterschied von Wut als Emotion und als Gefühl näherbringen. Diese Unterscheidung ist wichtig, wenn du die Kraft deiner Wut bewusst nutzen willst. Denn Wut im Körper kann wie ein Fluch sein, wenn du sie unterdrückst und sie dir Krankheiten beschert, aber sie ist ein Segen, wenn du ihre Energie nutzt und dein Leben mit Klarheit und Verantwortungsübernahme veränderst.

KAPITEL 2

Gefühl oder Emotion?

Gefühle gleichen einem Meer an Empfindungen. Sie umspülen uns in jedem Lebensmoment, und je nachdem, was wir erleben und womit wir das Erlebte verbinden, erfüllen sie uns mit einer kleinen oder großen Welle an Wut, Traurigkeit, Freude oder Angst. Anders als rein körperliche Empfindungen, wie Schmerz und Sinneswahrnehmungen, oder biologisch programmierte Empfindungen, wie Hunger und Durst, machen uns die Grundgefühle Wut, Traurigkeit, Freude und Angst zu sozialen Wesen, die mit anderen kooperieren und sich über Gedanken und Empfindungen austauschen. Gefühle sind soziale Kräfte und durch sie werden wir erst beziehungsfähig. Diese Kräfte können wir nutzen, wenn wir unsere Gefühle bewusst wahrnehmen.

Die Neurowissenschaften haben in den letzten Jahrzehnten enorme Erkenntnisse vorweisen können, die uns zeigen, wie bedeutsam Gefühle für unseren Alltag und unsere Entscheidungen im Leben sind. Ein Erlebnis lässt einen mehr oder weniger bewussten Gedanken in uns aufsteigen, der im Gehirn eine physiologisch-chemische Reaktion auslöst. Ärger und Wut zum Beispiel entstehen im limbischen System, welches auch in Beziehung mit dem Hypothalamus sowie der Hirnanhangdrüse steht, unserer wichtigsten Hormondrüse. Sie kontrolliert die körpereigenen Signalstoffe. Stresshormone, wie das Adrenalin, lösen in einer Gefahrensituation blitzschnell körperliche Reaktionen aus: Der Blutdruck und der Puls steigen rasant, wichtige Organe werden besser durchblutet, die Härchen auf der Haut stellen sich auf. Das limbische System ist dafür verantwortlich, dass wir uns mit unserer Stimme, unserer Mimik und Gestik passend zu dem Gefühl ausdrücken. Weitere wichtige Gehirnareale für unsere Gefühlsempfindungen bilden die Großhirnrinde (Kortex) und der Frontalkortex, der sich gleich vorne hinter der Stirn befindet. Mit seiner Hilfe können wir unsere Reaktionen steuern, also, ob wir bei einem Wutimpuls in Handlung gehen, ob wir uns verbal äußern oder ob wir ihn unterdrücken. Der portugiesische Neurowissenschaftler António Damásio hat sich mit der biologischen Entstehung von Gefühlen sowie den Wechselwirkungen körperlicher und geistiger Prozesse intensiv befasst.[12]

In unserem Erleben bekommen wir von all den komplizierten und genialen Schaltstellen und Abläufen im Gehirn nichts mit – doch dass uns unsere Gefühle tatsächlich wie ein geheimer Regisseur durch den Alltag leiten, können wir im folgenden Gedankenspiel beobachten:

Stell dir vor, du drehst am Morgen noch müde das Radio an, und dort läuft gerade dein Lieblingssong. Du denkst nebenbei: »Ah, wie schön …« und ein wohliger Schauer durchströmt dich, deine Mundwinkel heben sich, und du summst gut gelaunt zur Musik mit, denn du empfindest Freude. Auf der Autofahrt zur Arbeit sind die Straßen völlig verstopft, und du kommst teilweise nur im Schritttempo weiter. »Mist, ich komm noch zu spät«, denkst du und bemerkst das flaue Empfinden der Angst im Magen. Als die Müllabfuhr noch die Durchfahrt blockiert, spannen sich deine Kiefermuskeln an, und es macht sich Ärger in dir breit. Du fluchst in Gedanken und haust wütend aufs Lenkrad.

Gerade noch pünktlich erreichst du das Büro und spürst Freude in Form von Erleichterung – bis dir dein Chef mitteilt, dass du das Teammeeting heute vertretungsweise leiten sollst. Sofort spürst du, wie deine Knie weich und deine Hände feucht werden, und du stellst dir innerlich die Frage: »Schaff ich das?« Du fühlst dich für einen Moment ängstlich und nutzt die dadurch freigesetzte Energie, um kreativ nach einer Lösung zu suchen, mit deiner Angst umzugehen. Der damit verbundene Blick auf die Tagesordnung lässt die Angst verfliegen, und so gelingt es dir, für eine klare Struktur zu sorgen. Später nach der Arbeit begegnest du deiner Nachbarin vor der Haustür, die völlig mitgenommen erzählt, dass sie ihren kranken Hund hat einschläfern lassen müssen. »Oje, die Arme …«, geht es dir durch den Kopf, denn du weißt, der Dackel war wie ein Familienersatz für die alte Frau. Du fühlst deine eigene Traurigkeit und Angst. Ein Tag voller Eindrücke und Interpretationen liegt hinter dir, der unterschiedliche Gefühle ausgelöst und dich hat wahrnehmen lassen.

Gefühle, ob groß oder klein, ob laut oder leise, begleiten uns in allen Situationen – wir nehmen sie nur oft nicht wahr, sie scheinen wie von selbst einfach da zu sein. Tatsächlich bestimmen wir selbst maßgeblich, was wir fühlen.

Wir kreieren unsere Gefühle selbst

Hast du manchmal den Eindruck, von einem Gefühl regelrecht überfallen zu werden? Stell dir vor, du willst dringend eine Servicenummer erreichen und hängst seit einer Viertelstunde in der Warteschleife, dann wirst du aus der Leitung geworfen. Plötzlich scheint in dir etwas zu explodieren, vielleicht pfefferst du sogar den Kugelschreiber wütend auf den Boden. Oder denkst du schon mal, andere sind für ein Gefühl in dir verantwortlich? Du herrschst deinen Sohn an: »Musst du immer deine Schuhe im Weg herumliegen lassen?« Wut kommt, auf diese Weise wahrgenommen, augenscheinlich von außen und wird uns aufgedrückt. Aber das Gegenteil ist der Fall – wir selbst steuern, was wir fühlen und wie wir reagieren. Denn unsere Gefühle entstehen in uns – sie folgen unseren Gedanken und der Art, wie wir unsere Umwelt wahrnehmen und diese bewerten.

António Damásio macht das »emotionale Bewertungssystem«, das sich durch gesammelte Erfahrungen aus der Vergangenheit in einem Menschen bildet, für unsere Entscheidungen und Reaktionen verantwortlich. All diese Erfahrungen hinterlassen emotionale Spuren in uns, die dazu führen, dass wir Erlebnisse als gut oder schlecht bewerten. Das geschieht durch das Körpergedächtnis, das diese Erfahrungen gespeichert hat. Düfte, Aussehen einer Person, Stimmlage, Musik können dieses Körpergedächtnis anregen und uns leiten, eine Situation aus der Vergangenheit wieder zu kreieren oder zu verhindern. Bei negativen Erfahrungen in der Vergangenheit werden wir eher dahin gehend steuern, dass wir diese Erfahrung nicht wiederholen. Wenn dir zum Beispiel ein aufgeräumter Flur wichtig ist – weil du selbst als Kind immer wieder darauf hingewiesen wurdest, deine Schuhe ordentlich wegzustellen –, dann stören die achtlos abgestreiften Chucks auf dem Boden natürlich. Aber warum musst du deine Wut darüber lautstark äußern? Du könntest auch ein klärendes Gespräch mit deinem Sohn führen und ihm deinen Ärger mitteilen. Menschen reagieren in ein und derselben Situation aufgrund ihrer unterschiedlichen Erfahrungen und daraus resultierenden Körpermarker völlig verschieden. Diese springen auf unterschiedliche Eindrücke aus dem Außen an und lassen uns Situationen in Sekundenschnelle bewerten. Etwa so: Die Schuhe des Sohns liegen unordentlich im Flur – bei diesem Anblick geht der Puls in die Höhe, denn das darf so nicht sein – und das laute Schimpfen lässt nicht lange auf sich warten. Solche Lebensmomente interessieren mich als Gefühleforscherin besonders. Ich finde es immer wieder spannend, Gefühlen im Alltag auf die Spur zu kommen, meinen eigenen Gefühlen und denen von anderen. Um der Interpretation einer Situation und den damit verbundenen Gefühlen näher zu kommen, hier ein Beispiel, das alle vier Grundgefühle nacheinander beleuchtet und veranschaulicht.

Ben, vierunddreißig, hat mit seiner Lebensgefährtin eine gemeinsame Tochter im Alter von sieben Jahren. Er arbeitet in einem Ingenieurbüro und will bis Feierabend eine wichtige Bewerbung für eine Bau-Ausschreibung absenden. Bis dahin sind noch zwei Stunden Zeit, es wird auf jeden Fall eng, doch er meint, dass er es schaffen kann. Überstunden kann er an diesem Tag nicht machen, weil er seine Tochter von der Spätbetreuung in der Schule abholen muss. Jetzt klopft es an seiner Bürotür, und Felix, ein jüngerer Kollege, kommt herein. »Du, Ben, das neue Planungstool stürzt ständig ab. Du hattest doch schon die Schulung, kannst du mal rüberkommen und es dir anschauen?«

Wie kann Ben in dieser Situation reagieren? Spielen wir es für alle vier Gefühle durch und schauen uns an, was jedes einzelne Gefühl vermittelt:[13]

Wut als Gefühl: Bens Gesicht läuft rot an, er spürt, wie ihm heiß wird, und so schaut er nur kurz von seiner Arbeit hoch. »Nein, Felix. Ich arbeite gerade selbst mit Hochdruck an einer Ausschreibung. Wende dich doch an den Support. Ansonsten komme ich morgen früh gleich als Erstes bei dir vorbei.« Ben ist angespannt, er fühlt sich an diesem Tag überfordert, er will seine Arbeit fertigstellen und auch seine Tochter pünktlich abholen. Er versucht auf Biegen und Brechen, beides zu schaffen, und setzt sich damit sowieso schon stark unter Druck. Die durch die Bitte des Kollegen ausgelöste Wut lässt ihn Position beziehen. Die Wut vermittelt Ben: Das stimmt für mich nicht!

Traurigkeit als Gefühl: Ben schaut Felix gequält an. »Das passt mir überhaupt nicht. Ich hab selbst eine Deadline, weißt du ja.« Noch während er spricht, steht Ben mit hängenden Schultern auf und geht mit Felix rüber in dessen Büro. Ben fühlt sich dem jungen Kollegen gegenüber verpflichtet, auch weil er der Einzige ist, der die Fortbildung für das neue Planungstool absolvieren durfte. Ben weiß jedoch auch, dass er seine eigene Arbeit nun nicht schaffen wird. Traurigkeit über die nun noch offene Aufgabe bestimmt Bens Gefühl. Die Traurigkeit vermittelt Ben: Das ist schade.

Angst als Gefühl: Ben sitzt einen Moment lang wie im Schock da. »Nicht dein Ernst!«, sagt er und beobachtet seine zitternden, feuchten Hände. Ben weiß gar nicht, wie er reagieren soll. Er war so darauf fixiert, seine Deadline zu halten, dass ihn die Frage des jungen Kollegen kurzzeitig aus der Bahn wirft. Sein ganzer Körper hat sich unangenehm versteift. Zwei Gedanken konkurrieren: »Ich bin der Einzige im Büro, der Felix weiterhelfen kann. Aber wenn ich meine Arbeit unterbreche, schaffe ich die Abgabe nicht.« Ben fühlt Angst vor dem Versagen. Er äußert seine Angst, seine eigene Abgabe nicht rechtzeitig zu schaffen, gegenüber Felix und fühlt die Unsicherheit. Die Angst vermittelt Ben: Das ist furchtbar!

Freude als Gefühl: Ben schaut nachdenklich, dann nickt er aufmunternd. »Ja, warte, ich komm gleich …« Ben merkt durch die Unterbrechung, welchen Stress er sich gerade selbst macht. Er mag es überhaupt nicht, Projekte auf den letzten Drücker fertigzustellen, deshalb hatte er sich die Deadline für diesen Tag selbst gesetzt – eine Abgabe bis Ende der Woche ist tatsächlich auch noch drin. Im Moment von Felix' Frage ist Ben klar geworden, dass seine ehrgeizige Planung unrealistisch ist. Bens Gesichtszüge entspannen sich, Erleichterung und Freude über die Veränderung erfüllen ihn. Die Freude vermittelt Ben: Das stimmt für mich.

In jeder Situation entscheidest du dich innerhalb von Millisekunden, was du fühlst, je nachdem, wie du die Situation für dich interpretierst und bewertest. Und was du fühlst, bestimmt, wie du dich verhältst und wie du agierst. Je bewusster du deine Gefühle wahrnimmst, desto bewusster kannst du sie auch lenken. Und dieses Wahrnehmen kannst du üben. Ein möglicher Weg ist, dass du am Ende eines Tages deine Gefühle resümierst. So bemerkst du, welche Gefühle dich in verschiedenen Situationen begleitet haben, und wirst dir vielleicht sogar über Zusammenhänge bewusst, die du vorher nicht gesehen hast. Nehmen wir das Gefühl der Wut besonders in den Blick: Es vermittelt dir, dass im Hier und Jetzt etwas nicht stimmt. »Ah«, denkst du dann vielleicht am Abend, »deshalb bin ich mit Mutter heute am Telefon aneinandergeraten« – ihre Begrüßung »Lange nichts von dir gehört« hatte dich schlagartig verärgert. Du hast sie als Vorwurf interpretiert und hattest das Bedürfnis, dich zu rechtfertigen.

Vielleicht verstehst du dann auch, woher dein Ohrensausen am Nachmittag kommt: Eine Kollegin hatte dir mal wieder in aller Ausführlichkeit von ihren Eheproblemen erzählt – was sie gerne macht, wenn niemand sonst in Hörweite ist. Du beobachtest bei dir, dass du ihre immer gleichen Probleme inzwischen gedanklich schon mitsprechen kannst. »Wie einen seelischen Mülleimer benutzt sie mich«, denkst du nun und merkst, dass dir das überhaupt nicht gefällt.

Mit diesen Einsichten bist du bereits auf gutem Weg zu einer positiven Veränderung. Die folgende Übung ist ein mögliches Ritual in Zeiten, in denen du nicht mehr weißt, wo dir der Kopf steht, und du dich überfordert fühlst. Dich auf der Gefühlsebene zu sortieren und deiner selbst bewusst zu werden, kann dir im übervollen Alltag helfen, wieder Überblick über deine eigene Verfassung und vernachlässigten eigenen Bedürfnisse zu bekommen, um dann zu überlegen, wie du für Entlastung sorgen kannst.

Übung 2

Wann hast du heute Wut gespürt?

Mach es dir bequem, und atme ein paarmal bewusst ein und aus, dann lass deinen Tag vom Aufstehen an bis zum Abend langsam Revue passieren. Hast du im Laufe des Tages Wut verspürt? In welchen Situationen? Warum? Was stimmte in der jeweiligen Situation für dich nicht? Trau dich wahrzunehmen, welches Bedürfnis du hattest. Überlege am Ende der Übung: Wie viel Prozent Wut hat deinen Tag insgesamt bestimmt? Bewerte deine Antwort nicht. Denk daran, Wut ist nicht negativ, sie ist ein nützliches Gefühl, wenn du ihre Botschaft hörst.

Gefühle und Emotionen

Umgangssprachlich verwenden wir die Begriffe »Gefühl« und »Emotion« meist synonym. In der Wissenschaft, in der Psychologie vor allem, gibt es vielfältige Ansätze zur Unterscheidung der Begriffe beziehungsweise zur Erforschung von Basisemotionen, welche neben Wut, Angst, Traurigkeit und Freude – wie ich sie eingeführt habe – zum Beispiel auch Ekel, Scham, Liebe und Überraschung einschließen. Die Differenzierung von Gefühlen und Emotionen, wie sie im Possibility Management getroffen wird, soll für uns wegweisend sein: »Gefühle gehen aus dem gegenwärtigen Moment hervor, sie stammen aus deinem authentischen Selbst, werden angewendet und verschwinden dann wieder komplett. Emotionen fühlen sich wie Gefühle an, aber sie überdauern den gegenwärtigen Moment.«[14] Für unsere Arbeit mit der Wutkraft ist die Entscheidung zwischen Gefühlen, die eine Botschaft im Hier und Jetzt übermitteln, und Emotionen, die wir oft schon seit Kindertagen in uns tragen, sehr wichtig.

Diese Arten von Emotionen möchte ich mit dir näher betrachten:[15]

- Nicht authentische Gefühle von jemand anderem:
  das Eltern-Ich
- Unvollendete Gefühle aus der Vergangenheit:
  das Kindheits-Ich

Die Begriffe »Eltern-Ich« und »Kindheits-Ich« stammen aus der Transaktionsanalyse von Eric Berne.[16] Das Eltern-Ich umfasst für uns selbst nicht authentische Gefühle einer Autoritätsperson oder eines institutionellen Glaubenssystems wie Regierung, Religion oder politische Parteien. Eltern-Emotionen fühlen sich echt an, sie kommen aber nicht wirklich aus dir, sondern wurden dir in gewisser Weise und häufig bereits in der Kindheit mitgegeben. Ein gutes Beispiel hierfür ist der Gedanke »Das macht man nicht!«, welcher sich uns in Kindertagen durch Ermahnungen der Eltern eingeprägt haben kann. Eine Freundin erzählte mir, dass sie ihrer Tochter ständig verbieten würde, in Pfützen zu springen. Sie wunderte sich selbst über diesen Automatismus, denn eigentlich ist ja nichts Schlimmes dabei, wenn ein Kind in die Pfütze springt. Sie erinnerte sich dann, dass ihre eigene Mutter in solchen ausgelassenen Situationen immer gesagt hatte: »Das macht man nicht!« Nach dieser Erkenntnis fiel es meiner Freundin nicht mehr schwer, dieses Verhalten ihrer eigenen Tochter gegenüber loszulassen, denn es war nicht ihre eigene Wahrheit, sondern eine übernommene Eltern-Emotion, dass Pfützenspringen etwas Schlechtes ist.

Das Kindheits-Ich hat unvollendete Gefühle aus der Vergangenheit gespeichert. Damals ist etwas geschehen, was du als Kind vielleicht aus Angst vor Bestrafung oder Liebesentzug nicht ausdrücken konntest, sodass du das Gefühl unterdrückt hast. Immer wenn dich im Hier und Jetzt eine ähnliche Situation wie damals herausfordert, wird automatisch die Kindheits-Emotion aktiviert. Du reagierst also in gleicher Weise wie damals, obwohl die Voraussetzungen inzwischen ganz andere sind. Schauen wir noch mal auf Ben, der von seinem Kollegen Felix um Hilfe gebeten wird, während er selbst an einer wichtigen Arbeit sitzt. Welchen Hintergrund könnte seine Reaktion haben, wenn sein Gefühl der Wut kein Gefühl im Hier und Jetzt, sondern eine tiefer liegende Emotion ist?

Wut als Emotion: Bens Gesicht läuft rot an, er schaut nur kurz von seiner Arbeit hoch. »Keine Chance, Felix, bin voll im Stress! Und überhaupt, nur weil ich die Schulung hatte, bin ich hier jetzt nicht der Support für alle!« Ben reagiert gereizt und wütend. Er gerät in Situationen, in denen er um Hilfe gebeten wird, oft automatisch in eine ablehnende Haltung, und wenn er für den Freundschaftsdienst auch noch ein eigenes Interesse zurückstellen soll, überkommt ihn sogar große Wut.

Es ist das gleiche Gefühl wie damals als Kind. Ben wollte nach der Schule und dem kurzen Mittagessen mit den Eltern am liebsten in seinem Zimmer mit Legosteinen spielen. Doch der Vater erwartete von ihm jeden Tag, dass er der Mutter beim Wässern der Gewächshauspflanzen half, denn seine Eltern betrieben eine Gärtnerei. Nur einmal hatte Ben es gewagt, sich der Anweisung des Vaters zu widersetzen. Da hatte sein Vater wortlos all sein Spielzeug für eine Woche auf dem Dachboden verschlossen gehalten. Ben stellte fortan sein natürliches kindliches Bedürfnis, nach der Schule erst einmal spielen zu wollen, zurück und half der Mutter – nicht ohne still vor sich hin zu grollen. Diese Wut als Emotion aus Kindertagen tritt in ähnlichen Situationen wie früher auch in Bens Erwachsenenleben sofort wieder auf und äußert sich hier in seiner Antwort an Felix.

In diesem Beispiel sieht man, wie die Wut mit Gedanken und Erlebnissen aus Bens Vergangenheit genährt wird. Die Wut als Emotion hält sehr viel länger an als die Wut, die Ben im Konflikt mit dem Kollegen empfunden hat, denn das Gefühl haftete keinem Kindheitserlebnis an.

Wut, Traurigkeit, Freude und Angst können Gefühl oder Emotion sein: Gefühle leiten uns im Hier und Jetzt. Emotionen dienen uns, um alte unausgedrückte Gefühle zu vollenden und zu heilen.

Bedeutung der kindlichen Wut

Wie viel Kraft in unserer Wut steckt, zeigen uns unsere Kinder mehr als eindrücklich. Kinder entdecken ihren eigenen Willen ab dem zweiten Lebensjahr; sie haben nun eigene Ideen und wollen unabhängig werden von den Eltern. Ein lautstarkes Nein, das kein Gegenargument zulässt, eine Brüllattacke, ein Heulkrampf auf der Spielplatzschaukel, wenn es nach Hause gehen soll – dieses kindliche Verhalten gehört zum Großwerden dazu. Eltern nennen es Trotzphase; Entwicklungspsychologen, wie auch der dänische Familientherapeut Jesper Juul, nennen es die Autonomiephase. Geballte Willenskraft und Lust, die Welt selbst zu entdecken, prallen in Form von Trotz den Eltern entgegen. »Ich will aber!«, »Nein!!!«, »Ich kann das allein!« Einer Mutter, deren Sohn bei einem kaum sichtbaren Blättchen Petersilie in der Suppe im Hochstuhl so wild hin und her wütet, dass die Suppe auf dem Tisch überschwappt, fällt es mitunter schwer, selbst ruhig zu bleiben. Das starke Gefühl entsteht in den Kindern, weil sie an ihre Grenzen stoßen – körperlich, sprachlich und mit ihrem Willen. Dabei entsteht Frust. Dieser entlädt sich dann am Küchentisch, im Supermarkt oder auf dem Spielplatz, eben da, wo das Kind gerade seine Erfahrungen macht. Die Fachleute betonen, wie wichtig diese Phase für die Persönlichkeitsentwicklung des Kindes ist. Denn hier bildet sich das Ichbewusstsein. Es ist interessant zu entdecken, wie wichtig es für Kinder ist, ihre Bedürfnisse zu äußern, im Miteinander mit den Eltern und ihrem Umfeld immer mehr Empathiefähigkeit zu erlangen und zu lernen, wann Kompromisse nötig sind und wie man sich ohne Tobsuchtsanfall und Kreischen für seine Bedürfnisse einsetzen kann. Das Wutgefühl vermittelt eben nicht nur uns Erwachsenen, sondern genauso unseren Kindern: Hier stimmt für mich etwas nicht!

Die Wutgefühle unserer Kinder sind also erst einmal ganz natürlich und nötig. Sie sind der erste Schritt auf dem Weg zu einem selbstbestimmten Leben. Wenn wir Eltern den Trotzanfall persönlich nehmen oder gar abwerten, verkennen wir seine Aufgabe, seinen Sinn. Das Kind lernt dann höchstens, seine eigenen Bedürfnisse zurückzustellen, um den Eltern wieder zu gefallen. Hilfreich und förderlich ist es in diesen wiederkehrenden hochemotionalen Situationen, das Bedürfnis des Kindes nach Autonomie wahrzunehmen und es mit liebevollem Halt und Klarheit in der Sache zu begleiten und zu unterstützen. Ein Kind, das im Hochstuhl um sich schlägt, braucht vor allem erst einmal Zeit, um sich zu beruhigen, und die klare Präsenz und Fürsorge der Eltern, die schauen, dass es sich nicht selbst wehtut dabei.

Wut ist also eine zentrale Kraft bei der Entwicklung von Kindern. Wie Eltern und das Umfeld mit der Wut von Kindern umgehen, entscheidet wesentlich darüber, ob und wie diese Kinder später als Erwachsene Wutgefühle wahrnehmen, wie sie Wut ausdrücken und wie sie dieses Gefühl als positive Kraft nutzen können – nicht nur für sich selbst und ihre Bedürfnisse, sondern auch im sozialen Miteinander.

Wut als Emotion

Wut, die sich in einem Wutanfall ausdrückt, hat die Tendenz zur Zerstörung. Das folgende Beispiel zeigt, wie unterdrückte Wut als Emotion einem das Leben schwer machen kann. Sie fühlt sich für den Betroffenen sehr real und der Situation angemessen an, ist es allerdings keinesfalls.

Sylke, achtundzwanzig, lebt seit drei Jahren mit ihrem Freund Moritz zusammen und arbeitet seit einem halben Jahr als Controllerin in einer großen Sendeanstalt. Vor ungefähr vier Monaten hatte sie ihren ersten heftigen Wutanfall, seitdem waren diese eruptiven Emotionen immer öfter aufgetreten.

»Als diese Wut in mir hochkochte, brannte mein ganzer Körper, dann hatte ich wie Strom und Feuer gleichzeitig in mir – das musste dann alles direkt raus. Ich hatte mich überhaupt nicht mehr im Griff, da flogen auch schon mal Tassen, und einmal habe ich meinen Freund sogar geschlagen. Diese Wutanfälle hatte ich nur zu Hause und meinem Freund gegenüber. Auslöser waren meist Nichtigkeiten, irgendein Satz von Moritz, wenn ich ihn zum Beispiel fragte, ob wir in einer halben Stunde zusammen essen, und er antwortete, dass er vorher noch joggen gehen wollte. Dann bin ich ausgerastet und hab ihm vorgeworfen, dass er nur sich im Kopf hat. Moritz hatte mich bei meinem letzten Aussetzer dann gefragt, was denn nicht stimme – und ob ich nicht mehr mit ihm zusammenleben wolle. Das traf mich hart, ich merkte zum ersten Mal, wie sehr Moritz meine Wutausbrüche zusetzten. Und dann habe ich in einer schlaflosen Nacht lange darüber nachgedacht: Was stimmte nicht für mich? Und auf einmal war mir klar, dass es gar nichts mit Moritz und unserem Leben zu tun hatte, sondern dass ich mich von meinem Chef schlecht behandelt fühlte.«

Sylkes Chef grüßte kaum und nahm ihre Arbeit so gut wie gar nicht wahr. Dabei tat Sylke alles, um endlich mal ein Lob und Anerkennung zu bekommen. Als ihr die Situation klar wurde, wusste sie auch schlagartig, woher sie dieses schlechte Gefühl kannte. Ihr Vater hatte zeitlebens niemals auch nur ein kleines Wort der Anerkennung für sie übriggehabt, ihren älteren Bruder hingegen lobte er über alle Maße. Dabei brachte Sylke die besseren Noten nach Hause, sie half im Haushalt, trat in die Fußstapfen ihres Vaters, der selbst Betriebswirt war, und tat alles, um ihm zu gefallen, aber es beeindruckte ihn nicht. Weil er früh gestorben ist, konnte sie ihre Gefühle, eine Mischung aus Traurigkeit und Wut darüber, ihm nichts wert zu sein, nicht mehr ansprechen. Ihr neuer Chef hatte dieselbe Art wie Sylkes Vater. Sie fühlte sich von ihm nicht gesehen. Seit einem halben Jahr fühlte sie sich jeden Tag schlechter bei der Arbeit. Sie zeigte es niemandem und spielte es auch vor sich selbst herunter. Zu Hause brach dann wegen eines kleinen Satzes von Moritz dieser seit ihrer Kindheit angestaute Ärger aus ihr heraus. Ihre Wutanfälle zeigten, dass es so nicht weitergehen konnte. Sylke hat sich daraufhin zuerst bei Moritz entschuldigt und konnte ihm nun endlich auch von den Problemen bei der Arbeit erzählen. Er bestärkte sie in ihrem Vorhaben, ihren Chef darauf anzusprechen.

So wie Sylke es erlebt hat, konnte sie nun die Wut wahrnehmen, die sie als Kind und Jugendliche nicht gefühlt hatte. Das Wahrnehmen ihrer Wut und die Verbindung zu den Gefühlen gegenüber ihrem Vater halfen ihr, die Emotionen aus der Vergangenheit zu spüren und zu heilen. Sie war nicht mehr das brave Nesthäkchen, das stumm blieb und sich darüber ärgerte, nicht gehört zu werden. Sie war erwachsen und konnte für sich sprechen und sich für sich und ihr Bedürfnis nach Anerkennung einsetzen. Die Wutanfälle hatten ihr gezeigt, dass in ihrem Leben etwas nicht stimmte. Als Erwachsene sorgte sie für Klarheit, was ihre Wut betraf. Indem sie Emotion und Gefühl voneinander trennen konnte, wurde sie handlungsfähig und gewann Präsenz.

Zusammenfassend können wir für unser Gefühl der Wut Folgendes festhalten:

Wut

Botschaft: Das stimmt für mich nicht!
Schattenseite: Zerstörung
Lichtseite: Klarheit
Aufgabe: Handlung

Wut – als Gefühl wie auch als Emotion – hat eine Aufgabe und kann dich dabei unterstützen, authentisch zu leben und soziale Beziehungen zu führen, wie es das Beispiel von Sylke gezeigt hat. Heute kann Sylke besser bewusste Entscheidungen treffen und Verantwortung übernehmen, indem sie zum Beispiel um ein Gespräch bittet. Durch das Gespräch mit ihrem Chef konnte sie aus ihrem Gedankenkarussell aussteigen.

Auch deine Wut kann dich im Alltag auf die Spur dessen bringen, was für dich gerade hilfreich ist. Wenn du unterscheiden kannst, ob deine wahrgenommene Wut ein Gefühl oder eine Emotion ist, hast du eine Grundlage dafür geschaffen, zu empfinden, was du an dieser Stelle brauchst.

Übung 3

Deine Wut: Gefühl oder Emotion?

Nimm dir Zeit und erinnere dich, wann du zuletzt Wut gefühlt hast. Frage dich selbst:

* Bin ich dabei besonders ruhig geworden und habe ich in mir gleichzeitig eine hohe Anspannung wahrgenommen?

* Habe ich impulsartig Hitze aufsteigen gespürt?
* War es ein Gefühl oder eine Emotion?
* Habe ich meiner Wut direkt Ausdruck verliehen und durch eine klare Aussage Position für mich bezogen?
* Oder habe ich die Wut gar nicht wahrgenommen und nur durch Triggersituationen gespürt und ausgelebt?

Wenn du spürst, dass du eine tief sitzende Emotion aus Kindertagen mit dir herumträgst, unter der du leidest, überfordere dich nicht. Jetzt kann es wichtig sein, dass du einen Coach oder Therapeuten an deine Seite holst, um in einem geschützten Raum die alten Emotionen nachzufühlen und zu erleben, wie sie sich verwandeln können.

Im nächsten Kapitel möchte ich mit dir weiter gemeinsam erforschen, woher deine Wut kommt. Wir werden den Fokus auf unsere Prägung und Vergangenheit legen und herausfinden, weshalb die Wut für viele von uns so negativ konnotiert ist.

KAPITEL 3

Woher kommt deine Wut?

Ärgerst du dich über plötzlichen Regen, wenn du ohne Schirm unterwegs bist, fluchst dann vielleicht sogar laut? Oder nimmst du es eher ohne besondere Gefühle hin? Nagst du verärgert an deiner Unterlippe, wenn das letzte Stück von deinem Lieblingskuchen gerade an den Herrn vor dir über die Kuchentheke geht? Oder überlässt du es ihm gerne? Wer in der chinesischen oder japanischen Kultur groß geworden ist, lernt schon früh Schüchternheit, Zurückhaltung und Höflichkeit als Werte kennen, die das Miteinander prägen. Der deutsche Entwicklungsforscher Prof. Dr. Manfred Holodynski weist nach, dass europäische Babys tatsächlich mehr Gefühle als asiatische zeigen; chinesische Kinder zum Beispiel jammern höchstens, wenn sie nicht bekommen, was sie wollen, einen stärkeren Ärgerausdruck kennen sie nicht. In Amerika gelten Durchsetzungsvermögen und Selbstbehauptung als Stärken. Wer seinem Ärger dort Luft macht, zeigt, dass er einen Konflikt nicht scheut, um etwas zu erreichen. Für Japaner hingegen ist es keine Frage, zuerst zu prüfen, was die Menschen um sie herum wollen. Welche Werte eine Kultur bestimmen, hat Einfluss auf das Verhältnis der Menschen zu ihren Emotionen. Was uns der unterschiedliche Umgang mit Gefühlen in verschiedenen Kulturen vor allem zeigt: Es gibt kulturell verschiedene Bewertungen von Gefühlen und entsprechend vielfältig sind die Ausdrucksformen.

Großvaters Schimpfkanonade, Mutters Schweigen

Neben der kulturellen Prägung spielt die Wutkultur in der eigenen Familie eine große Rolle dabei, wie und ob wir später als Erwachsene Wut wahrnehmen und ausleben. In der einen Familie geht es lebendig zu, Gefühle haben ihren festen Platz, es wird auch mal lauter, danach nimmt man sich herzlich in den Arm. In der anderen Familie geht es ruhiger zu, es wird weniger gesprochen, aber auch hier gibt es Raum für Wutgefühle, man lässt dem anderen Zeit, sich zu beruhigen, und drängelt nicht. Eine Familie ist nicht wie die andere, und jede Lebensweise hat ihre Berechtigung. Auch gibt es Familien, in denen Wutgefühle nicht erwünscht sind. Da werden Kinder mit diesem Gefühlsausdruck in ihr Zimmer geschickt, das Wutverhalten wird abgewertet, es hagelt Vorwürfe, Liebesentzug wird angedroht: »Immer musst du so schreien!« oder: »Jetzt bist du genauso aggressiv wie dein Vater.«

Als ich begonnen habe nachzuspüren, wie der Umgang mit Wut in meiner Herkunftsfamilie war, kam ich recht bald zur Erkenntnis, dass es ihn fast nicht gab. Das Motto meiner konservativ-christlich geprägten Eltern war die biblische Aufforderung »Liebe deinen Nächsten wie dich selbst«. In meiner Erinnerung erfolgte die Ausrichtung vor allem auf den ersten Teil des Satzes, sodass ich früh lernte, viel danach zu schauen, was andere brauchten. Dass wir uns um uns selbst kümmerten und uns erst mal um unser eigenes Wohl bemühten, habe ich nicht vorgelebt bekommen. Es wäre mit hoher Wahrscheinlichkeit als Egoismus abgewertet worden. In mir entstand eine Art Retterinstinkt, ich wollte gerne immer und überall helfen und entwickelte schon früh ein recht verlässliches Gespür dafür, was mein Gegenüber brauchte.

Der Familienalltag in meinem Elternhaus war vor allem auf Harmonie und friedliches Miteinander ausgerichtet, in der Überzeugung, Streit oder lauter Gefühlsausdruck sei mit Nächstenliebe nicht kompatibel. Nur einer in der Familie durfte ungestraft laut werden und auch mal mit der Faust auf den Tisch hauen: mein Großvater. Er hatte die Freiheit, seine Wut durch Wortwahl, Vehemenz und Lautstärke in Form einer Schimpfkanonade auszudrücken. Er neigte in Situationen, die für ihn nicht stimmten – und das konnte sich auf soziales, gesellschaftliches oder politisches Geschehen beziehen –, zu Wutausbrüchen, die im Familienjargon als »Tobsuchtsanfälle« betitelt wurden. Ich erinnere mich, dass ich in diesen Situationen beobachten konnte, dass meine Großmutter jeweils die Schlichtungs- oder Vermittlerrolle einnahm, indem sie ihm folgte und auf ihn einredete, um ihn zur Ruhe zu bringen. »Väterchen, reg dich nicht auf, denk an dein Herz.« Für mich waren diese Situationen angsteinflößend und gleichzeitig faszinierend, da diese Form von Ausdruck für mich so ungewohnt war. Das Unberechenbare und Aufbrausende war es, was in mir Verunsicherung auslöste, und dessen Wirkung statt zu Klarheit und Verbindung zu einem inneren Zittern führte.

In meiner Kernfamilie wurden Konflikte möglichst vermieden. Während eines Wochenendbesuchs mit Übernachtung bei Bekannten meiner Eltern – ich hatte mich auf dieses besondere Ereignis ohne meine Brüder sehr gefreut – erlebte ich einen Streit zwischen der Bekannten und ihrem Partner mit. Ich erinnere mich, wie unsere Bekannte aus Wut Blumen in einem Porzellantopf mit Wucht auf den Boden schmiss, laut fluchte und anschließend aus dem Haus stürmte. Ich blieb verunsichert und voller Angst allein im Wohnzimmer zurück. Solche lauten Konflikte kannte ich bis zu dem Zeitpunkt nicht. Als die Bekannte zurückkam, schien es so, als hätte es für sie den Streit nie gegeben, was mich zusätzlich verwirrte. Ich habe jedoch wie in einer stummen Vereinbarung die Situation nicht angesprochen und auch im Nachhinein niemandem etwas von dem Streit erzählt.

Konflikte mit meiner Mutter hatten eine vollkommen andere Dynamik, denn meine Mutter zog sich in solchen Momenten ins Schweigen zurück. Sie reagierte auf Situationen oder Verhaltensweisen anderer, über die sie sich ärgerte, mit Rückzug, Kontaktabbruch oder Schmollen. Das war besonders schmerzvoll, da ich in diesen Situationen gefordert war herauszufinden, was ich denn nun falsch gemacht hatte, und mir zu überlegen, wie ich den Kontakt zu ihr wiederaufbauen konnte. Ich weiß noch, wie sich die Unsicherheit und Angst anfühlte, wenn wir uns in einer solchen Situation befanden. Diese Form von Abwendung erlebte ich nicht selten als Abwertung meiner selbst.

Ich war vielleicht siebzehn Jahre alt, als ich mich nicht an die Absprache hielt, einmal wöchentlich das Bad zu putzen. Ich ließ mehrere Tage untätig vergehen, und meine Mutter erinnerte mich nach wie vor freundlich an diesen Job, auf meine Verweigerung reagierte sie mit Schweigen. Als sie mich nach sechs Tagen fragte, was sie noch tun müsse, damit ich meine Zusage einlösen würde, gab ich zur Antwort, sie möge mich mal richtig anschreien, dann würde ich es machen. Wahrscheinlich wollte ich so ihren Ausdruck von Ärger und Wut provozieren. Immerhin sprachen wir an diesem Tag das erste Mal über unsere Wutgefühle.

Mein Vater agierte seine eigene Wut vor allem in Aktionismus aus, zum Beispiel, indem er regelmäßig joggte oder seine Energie in Vorträge und Projekte steckte. Wenn Konflikte im Raum standen, war häufig er es, der schlichten und die Harmonie wiederherstellen wollte, was sich für mich immer wieder wie ein Teppich der Vermeidung anfühlte, der über die Spannung geworfen wurde.

Wenn ich heute über meine Kindheit nachdenke, sehe ich, dass mir Vorbilder für einen gesunden Wutausdruck fehlten. Ich habe nicht gelernt, konstruktiv mit unterschiedlichen Meinungen und Konflikten umzugehen. Und auch nicht, klare Grenzen zu setzen und für mich einzustehen. Als junge Erwachsene begann ich zu joggen, ein wichtiges Ventil für überschüssige Energien, die sonst keinen Weg hinausgefunden hätten. Vor Konflikten hatte ich noch viele Jahre große Angst, und manchmal beobachte ich noch heute eine hohe Diplomatie in meinem Verhalten, wenn Konflikte im Außen auftauchen. Nur zu gerne übernehme ich die Rolle der Vermittlerin. Vermutlich ist es mir deshalb auch ein so großes Anliegen, Menschen in Konfliktsituationen zu unterstützen. Heute lösen Konflikte, in denen auch lauthals Meinungen ausgetauscht werden, in mir kaum Ängste mehr aus. Im Gegenteil, ich erlebe Auseinandersetzungen als authentische Begegnungen von zwei Menschen. Dies habe ich vor allem meiner Wutkraft zu verdanken, die ich als junge erwachsene Frau nach und nach entdecken durfte und inzwischen auch zu nutzen weiß.

Übung 4
Wut in deiner Familie

Denke an deine Kindheit und an die Menschen, die dein Aufwachsen begleitet haben. Beobachte und nimm wahr:

* Hatte Wut in deiner Familie einen Platz? Wer durfte Wut äußern? Wie wurde Wut in deiner Familie gelebt und bewertet?
* Hast du als Kind Wutgefühle äußern können und dürfen? Wie wurde auf deine Wut reagiert?
* Wenn es für Wut in deiner Familie keinen Platz gab, wo schlug sie sich dennoch nieder?

* Fallen dir Erlebnisse in der Schule, in Sportvereinen oder bei der Arbeit ein, die von Wut geprägt waren?

Wenn es etwas gibt, was dich bei deinen Gedanken besonders beschäftigt oder überrascht, notiere es in deinem Wut-Journal.

Kindlicher Wut auf die Spur kommen

Wir wollen der Prägung deiner Wut tiefer auf den Grund gehen. Warst du als Kind eher ein »Wüterich«, der oft laut herumpolterte, wenn ihm etwas nicht passte? Oder hast du stumm geschmollt und der Pflanze auf der Fensterbank heimlich ihre Blätter abgezupft? Wie haben dich die anderen in deinem Umfeld gesehen? Welche Geschichten kursieren bei Familientreffen? Sicher kannst du dich noch gut einfühlen, denn die »Qualität von Ärger und Wut verändert sich kaum im Laufe eines Lebens«[17], schreibt die Psychotherapeutin Verena Kast. Wie wir unserem Ärger Ausdruck verleihen, welche Worte wir wählen, das ist jedoch nicht nur familiär geprägt, sondern hängt auch damit zusammen, aus welchem gesellschaftlichen Milieu wir kommen. Menschen, die im Laufe ihres Lebens in ein anderes Milieu wechseln, fällt es schwer, in dem nicht angestammten Milieu Ausdruck von Wut richtig zu erkennen und zu bewerten. Fehlt die emotionale Orientierung im Zwischenmenschlichen, führt das zu Verunsicherung, weiß die Schweizer Psychologin. Wenn auf einmal ein Hochziehen der Augenbraue Ärger ausdrückt, wo man selbst mit einer lauten Schimpftirade gerechnet hat, dann braucht es ganz neue Antennen und womöglich sogar neue Strategien, um für den eigenen Ärger auch Gehör zu finden. Aber so einfach ist es nicht, als Kind verinnerlichte Strategien zu wechseln und eine neue Wutsprache zu finden. Auch hier bedarf es zunächst eines Prozesses, sich der Strategien überhaupt erst bewusst zu werden, die man wie automatisch ausagiert.

Übung 5

Deine kindliche Wut

Lass dich in Gedanken und mit deinem Gefühl noch einmal ganz auf deine Wut ein und befrage dich selbst:

* Wie reagiere ich in Konfliktsituationen oder wenn ich kritisiert werde? Welche Situationen aus meiner Kindheit fallen mir dazu ein?
* Bei welchen Menschen reagiere ich anders als bei anderen? Impulsiver oder auch stiller? Erinnert mich dieser Mensch an jemanden aus meiner Kindheit?
* Toleriere ich Wutausbrüche oder habe ich Angst davor?
* Im Kontakt mit welchen Menschen traue ich mich, meine Wut zu zeigen? Wieso ist das so?
* Lebe ich meine eigene Wut aus oder die meines Gegenübers? Kenne ich Situationen, in denen ich wie fremdgesteuert Wut fühle, obwohl ich kurz vorher noch den Eindruck hatte, komplett gelassen zu sein? Beobachte, in welchen Situationen diese Wahrnehmung auftaucht, und suche die Ursache für diesen Moment.

Halte deine Erkenntnisse in deinem Wut-Journal fest.

Eher kindliche Strategien, mit Kritik umzugehen oder sie abzuwehren, kannst du durch erwachsenere Formen ersetzen. Du kannst zum Beispiel überlegen, ob an der Kritik, die du hörst, wirklich etwas dran ist, und ein sachliches Gespräch suchen.

Sich seiner eigenen Wutgeschichte bewusst werden

Was ist mit meiner Wut geschehen? Warum ist sie zum Tabu geworden? Wieso bricht sie auf einmal so eruptiv hervor? Warum ist sie mir unangenehm? Wer hat mein Verhältnis zur Wut geprägt? Diese Fragen hätte sich Torben, achtundzwanzig, nie gestellt, wenn er nicht an diese eine Freundin geraten wäre, die ihn – einen der friedliebendsten Menschen, wie seine zwei Jahre ältere Schwester immer sagt – durch ihr sprunghaftes und aggressives Verhalten irgendwann zum Explodieren brachte.

Torben und Maren führten von Beginn an eine On-off-Beziehung, was durch Marens Wankelmut bedingt war: »Torben, lass uns zusammenziehen …«, sagte sie schon nach zwei Wochen. »Torben, mir ist das alles zu eng …«, klagte sie zwei Wochen später. Sie übernachtete die nächste Zeit bei einer Freundin. Torben war verliebt, fing auf, hielt aus und ließ sich immer neue Überraschungen und Liebesbeweise einfallen, um Maren glücklich zu stimmen. Doch stattdessen gab es immer öfter und lauter Streit. Maren attackierte ihn mit Worten und schrie wegen Nichtigkeiten herum. »Das kannst du dir doch nicht gefallen lassen!«, hatte Torbens Schwester schon ein paar Mal gesagt. Aber Maren entschuldigte sich nach den Trennungen jedes

Mal wortreich – und die Versöhnungsabende ließen hoffen, dass nun alles besser werden sollte. Doch es blieb beim Hin und Her, allein Marens Angriffe veränderten sich. Hatte sie Torben bisher nur mit verbalen Gemeinheiten verletzt, schlug sie jetzt immer öfter nach ihm und warf mit Gegenständen um sich. An einem Abend flog Torbens Tischtennispokal durchs Schlafzimmer und verfehlte seinen Kopf nur knapp. Torben stand ganz still da. »Raus!«, brüllte er mit einem Mal. »Raus! Sonst platze ich!« Torben bebte, sein Kopf glühte, und es pochte laut hinter den Schläfen. »Raauus!!!« Torben hatte noch nie im Leben so eine massive Wut gespürt.

Diese Trennung war endgültig. Eine Aussprache gab es nicht mehr. Er stellte Marens Sachen in den Flur, damit sie sie abholen konnte. Torben war seit diesem Wutanfall nicht mehr derselbe. Er grübelte nächtelang und war oft niedergeschlagen. Warum hatte er sich das alles gefallen lassen? Warum war er nicht früher eingeschritten? »Was bin ich für ein Loser?«, warf er sich selbst vor. Er trank mehr als sonst, vernachlässigte seinen Sport und seine wenigen Freunde. Seine Schwester war die Einzige, die sich nicht abwimmeln ließ. Und sie war es auch, die eines Abends sagte: »Du wolltest doch nie so werden wie Papa – und jetzt bist du genauso wie er.«

Torbens Vater war wenige Jahre zuvor bei einem Autounfall ums Leben gekommen, genau hatten die Umstände damals nicht geklärt werden können. Torbens Vater hatte nach dem viel zu frühen Tod seiner Frau – damals waren Torben und seine Schwester sechzehn und achtzehn Jahre alt gewesen – nie wieder richtig ins Leben gefunden und auch das Trinken angefangen. Auch Torbens Vater war ein friedliebender Mensch gewesen, er hatte nie auch nur ein lautes Wort an seine Kinder gerichtet. Die beiden Jugendlichen übernahmen nach dem Tod der Mutter alle möglichen Aufgaben und versuchten, den Vater aus seiner Trauer und Lethargie herauszuholen, ohne Erfolg. Der Vater fand ihnen gegenüber keine Worte für seinen Schmerz.

Er vergrub alles in sich. An dem Abend, als seine Schwester Torben nun mit dem Vater verglich, brachen mit einem Mal Tränen aus Torben hervor. Erst waren es Tränen der Traurigkeit über all die Verluste der letzten Jahre. Dann flossen die Tränen heißer Wut über seine Wangen. Wut darüber, dass dieser verdammte Krebs, an dem die Mutter erkrankt war, nicht heilbar gewesen war. Wut darüber, dass sein Vater ihn und seine Schwester in dieser schweren Zeit einfach im Stich gelassen hatte und in seine eigene Welt abgetaucht war. Und Wut darüber, dass er selbst sein Leben nicht in die Hand nahm, dass er sich von Maren hatte vorführen und benutzen lassen für ihre eigenen verkorksten Empfindungen. Ab diesem Abend stellte sich Torben zum ersten Mal seinen eigenen Gefühlen, seiner Traurigkeit und seiner Wut.

Nicht jeder muss so schmerzhaft wie Torben erfahren, wie es sich anfühlt, wenn man die eigene Wut nicht wahrnimmt und ausdrückt. Wenn du deine Wut unterdrückst, dann ermuntere ich dich an dieser Stelle, dich mit deiner eigenen Wutgeschichte zu befassen. Denn die meisten von uns haben durch Erziehung oder Erlebnisse Gefühle in sich vergraben, die uns, wenn wir sie endlich fühlen, erst zu dem Menschen machen, der wir sind. Oft haben wir Bewertungen von Gefühlen in uns verankert, die den tatsächlichen Zugang zu unseren Gefühlen verhindern und uns dadurch fehlleiten. All das aufzuspüren und zu klären, ist ein spannender und heilsamer Prozess, der uns einiges abverlangt, aber noch viel mehr schenkt. Wenn du spürst, dass du sehr schmerzhafte emotionale Verletzungen in dir trägst, suche dir einen Coach oder Therapeuten, der dich in deinem Gefühleprozess stabilisierend begleitet. Auf Seite 250 findest du hierzu hilfreiche Informationen und Adressen.

Wenn es nicht in Ordnung ist zu fühlen

In unserer zivilisierten Kultur haben wir uns bereits über mehrere Generationen im Nichtfühlen geübt. Bereits mit der Industrialisierung haben viele von uns sich von der menschlichen Natur entfremdet. Statt selbst Hand anzulegen, haben wir hilfreiche Maschinen und später auch Computer erfunden. Was einst im eigenen Garten aus der Erde gezogen werden musste, liegt heute in Läden vakuumverpackt bereit oder wird gleich nach Hause geliefert. Was fühlen wir, die wir nur noch Verbraucher sind, heute? Umgeben von Werbebannern, Hintergrundmusik und Duftmarken lassen wir uns Empfindungen einreden, die wir nicht in uns haben, und agieren wie Marionetten einer in die Jahre gekommenen Konsumgesellschaft. Auch die Leistungsgesellschaft fordert ihren Tribut – wer vom Ziel besessen durchs Leben steuert, den halten Gefühle eher auf. Gleichzeitig sind in den letzten Jahren Yogaschulen und Wellnesstempel wie Pilze aus dem Boden geschossen. Abschalten, entspannen, zu sich kommen, das sind augenscheinlich Bedürfnisse, die ihren Raum im stressigen Alltag suchen. Dabei haben wir alle diesen Raum in uns selbst – wenn wir uns nur erlauben, ihn wahrzunehmen und ihm Aufmerksamkeit zu schenken.

Entscheidend für unser individuelles Fühlen ist, ob wir als Kinder Gefühle zeigen durften und wie unsere Familie und unser Umfeld damit umgegangen ist. Jeder Mensch hat von Natur aus das Bedürfnis, geliebt und geschätzt zu werden. Und deshalb wollen Kinder ihren Eltern gefallen und tun vieles – oder sogar alles – dafür, um den elterlichen Erwartungen zu entsprechen. Wird ein Kind jedoch so akzeptiert und geliebt, wie es ist, darf es seine Gefühle, Wut, Traurigkeit, Freude und Angst ausdrücken und wird dafür nicht bestraft oder abgewertet. Dann hat es gute Chancen,

Gefühle als hilfreich zu erleben, denn sie unterstützen maßgeblich seinen Reifungsprozess zu einer selbst- und sozialbewussten Persönlichkeit. Was Eltern den Kindern weitergeben, geschieht meist unbewusst. Erwachsene, die selbst vermittelt bekommen haben, Gefühle seien negativ, geben dies oft unbewusst weiter.

Im Possibility Management gibt es eine Vielzahl gedanklicher Landkarten. Sie dienen als Orientierungshilfen im Leben. Sie können dir helfen, dich im Zwischenmenschlichen besser zurechtzufinden und Beziehungen aktiv zu gestalten. Wenn du dich mit diesen Landkarten beschäftigst, kannst du deine Gefühle und Emotionen, wie auch Widerstände gegen sie, besser wahrnehmen und Hintergründe aufschlüsseln. Ich zeige dir hier die alte Landkarte der Wut, die ich um einige Aspekte ergänzt habe. Lies die folgende Annahme, durch die viele von uns im Umgang mit Wut geprägt worden sind:

Die alte Landkarte der Wut

Es ist nicht in Ordnung, Wut zu fühlen, denn sie ist unzivilisiert, laut, destruktiv, unvorhersehbar, unhöflich, könnte jemanden verletzen, ist außer Kontrolle, gefährlich, beleidigend, unreif, wird nicht ernst genommen, ist chaotisch, peinlich, macht andere wütend, lädt zur Rache ein, führt zu Durcheinander und Krieg, ist unsachlich, trennend, unbequem, inakzeptabel, zerstörerisch, undankbar, verachtenswert, schwach, unzureichend, unvernünftig.

Wenn Wut wirklich so wäre, wie hier beschrieben, dann ist es nachvollziehbar, dass Menschen sie meiden. Ich selbst würde den Wutausdruck und die Energie von Wut bestimmt nicht in mein Leben lassen wollen, wenn sie mich in solch einem schlechten Licht dastehen ließe oder ich damit anderen Menschen Schaden zufügen würde. Es wäre nicht unwahrscheinlich, dass andere abwertend über mich sprächen und sich sogar geliebte Menschen von mir abwenden würden. Da würde ich sagen: Wut, nein danke! Gefühle, nein danke! Dann doch lieber gefühllos als zerstörerisch, mitleiderregend, naiv und inkompetent sein. Ja, ich polemisiere gerade. Tatsächlich aber bin ich immer wieder erstaunt, wie vielen Menschen ich nicht nur in meiner Coachingpraxis begegne, die genau diese Annahme über die Wut haben. Die Vorstellung, Wut könne ihnen dienen, erscheint ihnen erst einmal völlig absurd. Stattdessen üben sie sich zunächst weiter in Gelassenheit und Annahmen und befeuern ihr Sein darin, die Wutgefühle wegzuatmen, durch- oder abfließen zu lassen. Nicht selten erlebe ich bei Menschen mit diesem Ansatz, dass sich ihre Wut auf passiv aggressive Weise ihren Weg bahnt.

Warum es sich lohnt zu fühlen

Für Clinton Callahan sind Gefühllosigkeit und Fühlen »zwei Seiten desselben Herzens«.[18] Auf unserem Weg, Wutgefühle bewusster wahrzunehmen und ihre neutralen Informationen zu nutzen, hilft es, dass wir uns zunächst anschauen, was wir davon haben, wenn wir Gefühle nicht fühlen. Nach Clinton Callahan gibt es dazu zahlreiche Aspekte, einige benenne ich im Folgenden. Ich lade dich ein, nach dem Lesen eines jeden Gedankens eine kleine Pause zu machen, um allem, was in dir aufkommt, Raum zu schenken.

Was mit dir passiert, wenn du nicht fühlst

* Ohne Gefühle kannst du blind einer Autorität folgen.
* Du erlangst ein vermeintliches Gefühl von Sicherheit.
* Du kannst dich selbst manipulieren.
* Rechthaberei und Unnachgiebigkeit leiten dich.
* Du siehst überall nur Konkurrenten und nimmst eine Verteidigungsposition ein.
* Frustration, Langeweile und Hoffnungslosigkeit begleiten dich.
* Du siehst keine Möglichkeiten.
* Du bist isoliert, scheinbar allein und ungehört.
* Du suchst immer neue Reize.
* Es regt sich ständig Groll in dir.
* Du ärgerst dich über Trivialitäten.

Zusammengefasst bedeutet das: Wenn wir nicht fühlen, finden wir uns häufiger in Konflikten und Vergleichen wieder. Der Zugang zu lebendigen Beziehungsräumen fehlt uns, wir tauschen uns nicht wahrhaftig aus. Dies kann zu scheinbarer Einsamkeit, aber auch zu realen Trennungen führen. In der Konsequenz bedeutet das, dass wir unsere Beziehungen unterbewusst hauptsächlich mit unseren Schattenanteilen gestalten, statt mit unseren lichten Seiten, die Nähe und Miteinander schaffen. Stattdessen prägen uns Skepsis und Vorurteile anderen Menschen gegenüber, die Beziehungsabbrüche fördern.

Im Gegensatz dazu findest du nun eine Auflistung darüber, was du davon hast, wenn du bewusst fühlst. Auch hier nenne ich einige Aspekte, die du gerne ebenso achtsam wirken lassen darfst:

Was mit dir passiert, wenn du bewusst fühlst

* Fühlen verschafft dir Selbstvertrauen.
* Du bist deine eigene Autorität.
* Wertschätzung dir und anderen gegenüber prägt dein Leben.
* Du bist präsent und mit anderen in Kontakt.
* Du hörst zu und wirst gehört.
* Du bittest um das, was du willst.
* Du teilst dich authentisch mit.
* Du kümmerst dich um das, was der Augenblick erfordert. Du sorgst für Klarheit und Möglichkeiten.
* Du triffst Entscheidungen und übernimmst Verantwortung.
* Du kreierst und schöpfst.
* Du entdeckst Neues und freust dich.
* Du bist mit Freunden zusammen und erlebst Gemeinschaft.
* Du wächst.
* Demut, Mitgefühl und Liebe leiten dich.

Wenn das Fühlen all das und noch mehr freisetzt und ermöglicht, müsste es doch eigentlich leichtfallen, sich nun für seine Gefühle zu entscheiden, machen sie das Leben doch anscheinend authentischer, lebendiger und erfüllter. Was hindert uns also noch daran, bewusster zu fühlen?

Warum verfallen wir immer wieder in alte Verhaltensweisen und unterdrücken unsere Gefühle, die doch hilfreiche Wegweiser für uns sind und unser Leben lebendiger machen? Erforsche in dieser Übung deine Einstellung zur Wut.

Übung 6

Dein Bild von Wut

Stelle dir selbst folgende Fragen zu deinem eigenen Bild von Wut. Schreibe die Antworten in deinem Wut-Journal nieder.

* Was passt mir nicht an der Wut? Wie stehe ich zur Wut?
* Was macht sie mit mir?
* Was macht sie mit anderen?
* Was gefällt mir an der Wut? Was bringt sie mir?
* Was bringt sie anderen?

In diesem Kapitel hast du deine Wut im Kontext deiner Ursprungsfamilie und Herkunft erforscht. Was hast du herausgefunden? Resümiere innerlich noch einmal. Du hast dir auch Gedanken über das Image von der Wut gemacht und auch darüber, welchen Nutzen das bewusste Fühlen von Wut mit sich bringen kann. Was denkst du jetzt über deine Wut? Was wünschst du dir?

KAPITEL 4

Erlaube dir, deine Wut zu fühlen

Eine endlose Schimpftirade, um den Partner mundtot zu machen, Geschirr zerschlagen und andere zerstörerische Aktionen, ein Schlag ins Gesicht des ehemals besten Freundes oder noch schlimmere Gewalt – früher wie heute gibt es Menschen, die in blinder Wut agieren. Solche Vorfälle und Geschichten prägen sich ein! Und so wird Wut oft genau darauf reduziert und gemeinhin als zerstörerische Kraft negativ bewertet. Doch wie die Wut ausgedrückt wird, sagt nicht unbedingt etwas darüber aus, welche Kraft wirklich in ihr steckt.

Wenn dich dein unordentlicher Kragen unter dem Pullover stört, ist das eher eine geringe Menge an Wut, die du fühlst. Doch diese kleine Menge an Energie kann schon dazu ausreichen, dass du den Hemdkragen unter dem Pullover hervorholst und sorgsam faltest. Klingelt dich morgens der Wecker aus dem Schlaf, und du würdest eigentlich viel lieber liegen bleiben, dann nutzt du die Wutenergie nicht, um den Wecker anzuschreien, sondern um aufzustehen. Ärgerst du dich über das Chaos in der Küche, dann dient dir deine Wutenergie, um das ungeliebte Aufräumen schnell zu erledigen. Achte in deinem Alltag bewusster darauf, wann dich etwas stört und du in Handlung kommst. Wut zeigt dir im Alltag, was für dich nicht stimmt, und sie liefert dir zugleich die Energie für die passende Handlung. Wut schenkt uns Kraft für Veränderung!

Wut ist Energie. In ihr steckt die Kraft zur Veränderung.

Stell dir vor, du hast am Morgen einen wichtigen Termin mit deiner Chefin, du bist pünktlich von zu Hause losgegangen, erreichst fünf Minuten vor Abfahrt des Busses die Haltestelle. Du stehst dort allein. Als du den Bus kommen siehst, machst du einen Schritt nach vorn, aber dann passiert das Unglaubliche: Der Bus fährt, ohne anzuhalten, einfach vorbei. Spürst du etwas? Was spürst du? Spürst du Wut? Wo im Körper macht sie sich bemerkbar? Wie intensiv nimmst du sie wahr? Was tust du?

Eva, dreiundzwanzig Jahre alt, schaut dem Bus irritiert nach, dann holt sie ihr Handy hervor und chattet mit ihrer Freundin, die auch gerade online ist. Eva spürt keine Wut, ihr ist die Situation egal, sie denkt auch nicht an die Konsequenzen. Es sei ja nicht ihre Schuld, dass der Bus vorbeigefahren ist, wird sie später zu ihrer Chefin sagen.

Irene, einundfünfzig, entfährt ein lautes »Mist!«, dann sammelt sie sich und ruft mit ihrem Handy ein Taxiunternehmen an, sodass sie doch noch pünktlich zum Termin kommt. Sie nimmt sich vor, später auf jeden Fall eine Beschwerde an die städtischen Verkehrsbetriebe zu senden.

Bernd, einundvierzig, steht einen Moment völlig starr da, dann brüllt er dem Bus, der bereits um die Ecke biegt, noch ein paar Flüche hin-

terher. Kopfschüttelnd greift er nach der kleinen Schnapsflasche, die er immer bei sich hat, und nimmt einen Schluck.

Gefühle sind uns nicht immer willkommen. Sie können unser Leben bereichern, sie können es aber auch erschweren. Für unsere Lebensqualität ist es nach Traumaforscher Peter A. Levine ganz entscheidend, wie wir uns durch das Gefühle-Emotionen-Labyrinth bewegen. Ob unsere Emotionen adaptiv oder eine Fehlanpassung sind, ist für Levine hierbei die entscheidende Frage.[19] Adaptiv heißt, dass die Emotion der Situation entsprechend angepasst ausgedrückt werden kann, im Gegensatz zu einer Fehlanpassung, wenn der Ausdruck unterdrückt oder verdrängt wird. Die Fehlanpassung ist umso größer, je mehr die Qualität der Emotion einem Schock oder einem Ausbruch gleicht beziehungsweise je stärker sie unterdrückt oder verdrängt wird. Wird eine Emotion nicht ausgedrückt oder weiterhin negiert, verschlimmert sich das Problem. Entweder durch Konsequenzen, die sich daraus ergeben, oder dadurch, dass derjenige emotional förmlich explodiert.

Schauen wir mit diesem Wissen noch einmal auf Eva, Irene und Bernd. Es erklärt, warum Irene mit der Situation am besten klarkommt: Sie nimmt ihre Wut wahr, schenkt dem Gefühl mit einem kleinen Fluch einen für sie angemessenen Ausdruck, dann verwendet sie ihre Energie darauf, das Problem »Ich will auf keinen Fall zu spät kommen« für sich zu lösen. Für Irene war die Wut in diesem Sinne ein guter Wegweiser, um eine schnelle Entscheidung zu treffen und danach zu handeln.

Eva hingegen hat keine Wut verspürt, obwohl es schon Gründe gegeben hätte, sich zu ärgern. Statt zu fühlen, unterdrückt sie das Gefühl, indem sie sich beim Chatten mit ihrer Freundin ablenkt und das Brenzlige an der Situation ignoriert, nämlich, dass sie zu dem wichtigen Termin mit ihrer Chefin zu spät kommen wird. Ihre Gefühlstaubheit geht sogar so weit, dass sie auch die Konsequenzen ausblendet. Für ihre Chefin wird es nicht das erste Mal sein, dass Eva Absprachen nicht einhält, deshalb kann die von Eva erhoffte Vertragsverlängerung nun in Gefahr geraten. Würde Eva sich ihrer Gefühle gewahr, würde sie sich stärker für sich und ihre Wünsche einsetzen und könnte sich angemessener verhalten. Bernd ist Alkoholiker und gewohnt, unangenehme Gefühle, die oft auch an Emotionen aus der Vergangenheit anknüpfen, mithilfe des Alkohols zu verwässern, sodass er sich nicht schlecht fühlen muss. Er nimmt dabei nicht wahr, wie passiv er tatsächlich ist und wie verantwortungslos er mit seinem Leben umgeht.

Wenn wir unsere Wut nicht fühlen

Erst vor Kurzem habe ich einen Podcast mit dem Hirnforscher Prof. Dr. Gerald Hüther[20] gehört, in dem er neurobiologisch veranschaulichte, warum so viele Menschen sich scheuen, ihre Gefühle wahrzunehmen, und sie stattdessen lieber gar nicht fühlen, verdrängen oder sich betäuben. Gerald Hüther erklärte, dass unser Hirn so arbeitet, dass möglichst wenig Energie verbraucht wird. Probleme wollen wir tunlichst umgehen, und zum Nachdenken sind wir erst bereit, wenn es unumgänglich scheint. Wenn im Hirn alles gut zusammenpasst, unsere Bedürfnisse erfüllt sind und nichts stört, läuft es scheinbar am besten für uns. Diesen Zustand nennen Hirnforscher Kohärenz. Dann passen unser Denken und Handeln, unser Fühlen und Erlebtes zur Realität und unseren Erwartungen. Wenn wir uns in unserem Leben gut aufgehoben fühlen, einen liebevollen Partner haben, einen erfüllenden Beruf, eine sichere Arbeitsstelle, Freunde, eine gute soziale Einbindung, Natur- und Kulturerlebnisse – dann passt alles zusammen, und im Gehirn herrscht weitgehend Ruhe. Wenn wir aber gerade eine Trennung hinter uns haben, auf der Suche nach einer Arbeitsstelle sind oder uns sozial nicht gut eingebunden fühlen, dann hat unser Hirn mehr zu tun, damit diese Inkohärenz möglichst bald aufhört, und es verbraucht mehr Energie. Sobald wieder Ordnung, also Kohärenz, herrscht, sorgen Botenstoffe im Hirn dafür, dass wir uns glücklich und zufrieden fühlen. Aber nicht nur das – durch das Problemlösen strukturiert und stabilisiert sich unser Hirn, es werden neue Synapsen gebildet, wir entwickeln uns weiter. Ein dauerhaft kohärenter Zustand des Gehirns ist also gar nicht wünschenswert und es kann ihn auch gar nicht geben. Wir lernen, wie das Leben geht, indem wir Konflikte erleben und Lösungen suchen. Auch wenn die Lösungen, die wir finden, nicht immer gut für uns sind.

Bernd, der immer eine kleine Schnapsflasche dabeihat, löst seine Probleme mit Alkohol, welcher ein ähnliches Gefühl wie Kohärenz aufkommen lässt, denn Alkohol aktiviert unser Belohnungssystem im Hirn, das für angenehme Gefühle sorgt. Bernd sieht die Probleme dann nicht mehr. Kurzfristig befreit ihn der Alkohol vom Stress, langfristig macht er ihm jedoch mehr und schwerwiegendere Probleme. Ein Alkoholiker verkürzt seine Lebensdauer um bis zu zwanzig Jahre, wie eine Studie der Universität Greifswald um den Epidemiologen Ulrich John herausgefunden hat.[21] Ganz zu schweigen von der Schwierigkeit, die Alkoholiker haben, von ihrer Sucht zu lassen.

Auch Evas Lösung, die durchaus angebrachte Wut über den vorbeifahrenden Bus erst gar nicht zu fühlen und sich stattdessen durchs Chatten abzulenken, schlägt sich in ihrem Gehirn als energiesparende Strategie nieder. Es wird ihr daher auch nicht leichtfallen, ihr wiederholt eingeübtes Verhalten zu ändern. Verdrängung, Schönreden von unangenehmen Situationen oder Ablenkung, zum Beispiel durch Shoppen, Fernsehen, Computerspiele oder Essen, sind alles Strategien, Energie im Hirn zu sparen, um eine scheinbare Kohärenz aufrechtzuerhalten. Tatsächlich bringt uns das Verdrängen oder Ausblenden von Gefühlen – vor allem von Wut – jedoch um die Chance, uns unseren Bedürfnissen gemäß weiterzuentwickeln, und somit auch um das Erfahren von Glück und Zufriedenheit, weil wir etwas erlebt oder erreicht haben, das uns wichtig ist.

Auch Clinton Callahan hat sich mit diesen Strategien beschäftigt. Er benennt Arbeit, Müdigkeit, Sarkasmus, Ironie und das Denken sowie den Intellekt als erfolgreiche Strategien, wenn wir nicht fühlen wollen. Doch diese Ersatzlösungen, mit denen wir unangenehme Gefühle wegdrücken, verhindern gleichzeitig, dass wir in aktuellen Situationen angemessen reagieren. Viele von uns richten sich das Leben im Nichtfühlen ein und spüren dann auch nicht mehr, wenn etwas für sie nicht stimmt. Die sogenannte »Taubheitsschwelle«[22] legt den Bewusstseinsgrad fest, mit dem wir Empfindungen wahrnehmen, die sich auf den Körper auswirken. Eine hohe Taubheitsschwelle liegt vor, wenn du das Gefühl dafür verloren hast, dass du eine Veränderung brauchst und dass du in der Lage bist, für diese Veränderung aus eigener Kraft einzustehen. Evas Taubheitsschwelle zum Beispiel ist sehr hoch. Dadurch ist es ihr gleichgültig, was die Verspätung bewirkt. Auch über die möglichen Konsequenzen für ihren Job denkt sie nicht nach. Sie macht den Busfahrer für die Situation verantwortlich und sieht keinen Handlungsbedarf für sich selbst. So muss sie ihre Wut und Angst nicht spüren und kann sich weiter in ihrer Passivität entspannen.

Wenn du wie Eva nicht mehr spürst, dass etwas der Veränderung bedarf, siehst du auch keinen Anlass, aktiv zu handeln. Du fühlst dich lethargisch – als Opfer der Umstände. Um angemessen reagieren zu können, brauchst du jedoch deine Gefühle! Nur wenn du deine Wut wahrnimmst und deine Taubheitsschwelle senkst, spürst du, was für dich nicht stimmt, und kannst dich entsprechend für dich einsetzen. Deshalb lade ich dich ein herauszufinden, ob du im Alltag Wut wahrnimmst beziehungsweise ab welcher Intensität du sie spürst. Bevor ich die Übung dazu anleite, stelle ich dir laute und leise Ausdrucksformen der Wut vor und erläutere, was dahinterstecken kann.

Wenn die Funken fliegen

Genauso wie es sein kann, dass du durch eine hochgesetzte Taubheitsschwelle die eigene Wut überhaupt nicht wahrnimmst und dich eine gewisse Lethargie im Alltag begleitet – also der Gedanke, dass alles egal ist –, so kann es auch sein, dass du deine Wut erst spürst, wenn sie bereits in hohem Maße in deinem Körper vorhanden ist. Dies tritt meist ein, wenn du über einen längeren Zeitraum Impulse wie »Hier stimmt etwas nicht für mich« unterdrückt oder verdrängt hast. Kennst du es, dass du einen Gedanken hast, ihn aber nicht äußerst, um jemandem nicht zu widersprechen oder aus Angst davor, was passieren könnte, wenn du deine Meinung sagst? Wenn es sich so verhält, ist aus dem unterdrückten Gefühl Wut mit der Zeit eine Emotion geworden. Manchmal reicht dann ein kleiner Funke aus, der die Zündschnur entfacht und den Zündstoff zur Explosion bringt. Dann bahnt sich unsere Wut plötzlich und lautstark und vielleicht sogar gewalttätig oder zerstörerisch ihren Weg.

Einige von uns haben über Jahre hinweg ihre Wut unterdrückt, sodass sie selbst von sich überrascht sind, wenn sie ihr Gegenüber plötzlich anschreien oder laut tobend durchs Büro stürmen. »Das passt doch eigentlich gar nicht zu mir«, denken sie dann. Tatsächlich können solche unerwarteten Wutausbrüche ein Hinweis dafür sein, dass du deine Wut viel zu oft unterdrückt und runtergeschluckt hast. Du hast jene Momente im Leben verpasst, in denen es nützlich gewesen wäre zu äußern, was für dich nicht stimmt. Denn unterdrückte Wut löst sich nicht auf, sondern staut sich an. Statt dem Kollegen rechtzeitig eine Grenze zu setzen, hast du vermutlich immer wieder Ja gesagt und dich innerlich geärgert, dass du es bist, die Überstunden anhäuft, damit die Projekte rechtzeitig fertig werden. Statt deine Kinder früh genug anzuleiten, sich an den Hausarbeiten zu beteiligen, hast du stillschweigend und mit steigendem Groll alles, was anfiel, allein erledigt. Statt dem Freund, dem du Geld geliehen hast, zu sagen, dass du dich darüber ärgerst, dass er die längst überfällige Rückzahlung ignoriert, hast du dich immer mehr von ihm zurückgezogen und deinen Ärger eher mit Dritten als mit ihm in Kontakt gebracht.

Wenn du denkst, du kennst Wut doch eigentlich gar nicht, du bist nicht der Typ, dann lade ich dich ein, noch mal genau in dir nachzuforschen. Hast du es selbst schon mal erlebt, dass du erst Tage oder Wochen später bemerkt hast, dass du dich in einer Situation unwohl gefühlt hast? In der Partnerschaft, bei der Arbeit oder im Alltag? Wohin war deine Wut verschwunden? Hast du eine Idee, wo sich deine unterdrückte Wut heimlich zeigt? Kannst du solchen Zeiten körperliche Symptome zuordnen? Stauen sich Ärger und Wut über mehrere Wochen, Monate oder gar Jahre an, ist die Wahrscheinlichkeit einer Trennung, eines Eklats, einer Handgreiflichkeit um ein Vielfaches höher, als wenn die Wut im jeweiligen Moment angesprochen wird.

Wenn du explosionsartige Entladungen deiner Wut kennst, kannst du von nun an stärker darauf achten, was dich im Alltag stört und unausgesprochen bleibt. Komm dir selbst auf die Schliche, wie oft du deine Wut gar nicht fühlst oder fühlen willst. Durch das Verbot in der Kindheit, Wut zu zeigen, oder durch das Gebot der Gesellschaft, sich möglichst angepasst zu verhalten, hast du verlernt, deine Wut zu äußern. Führ dir vor Augen, dass das Unterdrücken der Wut in der Kindheit für dich die einzige Lösung war, um in der Familie oder der Schule zurechtzukommen. Heute bist du nicht mehr das Kind von damals, heute darfst du neu entscheiden, wie du mit deiner Wut umgehen willst. Entscheidest du dich dafür, deine Wut wieder in dein Leben zu integrieren, sie zu spüren, wirst du erleben, wie nützlich sie dir ist und wie du sie sachlich ausdrücken kannst. Solche Menschen braucht auch unsere Gesellschaft – abseits vom Jasager- oder Wutbürgertum. Wir brauchen Menschen, die ihr Unbehagen sachlich formulieren und in einen konstruktiven Austausch bringen.

Passive Aggression

»Na, wenn du meinst …« ist eine typische Bemerkung, wenn du nicht direkt sagen willst, dass dich etwas stört oder ärgert. Statt in den ehrlichen Austausch und womöglich in einen Konflikt zu gehen, suchen passiv aggressive Menschen Hintertüren oder senden verschleierte Botschaften, die das Gegenüber bloßstellen oder auflaufen lassen. Auf der einen Seite erscheinen Menschen mit diesem Verhalten freundlich und kooperativ, auf der anderen Seite bringen sie ihre Aggression hinterrücks zum Ausdruck, machen sarkastische Bemerkungen, mauern oder leugnen. In allen Fällen machen sie es ihrem Umfeld mit ihrer ambivalenten Haltung alles andere als leicht. Fragt man denjenigen: »Bist du sauer?«, wiegelt er wahrscheinlich ab: »Nee, wie kommst du denn auf die Idee?« Und vielleicht kommt auch noch ein wirkungsvolles »Du bist aber auch wieder mal empfindlich« hinterher, womit er dem anderen den schwarzen Peter zuschiebt. Doch was nach Gemeinheit und Durchtriebenheit aussieht – erst tut die Kollegin freundlich, dann stichelt sie –, ist oft gar kein bewusstes Verhalten, wie der Wiener Psychiater und Psychotherapeut Raphael Bonelli[23] weiß. Herabsetzung, Ablehnung, Ignoranz und Abwehr werden nicht direkt geäußert, weil sich passiv aggressive Mitmenschen ihrer eigenen Wutgefühle oft nicht bewusst sind. Sie nehmen die eigene Wut nicht wahr oder verharmlosen sie. Die Wut staut sich auf, und wenn das innere Gefühlsfass voll ist, kommt es zu passiv aggressiven Entladungen, welche dann wiederum verleugnet werden. Ein gefährliches System, sowohl für das Wohlbefinden des Betroffenen als auch für seine Mitmenschen und das soziale Miteinander.

Passiv aggressive Menschen haben die Fähigkeit, in Gruppen die gesamte Stimmung zu dominieren. Etwa dadurch, dass sie mit verschränkten Armen in der Runde sitzen, gelangweilt gähnen, während ein anderer spricht, zu spät zu Terminen kommen oder ohne Unterbrechung reden. Sie verstehen es, mit ihrer Laune den ganzen Raum einzunehmen, und erleben sich als unschuldig an der vorherrschenden Stimmung. Nicht selten fehlt den anderen Teilnehmern der Mut, diese passive Aggression zu benennen, oder es fällt ihnen schwer, sie überhaupt ausfindig zu machen. Passiv aggressive Menschen stellen sich häufig selbst als Opfer dar, weil sie es innerlich genau so erleben.

Bereits Kinder erleben passive Aggressivität, wenn die Eltern unerwünschtes Verhalten mit Liebesentzug quittieren. Eine Mutter, ein Vater, die mit dem Kind, weil es sich in ihren Augen falsch verhalten hat, für den Rest des Tages nicht sprechen, ihm keine Gutenachtgeschichte vorlesen oder seine Bedürfnisse auf andere

Weise ignorieren, vermitteln: »Ich bin mächtiger als du und du bist falsch.« Für ein Kind ist solch eine Form der Bestrafung belastend, es fühlt sich schlecht und der Zuwendung nicht wert, womöglich auch schuldig. Es bekommt so nicht beigebracht, wie es mit einem Konflikt konstruktiv umgehen kann. Dabei lernen Kinder gerade in der Beziehung mit ihren Eltern fürs Leben.

Die amerikanischen Psychotherapeuten Lorna Smith Benjamin und Scott Wetzler haben in einer Langzeitstudie herausgefunden, dass passiv aggressiven Menschen bereits in der Kindheit durch Gewalt oder Zwang zum Gehorsam beigebracht wurde, nicht offen zu widersprechen.[24] In anderen Fällen waren die Eltern nicht belastbar und die Kinder haben sich aus Rücksichtnahme selbst völlig zurückgenommen. Wenn wir uns als Kind nicht trauen, offen Nein zu sagen, werden wir es als Erwachsene auch nicht wagen – es sei denn, wir nehmen unsere Prägung wahr, machen uns auf die Suche nach unseren unterdrückten Protestgefühlen und treffen eine neue Entscheidung für die Wut.

Übung 7

Tages-Check: Deine Wut entdecken

Mache diese Übung am besten mehrere Tage hintereinander und wiederhole sie regelmäßig. Selbstbeobachtung ist ein erster Schritt, um die eigene Wutkraft zu entdecken.
Beobachte dich in alltäglichen Situationen selbst – beim Frühstückmachen für die Familie, in der Schlange an der Supermarktkasse, im Gespräch mit dem Partner. Nimm wahr, wenn dich etwas stört. Frage dich: »Was fühle ich?« Spüre nach, ob du Wut spürst.
Wenn du wahrnimmst, dass dich etwas stört, besonders wenn dir dein Körper dazu Signale sendet, frage dich: »Was stimmt für mich

nicht?«, »Wie viel Prozent Wut fühle ich (zwischen 1 und 100 Prozent) in diesem Moment?«
Beobachte, ob und wie du der Wut Ausdruck verleihst. Vermeidest du Auseinandersetzungen oder Widerspruch? Wenn du Ärger und Wut ausdrückst, wie tust du es? Wirst du laut? Stichelst du leise? Richtest du Wutgefühle eher gegen dich selbst und kaust zum Beispiel nervös an den Nägeln? Nimm nur wahr und bewerte nicht.
Schreibe in deinem Wut-Journal nieder, was dir auffällt. Bewerte es nicht, sondern bleib neugierig auf das was du wahrnimmst. Zum Beispiel: »Wenn ich nicht gesehen oder anerkannt werde, spüre ich Wut.«

Den Wunsch nach Veränderung spüren

Wo ist deine Schwelle, an der du dich taub gemacht hast? Wo entscheidest du dich für dein Gefühl? Deine Wut zeigt dir den Weg zur Veränderung einer Situation. Das kann im Kleinen das Schließen der Tür sein, weil dich der kalte Luftzug von draußen stört. Im Großen kann das ein klärendes Gespräch mit dem Partner sein, das eurer Beziehung wieder neue Nähe schenkt. Oder die Entscheidung, nach einer neuen Arbeitsstelle zu suchen, in der du deine Fähigkeiten endlich zur Geltung bringen kannst.

Uns allen stehen alle Intensitäten von Wut zur Verfügung. Doch welchen Wutausdruck wir uns erlauben und wann wir laut oder leise reagieren, ist durch unsere Erfahrungen gelenkt – nicht immer reagieren wir einer Situation angemessen. Dem Kleinkind an der Straße ein lautes »Stopp!« zuzurufen, ist angebracht, falls das Kind sich gerade losreißen und auf die Straße laufen will. Im Teammeeting am Mittag den Kollegen laut anzuherrschen, weil dir seine dichte Haarpracht die Sicht auf die PowerPoint-Präsentation versperrt, wäre der Situation nicht angemessen. Zu schauen, was hinter intensiver Wut steckt, eröffnet die Möglichkeit, sich beim nächsten Mal anders zu verhalten. Stellt der Kollege sein Auto in der Tiefgarage ständig auf deinen Platz und reagiert nicht auf deine Bitte, einen anderen Parkplatz zu wählen? Dann wäre ein deutlicherer Ton durchaus angemessen. Steckt hinter dem Wutausbruch beim Meeting eine Emotion, die sich über Jahre aufgebaut hat, dann ist zu überlegen, wie deine unterdrückten Gefühle Aufmerksamkeit bekommen und geheilt werden können. Hast du selbst die Erwartung an dich, es möglichst allen recht zu machen, immer eine gute Lösung parat zu haben oder als unkompliziert zu gelten? Eine Möglichkeit für Veränderung ist, dass du beginnst, mehr auf deinen Körper und die Signale zu hören, die er dir in herausfordernden Situationen sendet. So lernst du deine Gefühle nach und nach besser kennen und bekommst eine Ahnung davon, was dir in Wirklichkeit guttut und wichtig für dich ist. Dir selbst näherzukommen und deine Gefühle besser kennenzulernen ist nicht nur spannend, sondern macht auch Lust auf Veränderung. Ich ermutige dich, den aufkommenden Wunsch nach Veränderung ernst zu nehmen. Was passiert, wenn du die Erwartungen der anderen nicht länger über deine eigenen Bedürfnisse stellst? Das nächste Kapitel wird dir dabei helfen, deine Wut genauer unter die Lupe zu nehmen und herauszufinden, was sie dir in welcher Situation sagen will.

KAPITEL 5

Wut hat eine Botschaft für dich

»Ich war blind vor Wut, als ich herausgefunden habe, dass mein Freund mich betrogen hat!«, »Als mir meine Kollegin wieder mal ihre Arbeit aufdrücken wollte, ist mir der Kragen geplatzt!«, »Für einen Moment hatte ich komplett die Fassung verloren und alles vom Tisch gewischt – und nur weil ich Milchkaffee über mein neues Shirt vergossen habe«. Wenn wir über unsere Wut sprechen, benennen wir meist im selben Atemzug, wer oder was uns unserer Meinung nach so wütend gemacht hat. Das eigene impulsive Verhalten ist den meisten Menschen unangenehm, und wir ertragen es besser, wenn wir dafür einen triftigen Grund ausmachen können. Der Freund, der uns betrogen hat, zum Beispiel. Oder die Kollegin, deren Verhalten wir als übergriffig und egoistisch empfinden. Wir versuchen, auf diese Weise mit unserer Wut umzugehen, sie uns selbst zu erklären und uns womöglich sogar dafür zu entschuldigen, weil wir sie eigentlich als ein schlechtes Verhalten ablehnen und verurteilen. Doch was ist mit dem Milchkaffee, den wir selbst aus Versehen über das neue Seidenshirt gegossen haben? Da spüren wir, wie stark und unverhältnismäßig eine Wutreaktion schon im Kleinen ausfallen kann – und sogar ganz ohne Beteiligung von anderen Menschen. Was steckt wohl hinter dieser Wut? Schauen wir uns zuerst an, welche Arten von Erlebnissen unsere Wut entfachen können.

Worauf wir mit Wut reagieren

Wann ärgerst du dich? Was macht dich so richtig wütend? Gibt es wiederkehrende Situationen, die dir zuverlässig die Laune verderben? Ist es das Chaos der Nachbarn im Treppenhaus einen Stock unter dir? Schuhe ohne Ende, leere Kartons, eine Tüte Papiermüll, ein Wasserkasten und seit dem Nachmittag auch noch ein Sack Blumenerde. Dabei hängt ganz unten im Parterre die Hausordnung, in der deutlich steht, dass keine privaten Gegenstände oder gar Müll im Flur gelagert werden dürfen! Wenn andere Menschen Regeln verletzen, die du selbst einhältst, ärgert dich das. Und es fuchst dich umso mehr, je mühsamer das Einhalten der Regeln für dich selbst ist, weiß die Psychologin Verena Kast.[25]

Hat es dir schon als Kind die Zornesröte ins Gesicht gejagt, wenn deine Mutter dir ungefragt den Mund abgeputzt oder dir das Taschentuch an die Nase gehalten hat? Das hast du als übergriffig erlebt – und noch heute reagierst du empfindlich, sobald dich jemand spontan berührt, auch wenn es nur ein freundschaftliches Auf-die-Schulter-Klopfen ist. Wenn wir das Verhalten eines anderen Menschen als Verletzung unserer körperlichen Grenze erleben, regt sich Verärgerung oder Wut in uns, je nachdem, wie schwerwiegend die Grenzüberschreitung für uns ist. Ob und wie wir unser Gefühl ausdrücken, ist eine andere Frage. Die #MeToo-Debatte, die seit 2017 Alltagssexismus, Übergriffe und Machtmissbrauch durch soziale Netzwerke öffentlich macht, zeigt deutlich, wie viele Menschen ihre Wutgefühle aus Scham oder aus Angst über Jahrzehnte hinweg unterdrückt haben.

Nicht nur körperliche Grenzüberschreitung löst Wutgefühle aus, auch die Herabsetzung, die wir durch abwertende Worte erfahren, ruft sie wach. Fehlt uns Anerkennung und Wertschätzung, wird unser Handeln nicht gesehen oder werden wichtige Informationen vor uns zurückgehalten, ist kleiner oder großer Ärger in uns vorprogrammiert. Es braucht nicht unbedingt ein Gegenüber, an dem wir uns reiben; es reicht, wenn wir uns gerade gut im Fluss fühlen, der Alltag oder die Arbeit läuft und aus dem Nichts eine unerwartete Störung zu einem Niedergang der guten Stimmung beiträgt. Da kann ein kleiner Milchkaffeefleck auf dem Shirt einen großen Wutanfall nach sich ziehen.

Mögliche Auslöser für Ärger und Wut im Überblick

Seelische Grenzüberschreitungen

* Ein Angriff auf dein Selbstwertgefühl
* Herabsetzende Worte
* Beschimpft werden
* Nicht respektiert werden
* Nicht gesehen werden
* Die Wahrnehmung, ausgenutzt zu werden
* Die Wahrnehmung, betrogen zu werden
* Die Angst, verlassen zu werden

Körperliche Grenzüberschreitungen

* Zu starke und unpassende körperliche Nähe
* Übergriffigkeit des Gegenübers
* Körperliche und sexuelle Gewalt

Störmomente

* Regelverletzungen anderer
* Unerwünschte Unterbrechung im Alltags- oder Arbeitsfluss

Verena Kast fasst es so zusammen: Alles, »was Selbsterhaltung und Selbstentfaltung stört oder beeinträchtigt, und zwar körperlich, psychisch und sozial, das löst Ärger und Wut aus«.[26] Mit Ärger und Wut reagieren wir also, wenn wir den Eindruck haben, enttäuscht oder verletzt worden zu sein. Im Moment der aufkommenden Wut nehmen wir eine Spannung wahr, wir spüren, dass etwas für uns nicht stimmt. Wir werden bereit zu handeln, um die unerwünschte Situation zu verändern.

Deine Wut sagt dir, was du brauchst

Wut ist ein Geschenk, denn sie bringt dich mit deinen unerfüllten Bedürfnissen in Kontakt und kann dir helfen, mehr Erfüllung und Verbundenheit im Leben zu finden. Marshall B. Rosenberg begann seine Forschung aus dem Interesse heraus zu ergründen, warum sich Menschen gewaltsam oder ausbeuterisch verhalten. Er vertrat die Ansicht, dass Wut entsteht, wenn wir Bewertungen oder Urteile über andere Menschen in uns tragen. Beim Wutausdruck konzentrieren wir uns auf das unerfüllte Bedürfnis und geben unserem Gegenüber die Schuld daran. Um dann in Verbindung zu kommen, brauchen wir Einfühlung für unser Gegenüber. So dürfen wir unsere Wut willkommen heißen und sollten sie nicht verdammen. Wenn du Wut als Zeichen ansiehst, dass mit dir etwas nicht stimmt, und du sie deshalb negativ bewertest und unterdrückst, dann wird dir die eigentliche Botschaft der Wut verborgen bleiben.

Marshall B. Rosenberg sprach mit Gewalttätern und Serienmördern. Wie oft beschreiben Menschen aus dem Umfeld solcher Straftäter, dass diese doch immer so freundlich und unauffällig gewesen seien? Unvorstellbar, dass gerade dieser Mensch so die Kontrolle verlieren konnte und blindwütig agierte. Das, was das Fass zum Überlaufen bringt, steht nicht mehr im Verhältnis zur Tat. Nicht alle von uns werden zu Gewalttätern, wenn wir unsere Wut unterdrücken. Viele Menschen richten diese aufgestaute und unterdrückte Wut eher gegen sich selbst, indem sie sich selbst verurteilen, verletzten oder fertigmachen. Einige werden depressiv. Die Gefahr eines Suizids kann steigen. Für die einen wie die anderen ist es wichtig, dass sie lernen, sich für ihre eigenen Bedürfnisse zu öffnen. Denn Gewalt, die aus unterdrückter Wut entstanden ist – gleichgültig, ob sie gegen andere oder sich selbst gerichtet ist –, macht sichtbar, dass sich dieser Mensch nicht um seine eigenen Bedürfnisse und Wünsche gekümmert hat.

Arian, neunundzwanzig, Trainer für Gewaltprävention, war als Jugendlicher selbst in eine Spirale aus Gewalt und Kriminalität geraten. Mit neunzehn, nach einer Bewährungsstrafe, hatte er sich besonnen und einen anderen Weg eingeschlagen. Er erzählt von damals: »Der Richter fragte mich am Ende der Verhandlung, was ich mir vom Leben wünschen würde. Ich sei doch noch jung und ein Leben hinter Gittern könne doch nicht mein Wunsch sein. Ich war total perplex. Dass mich dieser Richter, nein, dass mich überhaupt jemand nach meinen Wünschen fragte, das kannte ich nicht. Danach musste ich immer wieder an diese Frage denken. Ich hatte keine Ahnung, was ich mir wünschte. Und dann hat es auf einmal klick gemacht: Schon als Kind hat sich mein Leben immer eher im Hintergrund abgespielt. Ich war das fünfte Kind meiner Eltern. Ich habe nie etwas Eigenes bekommen, ich trug die alten Sachen von den großen Geschwistern, spielte mit den kaputten Spielzeugautos meiner Brüder, ich stand immer in der zweiten oder dritten Reihe. Sobald ich aufmuckte, gab es von einem meiner älteren Brüder eins in die Rippen.

Ich war oft wütend, zeigte es jedoch nicht. Es hätte wohl auch niemanden interessiert. Dann zogen wir um, und ich lernte neue Kumpels kennen, meine Gang, die fand ich krass, die ließen sich nicht nach hinten stellen. Die setzten sich durch, auch mit den Fäusten, wenn nötig. Und ich habe da mitgemacht und mich mit denen stark gefühlt. Wir haben dann auch kleine Einbrüche gemacht, ich habe immer Schmiere gestanden, irgendwie auch wieder die zweite Reihe. Zum Glück wahrscheinlich, sonst wäre ich bei der Verhandlung damals nicht so glimpflich davongekommen.

Ein paar Monate später habe ich meine Frau kennengelernt. Heute haben wir zwei Kinder. Ich arbeite seit ein paar Jahren bei einem Verein für Gewaltprävention. Es gibt so viele Jungs und Mädchen, die nicht wissen, was sie sich vom Leben wünschen und deshalb dumme Sachen machen. Für mich ist es die beste Arbeit, dass ich, so wie der Richter damals bei mir, anderen helfe, neu über ihr Leben nachzudenken, sich anders zu verhalten und Verantwortung für das zu übernehmen, was sie tun. Bei meinen eigenen Kindern probiere ich etwas anderes, als ich es bei meinen Eltern erfahren habe. Ich nehme mir Zeit für sie, ich schaue ihnen in die Augen und höre zu, wenn sie erzählen.«

Arian hatte in seiner Kindheit nicht ausreichend eigenen Raum. Kennst du auch Situationen, in denen du dich nicht gesehen fühlst und deine Bedürfnisse gleichzeitig zurückstellst und Wut darüber empfindest?

**Wut ist ein inneres Alarmzeichen.
Sie lässt dich unerfüllte Bedürfnisse spüren.**

Warum Fühlen hilfreicher ist als Denken

Wenn wir den Auslöser mit der Ursache unserer Wut gleichsetzen, lenken wir unsere Wut in eine falsche Richtung. Das passiert zum Beispiel, wenn wir denken: »Weil mein Freund mich betrogen hat, habe ich diese Wut. Er ist schuld daran, dass ich so wütend bin.« Das Fremdgehen des Partners ist Auslöser, jedoch nicht Ursache für unsere Wut. Wenn wir betrogen worden sind, dann können wir heftige Gefühle empfinden, wir fühlen uns womöglich verletzt, abgewertet, erniedrigt. Die Wut auf das Gegenüber lenkt uns von unseren wahren Gefühlen und vor allem unseren unerfüllten Bedürfnissen ab. Ein wichtiger Schritt bei einem nützlichen Umgang mit Wut, worauf auch die Methode der Gewaltfreien Kommunikation abzielt, ist die Erkenntnis:

Die Ursache für meine Wut liegt in mir selbst.

Marshall B. Rosenberg führt dazu aus, dass die Art unserer Bewertung dessen, was ein anderer getan hat, der Motor für mehr oder weniger unheilvolle Wutreaktionen ist. Wir unterstellen dem anderen in Gedanken schlechte Motive für seine Handlungen oder Fehlerhaftigkeit in seinem Verhalten. Denkst du zum Beispiel, dass dein Freund undankbar ist, weil er dich betrügt, obwohl du doch so viel für ihn getan hast, dann bewertest du das Handeln des Partners und suchst die Schuld für deine Wut in seinem Verhalten. Dann verstrickst du dich in Urteilen über ihn, und der Weg dahin, den Freund bestrafen zu wollen, ist nicht mehr weit. Marshall B. Rosenberg führt diese Art zu denken auf unseren Sprachgebrauch zurück – es sind immer die anderen, die schlecht oder bösartig sind, so haben wir es gelernt. Diese Art des Denkens gilt es aufzubrechen. Wenn wir uns bewusst werden, dass die Urteile über die anderen Ursache für unsere Wut ist, ist ein erster Schritt geschafft, um anders mit unserer Wut umzugehen und ihre eigentliche Botschaft zu entschlüsseln. Denn die Urteile über die anderen sind nichts anderes als verzerrte Ausdrucksformen unserer unerfüllten Bedürfnisse. Wenn dich dein Freund betrogen hat, dann werden die Urteile über sein Verhalten dich nicht wirklich weiterbringen. Wenn du, statt das Gedankenkarussell um Schuld und Sühne anzuwerfen, dich deiner eigenen Gefühlswelt zuwendest, wirst du spüren, worum es für dich geht: Es geht darum, zu deinen Gefühlen Ja zu sagen. Ja zu der Wut, dass es für dich nicht stimmt, dass dein Partner mit einer anderen Frau eine sexuelle Beziehung lebt; Ja zu der Traurigkeit darüber, dass du es nicht ändern kannst; Ja zu der Angst, dass es heißen könnte, dass er dich verlässt oder du ihn. Mit dem Fühlen sagst du auch Ja zu deiner Sehnsucht nach einem Partner auf Augenhöhe und wirst dir deiner vermissten Wertschätzung bewusst. Wenn in einer Partnerschaft einer der Partner fremdgeht, ist das immer eine heikle und aufreibende Situation. Wohin diese Erfahrung jedoch führt, hat jedes Paar selbst in der Hand.

Die Botschaften deiner Wut entdecken (nach Marshall B. Rosenberg)[27]

* Auslöser für deine Wut identifizieren
* Dir bewusst machen, dass deine Bewertungen anderer Menschen, mit denen du ihnen Fehlerhaftigkeit unterstellst, Ursache deiner Wut sind

* Die Botschaft der Wut hinter der Bewertung erkennen: Welches Bedürfnis in dir ist unerfüllt? Beispielsweise könnte hinter der Bewertung »Er ist undankbar« auch das Bedürfnis nach mehr Selbstentfaltung stecken. Wer anderen alles recht machen will, vergisst sich selbst.

Die folgende Übung soll dir dabei helfen, die unerfüllten Bedürfnisse hinter deiner eigenen Wut zu entdecken.

Übung 8

Unerfüllte Bedürfnisse hinter deiner Wut

Erinnere dich an eine Situation, in der du dich sehr über einen anderen Menschen geärgert hast. Es kann eine Situation im Privaten oder im Berufsleben gewesen sein. Was war der Auslöser für deine Wut? Was war vorgefallen? Welche inneren Bilder kommen in dir auf? Was war es genau, was für dich nicht gestimmt hat?

Überlege nun, welches Urteil du über den Menschen gefällt hast. Welche schlechten Motive hast du ihm in Gedanken oder auch im Streit unterstellt? Ergänze den folgenden Satz für dich: »Ich fühlte Wut, weil ich meinem Gegenüber unterstellt habe, dass ...«.

Fühle dich nun noch einmal neu in die Situation ein. Welches unerfüllte Bedürfnis könnte hinter deiner Wut stecken? Woran fehlte es dir in dem Moment? Welches Bedürfnis verspürst du?

Überlege und schreibe in dein Wut-Journal: Welche Urteile über andere fällst du, wenn du wütend bist? Welches Bedürfnis könnte jeweils dahinterstecken?

Paul Watzlawick erzählt in seiner berühmten *Anleitung zum Unglücklichsein* die Geschichte von einem Mann, der ein Bild aufhängen will. Den Nagel hat er, aber der Hammer fehlt. Der Mann beschließt, den Nachbarn zu fragen. Doch dann kommen ihm Zweifel und ein Gedankenkarussell geht los: Er fragt sich, was wäre, wenn der Nachbar ihm den Hammer nicht ausleihen möchte. Ihm fällt ein, dass der Nachbar ihm bei ihrer gestrigen Begegnung nur im Vorbeigehen ein kurzes Hallo zugeworfen hatte. Was, wenn er nur so getan hat, als hätte er es eilig? Was, wenn der Nachbar etwas gegen ihn hat? Der Mann grübelt weiter und ist sich sicher: Er selbst würde dem Nachbarn sofort ein Werkzeug ausleihen, wenn dieser eines benötige. Aber würde der Nachbar es ebenso halten? Wohl kaum! Je länger der Mann darüber nachdenkt, desto ungeheuerlicher findet er es, dass sein Nachbar ihm einen Gefallen einfach so abschlägt. Dann reicht es dem Mann; er rennt zur Tür seines Nachbarn und klingelt. Als dieser öffnet, brüllt er ihn an: »Behalten Sie sich Ihren Hammer, Sie Rüpel!«[28] Mit seinem impulsiven Auftritt an der Tür macht der Mann seinem aufgestauten Ärger über den Nachbarn, den er nicht in Kontakt gebracht hat, Luft. Er hat die Erwartung, vom Nachbarn nicht gesehen und nicht wertgeschätzt zu werden. Diese Angst hat er aber nicht bewusst gefühlt. Zuletzt unterstellt er dem Nachbarn in Gedanken sogar, dass er sich mit Absicht abwertend verhält. So ist seiner Befürchtung, dass er ihm sicher auch den Hammer nicht leihen wird, der Boden bereitet. Angriff scheint ihm nun die beste Verteidigung … Was sich wohl der Nachbar gedacht hat?

Wenn andere Gefühle unsere Wut überdecken

Babys und Kleinkinder äußern Protest, weil sie eine Veränderung benötigen. Sie schreien zum Beispiel, weil sie eine frische Windel oder etwas zu essen brauchen, weil ihnen zu kalt oder zu warm ist oder weil sie müde sind. Der laute Ausdruck ihrer Wut weist die Eltern darauf hin, dass etwas nicht stimmt. Damit wollen sie bezwecken, dass sie Aufmerksamkeit und Zuwendung bekommen. Ihre Wut ist ein Hilferuf: »Lass mich nicht allein! Kümmere dich um mich!« Je nachdem, wie deine Bezugspersonen auf deinen Protest in Kindertagen reagiert haben, hast du erlernt, ob deine Wut willkommen ist oder nicht. Eltern, die ihre Kinder schreien lassen, bis diese ihren Protest aufgeben, bringen ihren Kindern bei, dass Protest sich nicht lohnt, dass ihre Hilferufe nicht gehört werden. Für die Eltern mag ein Kind, das nicht protestiert, bequem sein, für das Kind jedoch geht eine wichtige Kraft im Leben verloren. Das Kind beginnt dann, andere Strategien auszuprobieren.

Wurde ich mit meiner Wut als kleines Kind nicht gehört oder habe ich nicht die Aufmerksamkeit bekommen, die ich mir ersehnte, wählte ich ein Ersatzgefühl. Das kann zum Beispiel die Traurigkeit gewesen sein. Habe ich in solch einer Situation die Erfahrung gemacht, dass ich durch Tränen und Weinen meinen Kopf durchsetzen konnte, habe ich verinnerlicht, dass mich nicht die Wut unterstützt, sondern die Traurigkeit.

Vivian Dittmar beschreibt, was passiert, wenn wir Traurigkeit, Angst oder Freude statt Wut empfinden.[29] Wenn Traurigkeit unsere Wut ersetzt, fühlen wir Hilflosigkeit statt der Kraft zur Veränderung. Wir sehen uns als Opfer und ohne Möglichkeit, auf unsere Umgebung oder die Umstände Einfluss nehmen zu können. Wir leiden enorm, haben jedoch keinerlei Impuls, etwas zu ändern, aktiv zu werden. Für uns ist nichts falsch, sondern es ist schade. Häufig hat diese Zweckentfremdung der Wut Depression zur Folge, da wir uns in hilfloser Traurigkeit gefangen fühlen. Wenn Angst unsere Wut ersetzt, sind wir nicht mehr handlungsfähig. Alles empfinden wir als furchtbar. Wir halten angstvoll beide Augen geschlossen – sowohl für das, was für uns nicht stimmt, als auch für die Veränderungskraft in uns. Wir erleben alles, was nicht in unsere Ordnung passt, als bedrohlich. Alles ist furchtbar und kann somit auch nicht angenommen werden. Wenn Freude unsere Wut ersetzt, sehen wir alles durch eine rosarote Brille. Freude als Zweckentfremdung der Wut setzt einen radikalen Verdrängungsmechanismus in Gang. Alles, was nicht stimmt, muss ignoriert oder umgewertet werden. Dadurch bekommen auch die Beziehungen, die wir führen, etwas Beliebiges und werden oberflächlicher.

Nicht weniger problematisch stellt es sich dar, wenn Wut als Ersatzgefühl eintritt: Wenn Wut unsere Traurigkeit ersetzt, erleben wir schmerzhaft unsere eigene Begrenzung. Die Wutkraft, die uns nach Veränderung streben lässt, läuft ins Leere: Was verloren ist, kann nicht mehr verändert werden. Die Wut über diesen Umstand wird immer größer und sorgt für immer mehr Energie, die jedoch nicht genutzt werden kann und sich staut. Ausdruck findet sie dann möglicherweise in körperlichen Symptomen. Wenn Wut unsere Angst ersetzt, nehmen wir Unbekanntes als falsch wahr. Statt die Angst vor dem Fremden zu spüren, sehen wir das Fremde als das Falsche an. Rassismus begründet sich auf einer Vertauschung von Angst in Wut. Unbekanntes, Fremdes darf es dann nicht geben. Wenn Wut unsere Freude ersetzt, wird in jeder Suppe ein Haar gefunden. Nichts kann als schön angenommen werden, alles muss kritisiert, Schwachstellen und potenzielle Gefahren müssen benannt werden. Auch Sarkasmus ist eine Ausdrucksform der

Wut, wenn Freude nicht vorkommen darf. Das Risiko, sich im Zweifelsfall zu Unrecht gefreut zu haben, wäre einfach zu groß.

Wenn Wut unterdrückt wird und ein anderes Gefühl an ihre Stelle tritt, überhören wir zum einen die Botschaft der Wut, nämlich, was für uns nicht stimmt, verpassen aber auch den Kraftschub unserer Wut, der zuverlässig Veränderungen und Entwicklung anstößt.

Auf einen Blick

Mit diesem ersten Teil des Buches konntest du dein Bewusstsein dafür, wo du deine Wutkraft spürst und was du brauchst, schärfen. Hier im Überblick die ersten fünf Kernthesen:

* Dein Körper hat Signale für dich, nimm sie wahr. Wenn du deine eigenen Bedürfnisse vernachlässigst, verlierst du Lebensqualität und setzt deine Gesundheit aufs Spiel.
* Gefühle dienen dir im Hier und Jetzt, Emotionen aus der Vergangenheit wollen vollendet werden oder dienen der Heilung.
* Oft bestimmen frühe Prägungen unsere Gefühle: Verabschiede deinen kindlichen Wutausdruck und entdecke neue Formen.
* Erlaube dir, deine Wut und ihre positive Kraft zu fühlen. Deine Wut trägt die Kraft zur Veränderung in sich.
* Höre, welche Botschaft deine Wut für dich hat. Nimm dank deiner Wutgefühle deine Bedürfnisse wahr.

Im folgenden zweiten Teil des Buches zeige ich dir viele Möglichkeiten, wie du deine Wutkraft noch besser kennenlernen und mit ihr experimentieren kannst – in Beziehungen, im Privaten wie auch im Beruf.

ZWEITER TEIL

Experimentiere mit deiner Wut

KAPITEL 6

Gute Beziehungen brauchen Klarheit

Wut hat das Potenzial, uns zu unterstützen, unsere Beziehungen zu bereichern, sie klarer und lebendiger zu gestalten. Doch manche Menschen wissen gar nichts von der Kraft ihrer Wut. Stattdessen sind sie liebe große Mädchen oder brave große Jungen geworden, die als Erwachsene versuchen, es ihrem Partner ebenso recht zu machen wie damals ihren Eltern. Klingt nicht nach erfüllter Beziehung, oder? Dabei fing alles so wunderbar an, mit Schmetterlingen im Bauch und rosa Brille auf der Nase, hoch oben auf Wolke sieben. Na gut, Verliebtsein ist ein Ausnahmezustand, in dem wir uns mit großer Lust einem anderen Menschen in vielerlei Hinsicht hingeben. In der Zeit des Verliebtseins und geleitet von Hormonen richten wir unser Leben stark nach dem Partner aus. Das neue »Wir« leitet unser Fühlen und Handeln, vielleicht ziehen wir nach kurzer Zeit zusammen, denn wir können gar nicht genug Nähe haben.

Wie nach einem langen schönen Traum wachst du dann nach und nach auf und nimmst deine eigenen Gefühle, Überzeugungen, Grenzen und Bedürfnisse wieder deutlicher wahr. Aus dem Wir wird wieder Du und Ich – und nicht selten geraten Paare dann in eine tiefe Beziehungskrise. Gereizt nimmst du plötzlich zur Kenntnis, dass der andere seine Klamotten, seine Kosmetikartikel und anderen persönlichen Dinge in der gemeinsamen Wohnung verstreut, und reagierst verärgert. Deine Wut lässt dich erkennen, dass der andere deine Grenzen verletzt, er über dein Ordnungsbedürfnis hinwegtrampelt. Jetzt wäre ein klärendes Gespräch hilfreich. Doch stattdessen hagelt es oft nur Vorwürfe. »Musst du immer …?«, »Wenn du nicht jedes Mal …«. Doch Vorwürfe klären eine Situation oder ein Problem in der Regel nicht. Besser ist es, Tacheles zu reden, also klar Stellung zu beziehen, ohne den anderen herabzusetzen, zu bevormunden oder gar anzugreifen. Deutlich und respektvoll zu äußern, was einem nicht passt, fällt vielen von uns jedoch schwer. Warum eigentlich?

Frust statt Lust in der Beziehung

Es ist ein Samstagmorgen im Juni, die Sonne scheint mild. Kai und Sveta, beide Ende dreißig, haben nichts Besonderes für die freien Tage geplant. Kai ist Lehrer und hat wie immer noch etwas für die kommende Schulwoche vorzubereiten. Sveta arbeitet als Bürokauffrau und kümmert sich samstags meist allein um den Wocheneinkauf. Sie würde bei dem schönen Wetter gerne etwas mit ihrem Partner unternehmen und hat auch schon eine Idee, was ihr gefallen würde. »Hast du Lust, nachher eine Runde um den See zu radeln?«, fragt Sveta beim Frühstück. Kai überlegt kurz und antwortet: »Mhhhh, weiß nicht, ich glaub, ich mach mal lieber noch die Unterrichtsvorbereitung fertig. Gibt ne anstrengende Woche.« Sveta ist verärgert, dass Kai nichts mit ihr unternehmen will, aber sie äußert es nicht und geht nach dem Frühstück erst mal einkaufen. Am Nachmittag fragt sie wie nebenbei: »Was meinst du, sollen wir heute Abend im Biergarten etwas essen gehen?« – »Hmmm …, also ich würde lieber gemütlich auf der Terrasse grillen«, antwortet Kai, ohne von seinen Unterlagen aufzuschauen. So machen sie es dann auch.

Richtig gute Stimmung kommt aber nicht auf. Als Kai später den Arm liebevoll um Sveta legt und fragt: »Sollen wir gleich noch kuscheln?«, kraust Sveta die Stirn. »Ach, ich hab schon seit dem Nachmittag Kopfschmerzen, ich glaub, ich muss heute mal früher schlafen gehen«, erwidert sie und geht ins Haus.

Wie Sveta und Kai geht es vielen Paaren. Beide haben eigene Wünsche oder Bedürfnisse, und keiner spricht sie wirklich aus. Beide verschleiern über die Sprache ihre Wünsche. Sowohl Sveta als auch Kai formulieren, wenn es um ihre eigenen Bedürfnisse geht, keine Ich-Botschaften. Sie sagen nicht »Ich will mit dir …«, sondern verstecken ihr Bedürfnis hinter einer Frage und dem Wir – »Sollen wir …?«. Die Motivation für dieses unklare Aussprechen der eigenen Bedürfnisse ist vielfältig: Beide wollen es dem Partner recht machen oder hoffen insgeheim, dass der Partner ihre Wünsche oder Bedürfnisse errät, und die Verantwortung wird an den anderen übertragen. Mit diesem Verhalten ist die eigene Unzufriedenheit in der Regel jedoch vorprogrammiert.

Wenn wir unsere Wünsche und Bedürfnisse nicht klar mitteilen, haben wir womöglich verlernt, diese zu erspüren, oder wollen uns gar nicht mit ihnen beschäftigen. Womöglich haben wir bereits in der Kindheit die Erfahrung gemacht, dass unsere Bedürfnisse nicht ernst genommen werden. Wir machen uns selbst klein und reden uns ein, der andere habe mehr Stimmrecht. Es kann auch sein, dass wir so tun, als wäre es uns gar nicht wichtig, wonach wir fragen, weil wir eine Ablehnung befürchten. Ängste, verlassen zu werden, spielen in diesen Situationen ebenfalls eine Rolle. Vielleicht lehnen wir es ab, die Verantwortung für das Ergebnis zu tragen, also lassen wir die Entscheidung die anderen fällen. Oft hat derjenige, der unklar bleibt, Angst vor einem Konflikt. Unklarheit in Fragen und Antworten führen dazu, dass wir uns nicht authentisch begegnen. Statt uns klar mitzuteilen, fokussieren wir uns zu sehr darauf, was denn der andere nun will. Wir sind dann gedanklich mehr beim Gegenüber als bei uns selbst. Wenn wir das von klein auf gelernt haben, wird es uns vermutlich erst mal gar nicht auffallen, dass wir uns in unseren Beziehungen so verständigen. Es wird sich nicht anstrengend anfühlen, da wir es gewohnt sind.

Ich selbst kenne dieses unklare Verhalten sehr gut. In meiner Familie, in der ich die Jüngste mit zwei älteren Brüdern war, gab es viele Stimmen – zum Beispiel wenn wir einen Ausflug machen wollten. »Sollen wir ins Schwimmbad oder in den Zoo, oder machen wir einen Radausflug …?« Ich habe meine Energie meist dafür aufgewandt herauszufinden, was meine Brüder und meine Eltern wollen. Statt zu überlegen und zu sagen, was ich mir wünsche, habe ich mich der Mehrheit angeschlossen oder den Wunsch meiner Brüder mit durchgefochten. Bei gemeinsamen Urlaubsplanungen mit Freunden habe ich mich auch als junge Erwachsene häufig noch den Bedürfnissen meiner Reisepartner angeschlossen, ohne meine Vorstellung von einem perfekten Urlaub überhaupt einzubringen. Selbstlos, könnte ich sagen, war ich damals oft, wenn auch tief im Inneren nicht wunschlos. Im Geiste der Erziehung meiner Eltern nach dem Credo »Liebe deinen Nächsten …« war es normal, dass ich mich den anderen anpasse. Ich habe damals nicht wahrgenommen, dass ich meine eigenen Wünsche und Bedürfnisse übergehe. Wenn Ärger hochkam, etwa weil ich als naturliebender Mensch einen Städtetrip wenig erholsam fand, dann habe ich auch das nicht geäußert, sondern mit geübter strahlender Miene das Beste daraus gemacht.

Kennst du das auch, dass du vermeidest, Klartext zu reden? Oder um Hilfe zu bitten, wenn dir etwas zu viel wird? Welche Gedanken halten dich davon ab? Oder fällt es dir leicht wahrzunehmen, wann dich etwas erschöpft oder zu viel wird? Kannst du deine Grenzen spüren und für sie eintreten? Wenn du dich klar mitteilst und andere um Hilfe bitten kannst, erfährst du bereichernde Verbindungen mit anderen Menschen, was wiederum Erleichterung und Halt in dein Leben bringt.

Jetzt reden wir mal Tacheles!

Gleichgültig, ob aus Angst vor Kritik oder Zurückweisung oder aus Selbstsabotage – Unklarheit bringt jede Beziehung ins Wanken. Die Partner- oder Freundschaft wackelt dann wie ein Boot auf dem weiten Meer, und du weißt nicht, wann du wieder festen Boden unter den Füßen erreichst. Je nach Konstellation, ob beide Partner unklar sind oder nur einer, wird es die ein oder andere Auseinandersetzung nach sich ziehen. Entweder weil einer der beiden irgendwann ausrastet, weil er immer nur den Wünschen und Forderungen des Partners folgt, oder weil er genervt feststellt, dass viele seiner Bedürfnisse unerfüllt sind. Paare, die sich kaum noch austauschen und nur noch selten miteinander Erlebnisse teilen, sondern sich stattdessen vermehrt streiten, laufen Gefahr, sich zu entfremden, zu trennen oder körperliche Krankheiten zu entwickeln. Paartherapeut Michael Lukas Moeller nennt die »Sprachlosigkeit der Paare« als Hauptursache des »weltweiten Beziehungssterbens«.[30] Solange wir vor allem den anderen für die Probleme verantwortlich machen und nicht sehen wollen, wie die eigene Unklarheit das Problem mit erschaffen hat, wird es schwierig, das Ruder herumzureißen. Wer jedoch lernt, seine Wünsche und Bedürfnisse zu äußern und sie in einem Dialog dem Partner mitzuteilen, hat gute Chancen auf einen Neuanfang.

»Ich werde heute noch eine Runde um den See radeln, am liebsten mit dir«, könnte Sveta beim Frühstück an dem Samstagmorgen im Juni sagen. So äußert sie ihren Wunsch, macht sich aber nicht vom Partner abhängig. »Oh, ja, das ist eine schöne Idee. Ich habe noch nicht klar entschieden, ob ich mir die Zeit dafür nehmen will. Auf mich wartet eine anstrengende Woche und dafür will ich gut vorbereitet sein«, käme dann vielleicht als Antwort von Kai. Sveta könnte vorschlagen: »Ich frag dich, bevor ich losradele noch mal, dann kannst du schauen, ob es passt und du mitkommst. Falls es nicht passt, habe ich Lust, heute Abend im Biergarten mit dir etwas essen zu gehen.« Wenn Sveta sich so klar positioniert, hat sie gute Chancen, dass Kai auf ihren Wunsch eingeht und der Abend nicht mit Kopfschmerzen endet. Denn nur wenn man sich öffnet, kann der andere erkennen, was einem wichtig ist.

Klarheit schafft Nähe.

Respekt und Klartext im Job

Als ich mich auf meine erste Festanstellung beworben habe, wollte ich den Job auf jeden Fall, war aber mit dem Gehalt nicht einverstanden. Im Telefonat mit der Chefin fragte ich daher mutig, ob es möglich wäre, das Jahresgehalt um 15 Prozent anzuheben. »Wollen Sie den Job sonst nicht annehmen?«, fragte die Chefin zurück. Oh! Was nun? Damit hatte ich nicht gerechnet. Ich wurde unsicher und sagte: »Doch, natürlich, ich will den Job unbedingt, aber ich hätte gerne etwas mehr …«. Ich habe den Job bekommen, aber nicht mehr Geld. Darüber habe ich mich geärgert, ich habe allerdings auch lange nicht gesehen, dass ich meine Gehaltsvorstellung klarer und entschiedener hätte vertreten können. Mit einer klaren und entschiedenen Einstellung zu meinem Wert wäre ich meiner Chefin ein klareres Gegenüber gewesen. Gegen die Klarheit meiner Chefin hatte mein unsicheres Fragen keine Chance. Wäre ich damals mit mehr Wutkraft in die Gehaltsverhandlung gegangen, kann ich mir vorstellen, dass das Ergebnis ein anderes gewesen wäre. Die Chefin war nämlich nicht nur tough, sondern schätzte auch engagierte, klare und tatkräftige Mitarbeiter.

Im Job fällt es manch einem schwer, Klartext zu reden. Auf der einen Seite gibt es Führungskräfte, die keine klaren Ansagen machen, auf der anderen Seite Angestellte, die sich nicht trauen, ihre Meinung zu vertreten und Ärger herunterschlucken, statt ihn zu äußern. Manch ein Mitarbeiter meint, dem Chef dürfe er nicht widersprechen. Das sei eine Respektfrage. Er hat vielleicht Angst vor negativen Konsequenzen, wenn er sich ehrlich äußern würde. Aber gleichgültig, ob aus Unsicherheit oder falscher Bescheidenheit, das vorhandene Potenzial eines Menschen kann sich so nicht entfalten. Ein Mitarbeiter, der nicht genau weiß, was er tun soll, wird zögerlicher arbeiten und unter Umständen auch in eine falsche Richtung steuern. So dient es neben den Menschen auch der Arbeit und dem Arbeitsergebnis, wenn sich Mitarbeiter und Chefs mit klaren Worten verständigen.

Kennst du selbst solche Situationen bei der Arbeit? Woher kommt die Angst vor deutlichen Worten oder vor Autoritäten? Steckt hinter beidem die Scheu vor Konflikten? Ich kenne viele Selbstständige und Freiberufler, die Konfliktsituationen mit Autoritäten durch ihre Selbstständigkeit aus dem Weg gegangen sind, so müssen sie sich nicht mit einem Vorgesetzten reiben oder ihre Position wieder und wieder vertreten. Andere wiederum entscheiden sich für eine Festanstellung, um nicht in die Verantwortung gehen zu müssen, ihre eigenen Kunden zu akquirieren. Ich möchte dich ermutigen, Chefs und Kollegen offen zu begegnen, wenn es etwas Wichtiges zu sagen gibt – vor allem dann, wenn es dir selbst wichtig ist. Als Chef wie auch als Mitarbeiter kannst du auf deine klaren Ansagen vertrauen und darfst auch etwas fordern.

Klarheit ermöglicht Kommunikation auf Augenhöhe.

Ich handle für mich, nicht gegen dich

Gibt es Beziehungen oder Menschen, bei denen es dir sehr leicht fällt, für deine Bedürfnisse einzustehen? Welche sind das? Und fallen dir Menschen ein, bei denen es dir schier unmöglich erscheint, etwas von dir preiszugeben? Im Kontakt mit dem Partner, Chef, Kollegen, Kind, den eigenen Eltern, Geschwistern, Lehrern oder mit nahen Freunden haben wir je nach Beziehungsverhältnis ganz verschiedene Arten des Austauschs. Bei manchen Menschen vermeiden wir tunlichst, eine Abfuhr, Kritik oder Feedback zu bekommen. Oft haben wir auch bestimmte Strategien, um unsere Wünsche und Bedürfnisse in Kontakt zu bringen. Es ist sehr spannend, wenn du einmal anfängst, dich selbst im Alltag und Familien- oder Berufsleben zu beobachten. Auf einmal werden dir eigene Verhaltensweisen bewusst, die du bisher gar nicht wahrgenommen hast. Du bemerkst vielleicht auch schneller, welche Körpersignale und Gefühle mit deinem Verhalten einhergehen – oder welche du unterdrückt hast.

Traust du dich, deinem Partner offen zu sagen, was du dir wünschst? Oder spielst du wie Sveta und Kai über Bande? Verallgemeinerst du deine Aussagen? Sagst du: »Ich habe Lust, mit dir am Wochenende Rad zu fahren, willst du das auch?« Oder fragst du: »Sollen wir am Wochenende Rad fahren?« Versteckst du deinen Wunsch in einer Äußerung wie: »Der Regen soll am Wochenende aufhören, es wird richtig gutes Wetter zum Radfahren«? Womöglich sagst du auch gar nichts, weil du mit einer negativen Reaktion rechnest. Oder kümmerst dich nur um die Wünsche deines Partners oder Freundes: »Wozu hast du denn Lust am Wochenende?«, »Was wollen wir denn am Wochenende machen?«.

Durch Ich-Botschaften und konkrete Fragen, die die Position deines Gegenübers abfragen, übernimmst du Verantwortung für deine eigenen Bedürfnisse und Wünsche und lädst dein Gegenüber ein, das Gleiche zu tun. Beleidigtes Schmollen, dominierendes Schweigen oder indirekte, ausweichende Fragen verhindern Klarheit und führen allenfalls zu schlechter Stimmung, weil sich keiner richtig gesehen und gehört fühlt. Schweigen kann zudem schnell auch als Bestrafung empfunden werden.

Die eigenen Wünsche zu äußern, ist für viele von uns eine große Herausforderung. Die Angst, als egoistisch, unsozial oder selbstherrlich wahrgenommen zu werden, ist groß. Nicht selten ist unsere Zurückhaltung auch mit der Angst vor einem Nein des Gegenübers verbunden. Eine Möglichkeit, das Nein zu umgehen, ist, dass du deinen Wunsch gar nicht erst aussprichst und den Austausch vermeidest. Eines aber ist sicher: Wenn du nicht fragst, bekommst du kein Nein – aber eben auch kein Ja. Auf diese Weise gibst du deinem Gegenüber indirekt die Macht, über deine Handlungen zu entscheiden. Andere von uns poltern im Alltag unerwartet mit aufgestauten Wutgefühlen heraus, machen dem Gegenüber Vorwürfe oder verfallen in Schimpftiraden, die gar nicht auf ein Miteinander abzielen. Bei den einen ist es eine nötige, aber unangemessene Energieentladung auf dem Rücken des Gegenübers, bei den anderen die hilflose und an dieser Stelle unnütze Wehr gegen alte Kränkungen, die zufällig getriggert wurden. Auch solch hitzige Wut-Typen scheuen es, in sich hineinzuspüren und sich ihrer Gefühle und Emotionen sowie Bedürfnisse bewusst zu werden – die möglichen Folgen sind übergriffiges, unsensibles Sprechen und Agieren gegen den anderen. Welcher Wut-Typ du bist, kannst du auf Seite 235 herausfinden.

Wut in einer Beziehung zu spüren und ihre Kraft positiv zu nutzen, bringt Klarheit für beide Seiten. Für viele ist das ein ungewohnter Gedanke: Ich handle für mich, nicht gegen dich! Doch genau darum geht es. Wer seine Bedürfnisse äußert, agiert nicht gegen den anderen, sondern setzt sich für sich selbst ein. Schuldgefühle sind fehl am Platz. Auch wenn du entscheidest: »Heute komme ich nicht mit, um deine Eltern zu besuchen. Ich will lieber im Garten in der Sonne liegen und ein Buch lesen.« Es kann sein, dass dein Partner enttäuscht ist, und das darf er auch äußern. Gemeinsam könnt ihr euch darüber verständigen und eine Lösung finden. Doch erst einmal ist es wichtig, das eigene Bedürfnis zu benennen. So freut sich der Partner womöglich sogar für dich, dass du es dir nach der anstrengenden Arbeitswoche zugestehst, dich einfach zu erholen. Vielleicht verabredet ihr, dass du das nächste Mal wieder mitkommst. Die passende Lösung für dich und deinen Partner könnt ihr nur gemeinsam herausfinden, wenn ihr euch offen über eure Bedürfnisse austauscht. Wenn ihr eure Bedürfnisse in Kontakt bringt, seid ihr authentischer und begegnet euch als wahre Gegenüber. Dann erst teilt ihr euch eure Grenzen mit und sagt ehrlich, wozu ihr bereit seid und wozu nicht. Führt der Austausch in einen Konflikt, dann habt ihr die Chance, dass eure Beziehung und ihr daran wachsen könnt. Reibung muss nicht, wie konfliktscheue Menschen befürchten, Trennung erzeugen, sondern kann auch Nähe schaffen. Wir lernen uns so, wie wir sind, immer besser kennen – mit unseren Bedürfnissen und Grenzen.

Übung 9

Erforsche die Wirkung von Klarheit

Diese Übung hilft dir, bewusster zu werden. Spüre genau hin:

* Beobachte die Menschen in deinem Umfeld. Hör genau hin, wenn sie dich ansprechen. Wie formulieren sie ihre Fragen? Sprechen sie ihre Wünsche klar aus? Bieten sie dir Möglichkeit zur Mitsprache an? Oder setzen sie dich vor vollendete Tatsachen? Was macht das eine und was das andere mit dir?
* Wie geht es dir, wenn andere um den heißen Brei herumreden? Wie empfindest du es, wenn sich dein Gegenüber klar, direkt und freundlich äußert?
* Wo ist deine Aufmerksamkeit in deinen Beziehungen? Ist sie hauptsächlich bei dir oder deinem Gegenüber? In welchen Beziehungen kannst du entspannen?
* Finde heraus, mit welchen Menschen du die »Sollen wir nicht …«-Sprache sprichst, die deine Wünsche verschleiert. Wie fühlst du dich in diesen Beziehungen?
* Bist du in der Regel die Person, die Entscheidungen trifft? Genießt du es, dass du entscheiden kannst? Wie geht es dir, wenn andere entscheiden?
* Wie geht es dir, wenn du ein klares Ja hörst? Wie fühlst du dich bei einem Nein?

KAPITEL 7

Zentriere dich für einen gesunden Wutausdruck

Wie eng die Verbindung deiner Gefühle mit dem Körper ist, hast du bereits im ersten Kapitel des Buches erfahren. Hast du erspürt, wo in deinem Körper sich die Wut bemerkbar macht? Nimmst du deine Körpersignale inzwischen stärker wahr? Sie können dir helfen, frühzeitig zu erkennen, wenn in einer Situation für dich etwas nicht stimmt. Oftmals haben wir jedoch so viele Jahre unsere Wut unterdrückt und Regungen in unserem Körper überhört, dass es auch ein wenig Zeit und Übung braucht, um sie wieder zuverlässig wahrzunehmen. Wenn wir die eigene Wutenergie nutzen und mit der Wutenergie von anderen besser umgehen wollen, brauchen wir die gute Verbindung zu uns selbst und unserem Körper. Deshalb experimentieren wir hier nun weiter mit der Wut, üben uns im Fühlen und sammeln neue Erfahrungen.

Wenn du außer dir bist vor Wut, zeigt dir deine Instabilität, dass du deinen Halt, deine Zentrierung verloren hast. Es ist, als ob dir jemand den Boden unter den Füßen wegzieht, dann fehlt dir der feste Stand. Auch die Redewendung »Das ist eine bodenlose Frechheit!« veranschaulicht diesen Moment der Haltlosigkeit, die eine hohe Wutenergie in dir auslösen kann. Für einen gesunden Wutausdruck, der dich nicht gleich aus der Bahn wirft, ist es wichtig, dass du dir selbst bewusst und in deinem Körper verankert bist. Deshalb rücken wir in diesem Kapitel die innere Zentrierung in den Mittelpunkt – sie erzielt die Verbindung des energetischen Seins mit der Körpermitte als Grundlage einer stabilen inneren wie äußeren Haltung. Auf diese Weise schaffen wir gute Voraussetzungen und Kapazität für das weitere Experimentieren rund um einen gesunden Wutausdruck.

Das energetische Zentrum spüren

Einige kennen das Stärken der inneren Mitte aus der Traditionellen Chinesischen Medizin, dem Qigong oder Taoismus. Bei diesen Lehren sind der Aufbau und die Pflege der Energie der Mitte die wichtigsten Prinzipien. Die Stärke unserer Mitte wird nach diesen uralten Behandlungsmethoden und Traditionen als entscheidend für unsere Gesundheit angesehen. Wenn die Mitte geschwächt ist, kommt es zu einem Mangel an innerer Körperwärme und Energie und damit zu einer Unterversorgung aller anderen Organe. Als häufigste Symptome werden dann ein Defizit an Körperwärme, Konzentrationsmangel, Müdigkeit und allgemeine Schwäche diagnostiziert. Nach der Traditionellen Chinesischen Medizin beeinflussen unsere Nahrung und unsere Art der Lebensführung, so auch unser Denken und Fühlen, die Stärke oder Schwäche unserer inneren Mitte.

Im Possibility Management unterscheidet man das physische Zentrum und das Seinszentrum im Menschen.[31] Das physische Zentrum befindet sich ungefähr drei Finger breit unterhalb des Bauchnabels im Inneren unseres Unterleibs und bildet unsere Körpermitte. Die Position dieses körperlichen Zentrums lässt sich im Gegensatz zum energetischen Seinszentrum nicht verändern. Das Seinszentrum, auch energetisches Zentrum genannt, ist beweglich. Menschen, die sich vom Intellekt und analytischen Denken leiten lassen, halten ihre ganze Aufmerksamkeit, ihr energetisches Zentrum, häufig im Kopf. Viele haben bereits in der Kindheit ihr energetisches Zentrum abgegeben, zum Beispiel, wenn es eine starke Autorität in ihrem Umfeld gab, die Gehorsam und Anpassung durchgesetzt hat. Das energetische Zentrum abzugeben, hat einigen von uns als Kind gedient, um in Sicherheit zu sein. Unsere eigenen Entscheidungen oder Wünsche zu äußern, war vielleicht gefährlich oder wurde bestraft, sodass wir uns selbst zurückgenommen und den Erwachsenen die Entscheidungen überlassen haben. Das Schwierige an der Eltern-Kind-Konstellation ist, dass es in der Kindheit viele Situationen gibt, in denen es sinnvoll ist, dass Erwachsene Entscheidungen treffen. Prägend ist dabei, ob die Kinder mit ihren Wünschen gehört wurden und ihnen mit Präsenz und Langsamkeit geantwortet wurde oder nicht. Wenn häufig schnell über die Wünsche und Bedürfnisse des Kindes hinweg entschieden wurde, hat das Kind die Verantwortung und auch seine eigenen Bedürfnisse bald komplett verdrängt. Wenn das Kind auch im Erwachsenenalter an seiner Gewohnheit festhält, das energetische Zentrum abzugeben, wird kindisches, verängstigtes, bedürftiges und angepasstes Verhalten das Leben dieses Menschen prägen. Es wird diesem Menschen vermutlich schwerfallen, die eigenen Bedürfnisse wahrzunehmen und für sie einzutreten. Je geringer der eigene Selbstwert ist, desto eher machst du dich von den Meinungen im Außen abhängig und gibst das eigene energetische Zentrum ab.

Das bewusste Fühlen beginnt damit, zentriert zu sein. Es bedeutet, dass du in deiner Körpermitte ruhst und dass du für deine Bedürfnisse einstehst. Bist du nicht zentriert, sind deine Sensoren auf dein Gegenüber eingestellt, um herauszufinden, was es am ehesten braucht. So kann es zum Beispiel passieren, dass du mit deiner Partnerin in einem Restaurant bist und der Kellner fragt:

»Was möchten Sie trinken?« Statt zu sagen: »Ich nehme ein Glas Rotwein«, gibst du dein energetisches Zentrum ab und sagst: »Was wollen wir trinken?«. Die Verantwortung wird an die Partnerin abgegeben. Mit ihrer Aussage: »Das ist mir egal« spielt sie die Verantwortung gekonnt zurück und übernimmt sie ebenfalls nicht. Wie kommt es dazu, dass wir unser energetisches Zentrum abgeben? Hier ein Beispiel, welchen Einfluss unsere Kindheit auch auf diesen oft unbewussten Ablauf in unserem Alltag hat:

Tom, neunzehn Jahre alt, ist kurz nach dem Auszug von zu Hause in eine Depression geraten. Er hatte sich auf das eigenständige Leben und das Studium der Physik in Berlin gefreut, hatte sogar eins der begehrten erschwinglichen Zimmer in einem Studentenwohnheim ergattert. Bereits nach wenigen Wochen fühlte er sich immer öfter niedergeschlagen, wurde regelmäßig mitten in der Nacht wach und konnte erst gegen Morgen wieder einschlafen. Tagsüber war er fahrig und unausgeglichen. Trotz des Schlafmangels, der Niedergedrücktheit und den Stimmungsschwankungen vermittelte er nach außen zunächst noch, es wäre alles in Ordnung. Weder seine Familie noch engen Freunde bemerkten seine tiefe Krise. Tom schaffte es, die Grundanforderungen des Studiums so zu leisten, dass er einigermaßen ordentlich durchkam. Er besuchte regelmäßig seine Familie in der Nähe von Potsdam, die Eltern und seinen Bruder Liam, der als Pflegekind in die Familie gekommen war, als Tom drei gewesen war.

Liam saß wegen einer halbseitigen spastischen Lähmung im Rollstuhl. Tom hatte vom ersten Tag an in Liam den kleinen Bruder gesehen, den er beschützen musste. Er hatte immer alles für ihn getan, auch jetzt, wenn er an einem Wochenende mal wieder zu Hause war. Liam war es, der ihn fragte, was los sei. »Du bist so dünn und siehst schlecht aus, Tom.« Erst jetzt bemerkten auch die Eltern, dass mit ihrem Ältesten etwas nicht stimmte. Die Mutter machte für Tom einen Termin beim Hausarzt der Familie, der Tom dann weiter zu einem Neurologen überwies. Dort erhielt Tom die Diagnose »Depressive Episode«. Er wusste zunächst gar nicht, was er mit dem Befund anfangen sollte. Während einer systemisch ausgerichteten Therapie stellte er fest, dass er sich ohne seinen bedürftigen und kranken Bruder und die Aufgaben, die er für ihn übernommen hatte, nicht komplett fühlte. Etwas fehlte ihm, um in seinem eigenen Leben Fuß zu fassen.

Tom hatte wie auch die Eltern immer alle Aufmerksamkeit auf Liam gerichtet. Liam hatte als Baby ein schweres Schicksal erlitten und fand bei Toms Familie ein stabiles und liebevolles Zuhause. Nicht ein einziges Mal in den ganzen Jahren hatte Tom sich beschwert, dass er wegen seines Bruders zurückstecken musste. Dabei war ihm von einem auf den anderen Tag ein großer Teil an Aufmerksamkeit und Zuwendung entzogen worden – auch wenn die Eltern versucht hatten, für Tom kleine Inseln des alten Familienlebens aufrechtzuerhalten. Tom hatte schon früh viel Verantwortung übernommen und sich in der Rolle des sorgenden großen Bruders bewährt. Ohne diese Rolle und die dazugehörenden Pflichten in einem Leben, in dem er sich nur um sich allein kümmern musste, war er völlig verunsichert. Tom war es gewohnt, alle Aufmerksamkeit nach außen abzugeben, seine innere Mitte hatte er gleich mit abgegeben. Er brauchte mehr als ein Jahr, um zu spüren, dass er unter seiner gut funktionierenden Fassade auch Wut auf den Bruder empfand, der ihm die heile Welt und die ganze Aufmerksamkeit seiner Eltern genommen hatte. Und er fühlte auch Traurigkeit darüber. Erst als er die Gefühle wahrnehmen und einzeln betrachten konnte, gelang es ihm, zu sich selbst zu finden, seine innere Mitte zu halten und die Herausforderung eines selbstbestimmten Lebens mit Freude anzunehmen.

Auch in Familien mit chronisch Kranken bekommt der kranke Mensch meist viel Aufmerksamkeit und Zuwendung von den anderen Familienmitgliedern. Wenn die Krankheit zudem als schweres Schicksal empfunden wird, kann das auch die Atmosphäre in der Familie stark beeinflussen. Vielleicht darf nicht laut gesprochen oder sich nicht schnell im Haus bewegt werden. Vielleicht ist es sogar unerwünscht, freudig und glücklich zu sein. Wenn die Familiensituation so ist, wird das Familiensystem weitgehend durch den Zustand des erkrankten Familienmitglieds kontrolliert. Die Sorge der Mitbewohner und Besucher wird stets bei dem Kranken sein, sein Wohlbefinden stets im Fokus. Die eigenen Bedürfnisse nach Lebendigkeit, Ausdruck und Leichtigkeit werden zum »Wohle« des Kranken zurückgestellt.

Ein Nachbar, der heftig cholerisch auftritt, kann die anderen Bewohner in einer Straße so beeinflussen, dass diese all ihre Aufmerksamkeit darauf ausrichten, nichts zu tun, was den Choleriker aktiviert. Sie wollen einem Konflikt aus dem Weg gehen. So wird auf das fröhliche Grillen am Sonntagnachmittag im Garten aus Angst vor einem Ausraster des Nachbarn verzichtet. Durch aufgesetzte Freundlichkeit und inneres Kleinmachen findet der Nachbar kein Gegenüber auf Augenhöhe. Es findet kein Kontakt statt, da sich niemand traut, ihn mit den unangenehmen Wahrheiten zu konfrontieren – aus Angst vor der Reaktion. Dadurch wird auch sein stundenlanges Radiogedudel in hoher Lautstärke während der Autowäsche am Wochenende geduldet und das eigene Bedürfnis nach Ruhe und Entspannung vom Liegestuhl im Garten auf die Couch im Wohnzimmer verlegt. Anders formuliert: Die Nachbarn geben ihr energetisches Zentrum an den Choleriker ab, der somit das Leben in der Straße bestimmt. Das Gute daran ist, dass die Nachbarn sich ihr energetisches Zentrum jederzeit zurückholen könnten, indem sie für Klarheit sorgen und eine Konfrontation in Betracht ziehen. Es liegt an uns selbst, ob wir unsere Mitte stärken oder schwächen.

Übung 10

Wie stabil bist du in dir verankert?

Achte einen ganzen Tag lang immer wieder auf deine Körperhaltung. Wie ist deine natürliche Haltung? Frage dich selbst:

* Wie ist mein natürlicher Stand? Stehe ich mit beiden Füßen auf dem Boden? Sind meine Beine gebeugt oder durchgestreckt? Wie fühlt sich mein natürlicher Stand an? Stabil oder eher wacklig? Probiere aus, wann sich dein Stand stabiler anfühlt.
* Wie sitze ich? Stehen meine beiden Füße auf dem Boden? Schlage ich die Beine häufig übereinander? Wie fühlt es sich stabiler an? Wie kann die Energie besser fließen?
* Sind mein Kopf, meine Augen nach vorne ausgerichtet, oder schaue ich zu Boden?
* Halte ich meine Arme verschränkt oder hängen sie neben meinem Körper? Liegen sie beim Sitzen auf meinem Schoß? Hängen meine Schultern nach vorne über? Mache ich mich eher klein in der Haltung oder richte ich mich in meiner vollen Größe auf?
* Wie ist meine Haltung in Anwesenheit unterschiedlicher Menschen, zum Beispiel beim Partner, Chef, Kind, bei der Freundin? In welcher Art und Weise ändert sich meine Haltung?
* Welche Inhalte und welcher Tonfall bringen mich ins Schwanken?
* Wie ist meine äußere (körperliche) Haltung? Wie ist meine innere (emotionale, geistige, seelische) Haltung?

Kennst du es auch, dass du leicht aus deiner Mitte fällst, wenn jemand an dir vorbeigeht und dich aus Versehen berührt oder anrempelt? Reflexartig machst du einen Schritt vor, zurück oder zur Seite, um wieder stabil auf beiden Beinen zu stehen. Als ich durch eine Kollegin die Kampfkunst kennenlernte, experimentierte ich gerade auch mit meiner äußeren und inneren Haltung. Ich machte folgende Erfahrung: Je starrer und steifer ich mich in meiner physischen Körpermitte hielt, umso leichter war es für jemanden im Außen, mich aus meiner Mitte zu werfen. Wenn ich meinen Körper in der Körpermitte hingegen flexibel hielt, gelang es mir, mit dem Druck mitzuschwingen und danach – ohne den Stand zwischendurch zu verlieren – wieder in eine stabile Haltung zu kommen. In der Kampfkunst gilt dies als bewährte Strategie, den Angriff, die Kraft des Gegenübers aufzunehmen und am eigenen Körper vorbeizuleiten, statt selbst zu verhärten. Seitdem ich mir meiner Haltung bewusster bin und damit experimentiere, bringt mich eine physische Aktion im Außen viel seltener aus meiner Balance beziehungsweise aus meiner Mitte. Ich fühle dadurch gleichzeitig mehr Stabilität und Beweglichkeit in mir.

Was löst die Wut anderer in dir aus?

Es gibt viele verschiedene Ausdrucksformen der Wut. Dazu zählen unter anderem passiv aggressive oder subtile Wut, sarkastisches oder zynisches Verhalten, Schweigen oder Ignoranz (als Bestrafung), Lästern, Anschreien oder Herumbrüllen, körperlicher Gewaltausdruck, Zerstörungswut. Welche dieser Formen sind dir bekannt? Vermutlich lösen sie unterschiedliche Reaktionen in dir aus. Wie ergeht es dir, wenn du mit einer dieser Ausdrucksformen konfrontiert wirst? Wo verlierst du deinen Halt? Wo gibst du dein energetisches Zentrum ab?

Konfrontation mit verschiedenen Wutausdrücken

Passiv aggressiver Wutausdruck

Wenn dir dein Gegenüber passiv aggressiv begegnet, wirst du vielleicht bockig und schießt ebenfalls verbale Pfeile zurück, anstatt Grenzen zu ziehen und ihm zu sagen, was du brauchst. Gesünder ist es, wenn du dein energetisches Zentrum hältst und deinem Gegenüber sagst, dass du dieses Spiel nicht mitspielst, gerne aber mehr über seine Wut und was für ihn nicht stimmt erfahren willst.

Schweigen als Wutausdruck

Wer mit Schweigen konfrontiert wird, ist vor allem damit beschäftigt, was er selbst falsch gemacht hat und nun dazu beitragen kann, dass der andere sein Schweigen wieder unterbricht. Tatsächlich ist es aber die Aufgabe deines Gegenübers, in die Verantwortung zu gehen und seine Wut konkret zu benennen.

Klatsch und Tratsch als Wutausdruck

Jeder hat sich vermutlich schon mal verführen lassen, sich über das Fehlverhalten eines Dritten aufzuregen. Dadurch verschwenden die Gesprächspartner ihre Wutenergie für ein nutzloses Lästern – ändern tut sich dadurch aber nichts. Probiere einmal aus, die Person, die über den Dritten spricht, mit ihrem eigenen Verhalten zu konfrontieren. Du kannst sagen, dass du hörst, wie sehr sie sich über das Verhalten des Dritten aufregt. Ermuntere sie, dir zu beschreiben, wie ihre Gefühle dabei sind.

Schreien als Wutausdruck

Wenn du wütend angeschrien wirst, bist du intuitiv in Gedanken mit der Frage beschäftigt, wie du dein Gegenüber beruhigen kannst. Oft reicht es, wenn du ein klares »Stopp!« aussprichst, dich aus der Situation entfernst und deine Grenze ziehst. Es kann aber auch sein, dass du einen dritten Menschen vor der Bedrohung des anderen schützen musst, dann kannst du Position beziehen und andere Menschen zur Unterstützung dazurufen, sodass diese auf den Missstand aufmerksam werden.

Wenn du dir darüber bewusst wirst, was die Wut von anderen in dir auslöst, kannst du neu entscheiden, ob du dich weiter so verhalten willst wie bisher oder ob du in Zukunft in solchen Situationen anders reagieren möchtest. Lässt du dich bisher von der hohen Wutenergie des anderen anstecken und mischst mit, lästerst oder schreist zurück, dann ist mein Vorschlag, die hohe Wutenergie beim Gegenüber zu lassen und selbst in einem gesunden Wutausdruck dem anderen in bestimmtem Ton eine Grenze zu setzen. Das kann ein klar ausgesprochenes »Stopp!« oder »Nein!« sein, oder die klare Ansage, dass du dafür nicht weiter zur Verfügung stehst. Wenn du dazu neigst, in Gedanken nur um den anderen und seine Wut und mögliche Wege, sie zu besänftigen, zu kreisen, dann entscheide dich ganz bewusst, dich auf dich selbst zu fokussieren. Prüfe deine Haltung. Wie stabil und wie flexibel ist sie? Bring deine Aufmerksamkeit in deine Mitte. Geh achtsam mit dir um, und bringe dich, wenn nötig, aus der Gefahrenzone. Du kannst die Wut des anderen bezeugen, aber du musst sie nicht aufnehmen oder in dir halten. Es ist die Wut deines Gegenübers. Wenn du dich zentrierst, dann spürst du, ob sich Wut bei dir regt und was du brauchst, um wieder ins Gleichgewicht zu kommen.

Was ist ein gesunder Wutausdruck?

Ich selbst weiß im Vorhinein auch nicht immer, wie ich in einer herausfordernden Situation reagiere. Manchmal ist es auch die Tagesverfassung, die über den Wutausdruck entscheidet. Auch ein Mensch wie ich, der sich seit Jahren mit seinen Gefühlen auseinandersetzt und geübt ist, Wut wahrzunehmen und auszudrücken, muss immer wieder neu in sich spüren, wenn die Wut eine Botschaft sendet.

Erst kürzlich stand ich mit einem Kollegen im übervollen Supermarkt, als sich ein Vater mit zwei Kindern an der Kasse vordrängeln wollte. Wenn ich Zeit habe, dann kann ich gut und gerne auch mal fünfe gerade sein lassen und verschwende keinen weiteren Gedanken an so einen Drängler. Aber dass sich der Vater der Kinder wortlos vor mich in die Warteschlange schob und so tat, als sei es das Selbstverständlichste auf der ganzen Welt, ärgerte mich. Im ersten Moment blieb ich noch stumm, aber dann spürte ich meinen angespannten Kiefer und mir fiel der Bus ein, den mein Kollege und ich wegen eines Arbeitstermins erwischen mussten. Ich teilte meinen Unmut meinem Begleiter mit, jedoch darauf bedacht, dass es der Vater und seine Kinder nicht mitbekamen. Warum eigentlich? Wenn ich in diesem Moment mit meiner Aufmerksamkeit ganz bei mir, also in meiner Mitte, gewesen wäre, hätte ich den Mann mit seinen Kindern direkt angesprochen. Zum Beispiel so: »Ich habe einen wichtigen Termin, den ich einhalten will. Wenn Sie vor mir Ihren Einkauf erledigen, verpasse ich meinen Bus. Stellen Sie sich bitte hinten in der Schlange an.« Oder: »Ich ärgere mich, wenn Sie sich ungefragt vor mir in der Schlange einreihen. Bitte fragen Sie nächstes Mal doch, ob das für mich okay ist.« Oder: »Sie haben sich gerade vorgedrängt, das Ende der Schlange ist hinter mir!«

Wer seine Mitte kennt und mit ihr verbunden ist, hat es leichter, angemessen und den eigenen Bedürfnissen entsprechend zu reagieren. Der Ärger ist dann ausgedrückt und staut sich nicht im Kiefer, Hals, Bauch oder wo auch immer du deine Wut bunkerst.

Ein gesunder Wutausdruck kommt aus deiner Mitte und ist der Situation angemessen.

Wenn du dein inneres Zentrum kennst, kannst du mithilfe der folgenden Übungssequenzen herausfinden, wie gut du mit deiner Mitte verbunden bist.

Übung 11

Partnerübung zur eigenen Mitte

Du und dein Übungspartner stehen sich gegenüber. Jeder von euch stellt sich hüftbreit hin, sodass er einen guten Stand hat. Der Abstand zwischen euch ist so weit, dass sich eure Handflächen leicht erreichen, während eure Arme im Neunzig-Grad-Winkel gebeugt sind. Die Handflächen werden gegeneinander gelegt. Nun ist es die Aufgabe jedes Einzelnen, das Gegenüber aus seiner Körpermitte zu schubsen. Dabei sind Bewegungen in allen Geschwindigkeiten und Intensitäten erlaubt. Wichtig ist, dass die Hände zusammenbleiben. Beobachte in dieser Übung deine Gedanken. Welche Fragen oder Aussagen liefern sie dir? Hier ein paar Beispiele:

* Gegen den habe ich sowieso keine Chance.

* Da muss ich mich auf jeden Fall zurückhalten, der ist viel kleiner als ich.
* Mit so viel Energie, wie ich sie habe, bin ich ihr sowieso zu viel.
* Wenn sie merkt, wie stark ich bin, mag sie mich nicht mehr.
* Mit so viel Energie kann ich gar nicht umgehen.
* Ich wünsche mir mehr Druck und Präsenz von ihr.

Spüre nach der Übung nach: Wie hast du dich in der Übung gefühlt? Hat sich das Gefühl, deine innere Haltung verändert? Hast du deine Körpermitte verlässlich spüren können? Bist du ins Wanken geraten? Erinnere dich gegebenenfalls, woran du in dem Moment gedacht hast. Du kannst dir auch Notizen in deinem Wut-Journal machen.

Wie sehr du mit deiner Mitte verbunden bist, erfährst du, wenn in dir das Vertrauen vorhanden ist, dass dein Gegenüber für sich sorgen kann, und dich nicht die Frage umtreibt, ob du zu viel bist oder du dein Gegenüber schützen oder bewahren willst. Du bist geleitet von einem Grundvertrauen, dass alles gut ist, wie es ist, und wenn nicht, vertraust du darauf, dass dein Gegenüber es in Kontakt bringen wird. Wenn du von deiner Mitte getragen wirst, spürst du Leichtigkeit und Energie, du fühlst dich in dir wohl und bist im fließenden Austausch mit dem Außen. Und ganz wichtig: Wenn du mit deinem Zentrum gut verbunden bist, kannst du deine Wahrheit mitteilen! Die mag unbequem oder auch herausfordernd für dein Gegenüber sein, aber das verunsichert dich nicht, weil du bei dir bleibst. Probiere demnächst einmal aus, einer Aussage deines Partners oder Chefs, die du nicht teilst, bewusst nicht zuzustimmen. Oder übernimm die Aufgabe eines Kollegen nicht, der sie dir mit einem Lächeln übergeben will. Beobachte, was du direkt im Anschluss in deinem Körper wahrnimmst. Was denkst du? Beobachtest du vorsichtig die Reaktion deines Gegenübers? Versuchst du abzuchecken, was er denkt oder fühlt und wie er als Nächstes handeln wird? Beobachte auch, wie du dich fühlst, wenn du etwas verneinst. Wie verhältst du dich, nachdem du das Nein ausgesprochen hast? Wenn dein Gegenüber gekränkt oder verletzt reagiert, revidierst du dein Nein? Sagst du Nein, lächelst aber dabei, um dir die Liebe deines Gegenübers zu sichern? Kommt dir das Nein leicht über die Lippen?

Dich zu zentrieren, bedeutet, deine Aufmerksamkeit – beispielsweise vom Kopf (und Denken) – zur Körpermitte (und zum Fühlen) zu bringen. Das bewegliche energetische Zentrum legst du auf dein physisches Zentrum. Wenn du auf diese Weise gut mit deiner Mitte verbunden bist, fühlst du in entsprechenden Situationen deine Wut – und zwar nicht explosiv oder als gefährlichen Impuls, sondern als ein wertvolles Gefühl, das dich handlungsfähig macht. Wenn du bei dir bleibst, kannst du deiner inneren Wahrheit Ausdruck verleihen – das ist der gesunde Wutausdruck. Die Intensität deines Ausdrucks variiert in den unterschiedlichen Situationen. Je mehr du dich mit deiner Wut beschäftigst, desto deutlicher wird dir auffallen, dass es beim Positionieren nicht um die Intensität geht, sondern um die innere Haltung und Verbindung mit dir selbst.

KAPITEL 8

Warte nicht auf Veränderung – handle selbst!

Es ist schon eine ganze Weile her, da fuhr ich für ein zweitägiges Teammeeting in eine andere Stadt. Nach dem ersten langen Arbeitstag in einem stickigen Konferenzraum und einem späten Abendessen mit Kollegen fiel ich müde in mein Hotelbett. Mitten in der Nacht wurde ich von lautem Lachen und Gesprächen wach. Ich ärgerte mich über die Störung, weil ich meinen Schlaf dringend brauchte. *So ein Mist!*, ärgerte ich mich. *Die müssen doch merken, wie laut sie sind. Die sind total rücksichtslos, mitten in der Nacht so einen Krach zu machen!* Während ich da lag, innerlich schimpfte und wartete, dass die Ruhestörung endlich aufhörte, stieg meine Wut. Nach einer gefühlten Ewigkeit hörte ich eine tiefe Stimme, die sehr bestimmt klang, und es wurde leiser. Bald darauf glitt ich, ohne es zu merken, wieder in den Schlaf. Beim Frühstück am nächsten Morgen traf ich eine Kollegin. Sie wirkte ausgeruht und war guter Laune. »Hattest du eine ruhige Nacht?«, fragte ich und erzählte kurz, dass ich etwas übermüdet sei, weil es in einem der anderen Zimmer nachts so laut gewesen sei. » Ich bin auch davon wach geworden«, sagte sie. »Ich habe die Rezeption angerufen. Die haben sich dann gekümmert, dass es wieder ruhig wurde.« Es war mir unangenehm, dass ich nicht selbst auf diese Idee gekommen war. Die Kollegin hatte Verantwortung für sich übernommen und ihre Wut zum Handeln genutzt, während ich in meiner Opferhaltung langsam und stetig in einem Sumpf aus Selbstmitleid versank. Ich hatte meinen Ärger wahrgenommen, aber nicht als Impuls für eine sinnvolle Handlung genutzt. Meine Gedanken waren um die Ruhestörer gekreist, ich habe sie als Täter und mich als Opfer angesehen. Ich habe meine Energie ins stumme Schimpfen fließen lassen und die anderen als rücksichtslos bewertet. Das hat die Situation in keiner Weise verändert. Ich habe mich lediglich müde, schlecht und ausgeliefert gefühlt. Ich musste erst lernen, meine Wut zu spüren und nicht zu unterdrücken, um mich so für mich einsetzen zu können. Ich musste für mich anerkennen, dass ich das Recht habe, für mich und meine Bedürfnisse einzustehen.

Übung 12

Wutmeeting

Erinnere dich an eine Situation, in der du deine Wut nicht ausgedrückt hast. Beleuchte die Situation nachträglich und erforsche dein Wutgefühl:

* Was ermöglicht mir meine unterdrückte Wut?
* Wohin geht meine Wutenergie? Was denke ich? Was tue ich?
* Was verhindert meine unterdrückte Wut?

Warum sich selbstverantwortliches Handeln lohnt

Wenn du deine Wut nicht unterdrückst, sondern fühlst, kannst du deutlich den Energieimpuls wahrnehmen, der dein selbstverantwortliches Handeln in Gang setzt. Durch bewusstes Fühlen und selbstverantwortliches Handeln kannst du dein Leben nachhaltig und positiv verändern. Du wirst fähig, in einer herausfordernden

Situation eine Entscheidung zu treffen, wie Irene aus unserem Beispiel auf Seite 68, die sich, nachdem der Bus an der Haltestelle vorbeigefahren war, ein Taxi gerufen hatte und so noch pünktlich zum Gespräch mit der Chefin kam. Irene spürte ihre Wut, nutzte sie, um eine schnelle Entscheidung zu treffen, und kam so ins selbstverantwortliche Handeln. Eva hingegen hatte durch ihre hohe Taubheitsschwelle das Gefühl dafür verloren, was sie aus eigener Kraft bewirken kann. Sie fühlte sich lethargisch als Opfer der Umstände und blieb passiv.

Im Weiteren geht es um diese Fragen: Warum lohnt es sich, eine hohe Taubheitsschwelle zu senken? Was ist der Gewinn? Und was ist der Preis? Sieh dir die folgende Tabelle aus dem Possibility Management an, und mache Denkpausen, wann immer dir danach ist.

hohe Taubheitsschwelle = Wut kaum bis gar nicht fühlen	**niedrige Taubheitsschwelle = Wut bewusst fühlen**
sich schuldig fühlen	eigene Grenzen, Bedürfnisse spüren
die Fehler der anderen ins Zentrum stellen	das eigene Gefühl als Wegweiser nutzen
die eigenen Fehler ins Zentrum stellen	die Kraft der eigenen Handlungsfähigkeit spüren
Wunsch nach Bestrafung	Wunsch nach Veränderung
Verantwortung ablehnen	Verantwortung annehmen
Verantwortung als Pflicht ansehen	Verantwortung als Chance ansehen
Verantwortung als Last empfinden	Verantwortung als Befreiung empfinden

sich von Wut ablenken: durch Essen, Arbeit, Konsum, Computerspiele, Sport, Streitsucht, Perfektionismus, Alkohol, Drogen usw.	Wut und ihre Energieimpulse willkommen heißen und bewusst für Veränderung einer Situation oder Beziehung nutzen
passiv bleiben, sich unterwerfen, Verantwortung vermeiden, abgeben	aktiv werden, selbst-verantwortlich handeln
keinen Schmerz fühlen	Schmerz zulassen und spüren
sich taub und nicht lebendig fühlen	sich kraftvoll und lebendig fühlen
die Verantwortung bezieht sich auf etwas, was in der Vergangenheit passiert ist oder nicht passiert ist	die Verantwortung bezieht sich auf die Gegenwart und Zukunft
das Leben ertragen	das Leben kreieren

Wenn du deine Taubheitsschwelle herabsetzen willst, geschieht das nicht aus reiner Willenskraft. Es ist eine Veränderung des Fühlens und der inneren (und womöglich auch äußeren) Haltung. Das kann als sehr schmerzhaft erlebt werden, denn was zuvor nicht wahrgenommen wurde, wird jetzt auf einmal als Wut oder auch Traurigkeit, Angst oder Freude intensiv spürbar. Dein Wutschmerz ist dir ein untrüglicher Ratgeber – für all das, was für dich nicht stimmt. Eigene nicht gewürdigte Grenzen, unerfüllte Bedürfnisse, nicht ausgelebte Wünsche. Es gibt keinen Weg am Schmerz vorbei, denn dann müsstest du die Wut wieder ausblenden und deine Taubheitsschwelle würde wieder hochschnellen. Nimmst du den Schmerz und dein Wutgefühl an, wird dein Leben reicher. Es geht keinesfalls darum, dass wir perfekte Menschen werden – was auch gar nicht möglich ist. Es geht um unsere eigene Präsenz, Lebendigkeit und Kraft und nicht zuletzt um ein wertschätzendes und konstruktives Miteinander.

Übung 13

Wie gehst du mit Verantwortung um?

Lass dir für diese Fragen und ihre Beantwortung Zeit. Schreibe die Antworten in dein Wut-Journal.

* Für wen oder was trage ich Verantwortung?
* Was gefällt mir an der Verantwortung?
* Was gefällt mir nicht an Verantwortung?
* Fällt es mir leicht, Verantwortung zu übernehmen? Wem will ich sie eigentlich lieber zuschieben?
* Wenn ich der Meinung bin, dass für mich etwas nicht stimmt, bin ich dann offen dafür, dass mein Gegenüber anders empfindet?
* Fallen mir Situationen ein, in denen das von mir persönlich als verantwortungsvoll interpretierte Handeln von anderen als übergriffig empfunden wurde?
* Gibt es Situationen, in denen ich Verantwortung übernehme, die eigentlich andere tragen sollten? Welche sind das?

Überlege auch, woher dein Umgang mit Verantwortung kommt. Gab es einen hohen Anspruch an dich als Kind, früh Verantwortung zu übernehmen? Oder wurde dir früh abgesprochen, in der Lage zu sein, Verantwortung zu tragen? Wurde dir von den Eltern oder Geschwistern vieles abgenommen? Schreibe Erlebnisse und die Gefühle von damals in dein Wut-Journal. Was willst du ab heute anders machen? Triff eine klare Entscheidung dafür.

Die Fähigkeit, Entscheidungen zu treffen

Kein anderer als du entscheidet, ob dir eine Situation zusagt und du in ihr verweilen willst oder ob du deine Wut für Veränderung einsetzt und die Verantwortung für dich übernimmst. In beiden Fällen nutzt du deine Wut aktiv. Entweder dafür, um in der Ausgangssituation zu bleiben oder um diese zu verändern. Es gibt keine Wertung, was in dem Moment richtig oder falsch ist. Das ist deine subjektive Entscheidung. Wenn du mit dem Ergebnis der Veränderung noch nicht zufrieden bist, liegt es in deiner Verantwortung, weiter für dich zu agieren und für deine Bedürfnisse einzustehen.

»Love it, change it or leave it.«

Dieses Zitat von Henry Ford kennst du bestimmt. Es bedeutet, wenn dir etwas im Leben nicht gefällt, dann lerne, es zu lieben, ändere es oder verlasse es. Ansonsten bliebe dir nur, dich immer wieder über das, was dir nicht gefällt, zu ärgern. Du kannst anderen die Schuld geben – dem Lebenspartner, dem Nachbarn, dem Chef, den Politikern und wem auch immer, dass es ist, wie es ist. Verändern wird sich so nichts. Lediglich raubt dir der Gedanke immer wieder Energie und Aufmerksamkeit. Die Folge ist vermutlich, dass du eine große Traurigkeit darüber entwickelst, dich durch irgendein Laster ablenkst oder dich taub machst. Wenn du aber etwas für dich verändern willst, ist es hilfreich, dich zu entscheiden, wofür du stehst. Ich möchte an dieser Stelle nicht auf die großen Lebensthemen abzielen – Partner- und Berufswahl etwa, dazu kommen wir später noch –, sondern auf die kleinen alltäglichen Situationen, die uns plötzlich zwischendurch und oftmals schnelle Entscheidungen abverlangen.

Vor Kurzem war ich zu einer Fortbildung gereist und hatte ein eigenes Zimmer mit einem großen Bad, das jedoch nur vom Flur aus zu betreten war. Als ich meine Badutensilien einräumte, standen dort schon fremdes Duschgel, Zahnputzzeug und Rasiersachen, und im Waschbecken waren dunkle Barthaare. Kurz entschlossen ging ich zur Rezeptionistin, die mir noch mal bestätigte, dass das Bad nur zu meinem Zimmer gehörte, das Nachbarzimmer habe ein eigenes. So klopfte ich kurz darauf bei dem Nachbarn und teilte ihm die Sachlage mit, worauf er sich sogleich entschuldigte und seine Sachen aus dem Bad räumte. Spannend war für mich dabei die innerliche Beobachtung, dass ich einen kurzen Moment Scham fühlte, ihn darauf hinzuweisen, dass er fälschlicherweise mein Bad genutzt hatte. Als er seine Sachen aus dem Bad holte, bemerkte er die Barthaare im Becken und säuberte dies eigenverantwortlich, bevor er das Bad verließ. Als ich kurz darauf unter der Dusche stand, dachte ich, wie sehr ich doch die Klarheit schätze, die ich durch meine Wutkraft erlebe. Ich scheue Konflikte längst nicht mehr so sehr wie früher, sondern sehe sie als besten Weg, aus mir selbst herauszuwachsen – auch in solch scheinbar kleinen Alltagsdingen, die tatsächlich einen großen Teil unserer Lebenszeit ausmachen.

Wenn du eine Veränderung in deinem Leben erzielen willst, ist es unumgänglich, dass du eine neue Handlung vollziehst, für die du vorher eine neue Entscheidung getroffen hast. Um dies zu trainieren, empfehle ich dir die folgende Übung, die du über einen Zeitraum von vier Wochen jeden Tag auch in Abwandlungen wiederholen kannst. Beobachte, inwiefern sich deine Entscheidungsfreude verändert.

Übung 14

Verantwortung üben

Suche dir eine passende Situation aus und entscheide dich jeweils innerhalb von drei Minuten:

* Suche dir in einem Restaurant ein Gericht aus.
* Wähle deine Garderobe für den Tag oder Abend aus.
* Entscheide, wie du die Mittagspause verbringen willst.
* Wähle aus, wohin du am Wochenende einen Ausflug machen willst.
* Suche dir Blumen für zu Hause aus.
* Entscheide, was du heute kochen möchtest.

Du kannst dir auch eigene passende Situationen ausdenken.

Dich zu entscheiden und Verantwortung zu übernehmen, das gehört zusammen: Verantwortung braucht Entscheidung, und wer sich entscheidet, übernimmt Verantwortung. Wenn du die Verantwortung ablehnst, bist du nicht handlungsfähig. Um für dich einzustehen, musst du in Aktion kommen. Wenn du dann spürst, wie gut es sich anfühlt, bei dir zu sein, Grenzen zu setzen und Bedürfnisse zu äußern – und wie sich dadurch auch deine Beziehungen klären und lebendiger werden –, wirst du dich fragen, warum du dir so viele Jahre durch zu viel Anpassung, Unterwerfung und Gefühllosigkeit dein Leben schwer gemacht hast. Im nächsten Kapitel schauen wir daher genau hin, wie sich Beziehungen positiv verändern können, wenn wir unsere Wut nicht verleugnen.

KAPITEL 9

Bewusst agieren, statt sich in Dramen zu verlieren

Wut zeigt dir, dass etwas nicht stimmt. Diese Schlüsselerkenntnis, die wir von verschiedenen Seiten betrachtet und mit verschiedenen Übungen erlebbar gemacht haben, werde ich im Folgenden noch tiefgreifender mit dir erforschen. Wie gehst du mit deinen Bedürfnissen in Beziehungen um? In deiner Partnerschaft, in der Familie, im beruflichen Miteinander? Bist du dir deiner Bedürfnisse bewusst? Oder erlebst du oft Konflikte mit anderen und spürst erst mal nur Wut? Erst wenn du weißt, was in einer Situation für dich nicht stimmt und welches Bedürfnis nicht erfüllt ist, kannst du dich für die Veränderung einsetzen. Deshalb sind Konfliktsituationen für uns wachstumsfördernd. Mit ihrer Hilfe können wir unseren vorherrschenden Gefühlen, Emotionen und Bewältigungsstrategien auf den Grund gehen und kommen so unseren unerfüllten Bedürfnissen auf die Spur. Bevor wir uns auf diesen Weg machen, möchte ich hier zunächst die Bedürfnisse aufzeigen, deren Erfüllung uns Menschen von Lebensbeginn an antreibt.

Oft haben wir viele Erwartungen an uns. Was wir jedoch existenziell brauchen, haben wir aus den Augen verloren. Die Psychologen Laurence Heller und Aline LaPierre stellen in ihrer herausragenden Arbeit für die Behandlung von Traumapatienten fünf biologisch bedingte Kernbedürfnisse heraus, die je nach Beantwortung in der Kindheit zu Kernfähigkeiten führen, die uns als Erwachsene helfen, unsere Bedürfnisse wahrzunehmen, und die uns Menschen mit unseren tiefsten Ressourcen und unserer Lebensessenz verbinden.[32] Die Fähigkeit zum Kontakt hilft uns, mit unserem Körper, unseren Gefühlen sowie mit anderen Menschen verbunden zu sein. Die Fähigkeit zur Einstimmung unterstützt uns dabei, die eigenen Bedürfnisse und Gefühle zu spüren sowie emotional Nährendes zu erkennen, zu suchen und in uns aufzunehmen. Vertrauen befähigt uns, eine gesunde wechselseitige Abhängigkeit zulassen zu können. Autonomie hilft uns, Grenzen zu setzen und unsere Meinung frei von Angst und Schuldgefühlen aussprechen zu können. Die Fähigkeit zur Liebe und zur Sexualität ermöglicht uns, beide Aspekte miteinander verbunden zu leben.

Wenn die Kernbedürfnisse eines Kindes nicht erfüllt werden, hat das meist weitreichende Folgen für das Leben eines Menschen. Ein Säugling, der nicht ausreichend in Kontakt mit einer verlässlichen Bezugsperson ist, wird später womöglich gefordert sein, Kontakt zu sich selbst und anderen herzustellen. Wenn Eltern nicht in der Lage waren, sich auf die Bedürfnisse ihrer Kinder einzustimmen beziehungsweise diese wahrzunehmen, haben diese Kinder später Schwierigkeiten, die eigenen Bedürfnisse zu erkennen und auszudrücken, und meinen schneller, sie hätten es nicht verdient, ihre Bedürfnisse erfüllt zu bekommen. Wer im Kindesalter nicht genug Vertrauen bilden konnte, hat als Erwachsener das Gefühl, sich nur auf sich selbst verlassen zu können, und ist darauf bedacht, möglichst immer die Kontrolle zu behalten. Kinder, die sich nicht ausreichend in ihrer Autonomie erproben konnten oder mit ihrem eigenen Selbstausdruck willkommen gefühlt haben, können später schlechter Grenzen setzen, und es fällt ihnen schwer, Nein zu sagen. Erfährt das Kind Zurückweisung auf seinen eigenen Liebesausdruck oder wird mit seiner kindlichen Sexualität nicht willkommen geheißen, reagiert es zukünftig mit Abspaltung von Liebe und Sexualität. Denn wenn ein Mensch nicht gelernt hat, liebevolle Beziehungen und Sexualität zu verbinden, wirkt sich das auch auf das Selbstwertgefühl aus, welches sich dann mehr auf Äußeres oder Leistung konzentriert.

Bleibt ein Kernbedürfnis in der Kindheit unerfüllt, sucht ein Kind Strategien, um sich dem Mangel anzupassen. Diese Strategien helfen dem Kind zu überleben – trotz der fehlenden Bedürfniserfüllung. Im Erwachsenenalter haben Menschen, die statt von Bedürfniserfüllung von solchen adaptiven Überlebensstrategien geleitet werden, gegebenenfalls einen schlechteren Zugang zu ihrem Körper, eine verzerrte Identität, können sich weniger selbst regulieren und mit den Herausforderungen im Leben umgehen. Laurence Heller und Aline LaPierre haben eine umfassende Methode entwickelt, um Menschen, die durch ein Entwicklungstrauma Schwierigkeiten in ihrem Leben haben, zum Beispiel bei Ängsten, Bindungsproblemen, Depression, Autoaggression und anderem zu helfen. Ihre Methode baut unter anderem darauf auf, dass die Patienten sich selbst beobachten. Der Therapeut gibt Raum für das eigene Erkunden und bringt den Fokus immer wieder auf die eigenen Ressourcen und die Selbstwirksamkeit. Was brauchst du, um im Hier und Jetzt präsent zu bleiben? Therapeut und Klient wenden sich dieser Frage auf kognitiver, emotionaler Ebene und auf der des Nervensystems zu. Die Patienten lernen auf diese Weise, ihre unterdrückten Gefühle bewusst werden zu lassen und sie in ihrer jeweiligen stimmigen Intensität im Körper zuzulassen und zu fühlen. Und genau darum geht es auch, wenn wir unser Leben selbstverantwortlich und in einem konstruktiven und erfüllenden Miteinander gestalten möchten. Nur wenn wir lernen, unsere Kernbedürfnisse wahrzunehmen, auszudrücken und nach ihrer Erfüllung zu suchen, sind wir in der Lage, körperlich, emotional und seelisch gut für uns zu sorgen, auch im Miteinander mit anderen.

Erfahrungen machen

Im Zusammenleben mit Eltern, Kindern, dem Partner wie auch bei der Arbeit mit Kollegen und Vorgesetzten machen wir ständig Erfahrungen. Dabei ist es für unser Wohlbefinden entscheidend, ob das angenehme oder unangenehme Erfahrungen sind. Wir Menschen brauchen Erfahrungen, an denen wir wachsen können und die uns in Entwicklung bringen. Unser Gehirn ist so angelegt, dass es niemals fertig oder abgeschlossen ist. Bis ins hohe Alter können neue Synapsen gebildet werden, können wir lernen und uns entwickeln. Deshalb brauchen wir Beziehungen – den Austausch mit anderen, den Kontakt, Auseinandersetzungen und Konflikte. Wachstum, also Entwicklung, und Verbundenheit sind Grundbedürfnisse des Menschen. Nur wenn wir mit anderen Menschen Erfahrungen machen, können wir wachsen.

Die Forschungsarbeit von Prof. Dr. Gerald Hüther ist hier wegweisend: Schmerzliche Erfahrungen in der Kindheit und Jugend erschüttern und beeinträchtigen nachhaltig das Grundvertrauen, das jeder Mensch von Geburt an mit ins Leben bringt. Wenn kleine Kinder eher als Objekt gesehen und ihnen die Erwartungen und Wünsche der Eltern übergestülpt werden, dann wird vernachlässigt, die Fähigkeiten der Kinder zu stärken und ihre Bedürfnisse zu stillen. Belehrungen und Bewertungen ersetzen dann häufig eine liebevolle elterliche Führung. Was daraus erwächst, ist eine Kultur, die sich mehr auf das Individuum bezieht, als auf ein wertschätzendes Miteinander. Und wenn sich Menschen gegenseitig nichts gönnen und Misstrauen vorherrscht, wächst untergründig ein allgemeines Unbehagen. Vertrauen in sich selbst, in die anderen und in das Leben gehen verloren. Unzufriedenheit und Krankheiten entstehen. Die gute Nachricht: Mit konstruktiven Erfahrungen kann verlorenes Vertrauen wieder heilen.

Opfer, Täter, Retter

Wie verhältst du dich im zwischenmenschlichen Miteinander? Wann bist du eher friedliebend? Wann gehst du Konflikten möglichst aus dem Weg, verdrückst dich sogar und möchtest mit nichts etwas zu tun haben? Vielleicht agierst du in herausfordernden Situationen eher ausgleichend und willst zwischen Konfliktpartnern vermitteln. Oder du suchst nach Lösungen, wenn es Schwierigkeiten gibt, und übernimmst die Regie. Gibt es Momente, in denen du dich im Umgang mit anderen gerne reibst? Manche Menschen fühlen sich erst so richtig lebendig, wenn ihnen Widerstand entgegengebracht wird – und dann wollen sie erst recht bestimmen, wo es langgeht.

Erinnere dich an Alina aus unserem Beispiel von Seite 25. Sie ist Mitte vierzig, Grundschullehrerin und Mutter dreier Kinder zwischen zehn und sechzehn Jahren, mit denen sie alleine lebt. Sie hatte starke Rückenschmerzen und konnte an manchen Tagen kaum laufen vor Schmerzen. Als sie mit der Arbeit an ihrer Wutkraft begann, sah sie sich zumeist noch in der Rolle der Helferin und Gebenden. Als Alleinerziehende von drei Jungen und als Lehrerin passte ihre Einschätzung auf den ersten Blick auch gut. Seit sie einen Zugang zu ihrer Wut gefunden hat, fühlt sie genauer hin und beobachtet sich in ihren Beziehungen:

»Im Beruf will ich es immer allen recht machen und habe Angst vor Kritik oder Ablehnung. Wenn es mit der Stufen- oder Schulleitung mal eine Meinungsverschiedenheit gibt, dann will ich das möglichst schnell beenden und bloß keine Missstimmung provozieren. Dann stecke ich freiwillig gerne ein, übernehme die fragwürdigen Zusatzaufgaben und lasse den anderen das letzte Wort. Aber zu Hause, da kann ich auch

ganz anders sein. Mit meinen Söhnen bin ich manchmal ganz schön ruppig. Wenn es zum Streit kommt, und dazu kommt es bei drei Jungen in der Pubertät fast jeden Tag, kann ich richtig fies werden oder zeige ihnen die kalte Schulter. Auch mit Vorwürfen gehe ich bei den Jungs nicht sparsam um. Bei meinem Ex-Mann hingegen spiele ich Feuerwehr. Der ruft aus Mallorca an und heult mir vor, was er wieder für Probleme hat – und schon rattert es in mir, ich suche nach Auswegen und würde am liebsten alles für ihn geradebiegen. Mein Ex-Mann lässt sich gerne alles abnehmen und hört dann auf mein Wort. Das gefällt mir! Und er ist der Vater meiner Kinder, schon deshalb kann ich ihn nicht einfach hängen lassen. Aber warum eigentlich nicht? Schließlich hat er mich vor fünf Jahren einfach sitzen lassen und ist ab in die Sonne nach Mallorca – wieso lasse ich ihn nicht auch mal zappeln? Warum helfe ich ihm, obwohl er es gar nicht verdient hat?«

Alina hat während des Experimentierens mit der Wutkraft gelernt, bewusster zu fühlen. Sie schaut sich nun an, wie sie sich in Beziehungen verhält, und bemerkt dabei, dass sie gar nicht immer das arme Opfer ist, das sie selbst zu sein meint. Sie ist ebenso Täterin und Retterin. Diese drei Rollen gibt es nach dem sogenannten Dramadreieck, einem psychologischen Modell der Transaktionsanalyse nach Dr. Stephen Karpman,[33] das Clinton Callahan in seiner Arbeit erweitert hat und auf das ich mich hier beziehe. Wir agieren in einer oder mehreren dieser Rollen, wenn wir Verantwortung vermeiden wollen. Dann spüren wir unsere Bedürfnisse nicht und handeln unbewusst und unreif: Wir beschweren uns, beschuldigen andere, rechtfertigen uns, hegen Groll, suchen Ausreden, wollen Recht haben, setzen andere ins Unrecht oder verlieren uns in Klatsch und Tratsch. Vermutlich kennst auch du jede Rolle, wenn auch die eine besser als die andere:

In der Rolle des Opfers meinst du, du seist unwissend, bist verzweifelt, kindlich, schüchtern, fühlst dich ungerecht behandelt. Als Opfer nutzt du unbewusst die Traurigkeit in deinen Gedanken: *Ich kann das nicht, ich brauche den anderen, wie traurig ist das.* Das Opfer kommt sich hilflos und abgelehnt vor. Es vertraut nicht auf die eigene Lösungskompetenz, sondern macht sich abhängig von Menschen im Außen, von den Umständen oder Dingen, wie zum Beispiel von Geld. Die Rolle wird zur Manipulation eingesetzt, damit andere die Verantwortung beziehungsweise das Handeln übernehmen.

In der Rolle des Täters äußerst du in Konfliktsituationen Kritik, machst deinem Gegenüber Vorwürfe, klagst an, machst dich lustig oder lachst den anderen aus. Du erhöhst dich über den anderen und setzt dadurch dein Gegenüber herab. Als Täter nutzt du deine Wut unbewusst, um das Gegenüber zu vernichten. Du urteilst unbewusst darüber, was beim anderen oder im gesellschaftlichen Kontext nicht stimmt. Als Täter schätzt du den Wert und die Würde anderer Menschen gering. Dein eigenes Bedürfnis nach Nähe bewertest du negativ. *Ich brauche die anderen nicht*, ist dein Glaubenssatz.

In der Rolle des Retters bist du stets hilfsbereit, stehst immer parat zu trösten, denkst für andere mit und übernimmst Verantwortung für sie, auch, ohne dass diese es wollen oder dich darum bitten. Der Retter nutzt unbewusst seine Angst. Es geht ihm um Selbstgerechtigkeit. Der Retter wertet zum einen das eigene Bedürfnis nach Nähe und Zuwendung sowie die Lösungskompetenz seines Gegenübers ab. Dadurch wird er gebraucht und hat eine Daseinsberechtigung.

Spannend ist die Dynamik zwischen den drei Positionen: Retter und Täter erheben sich über das Opfer, indem sie sich selbst für okay halten und das Opfer als nicht okay bewerten. Der Unterschied ist lediglich, dass der Täter das Opfer loswerden will, während der Retter die Verantwortung für das Opfer übernimmt und es rettet, indem er Aufgaben, Gespräche und Projekte übernimmt. Seinen Selbstwert nährt der Retter durch Bevormundung und Verantwortungsübernahme für das Opfer. Der Slogan des Retters lautet: *Ich trau dir das nicht zu. Ich mach das für dich!* Das Opfer sagt sich selbst: *Ich bin nicht okay. Ich schaff das nicht alleine. Es ist zu viel für mich.* Das Opfer ist abhängig davon, dass es einen Retter gibt, der es rettet, und einen Täter, um in seiner misslichen Situation zu bleiben. Doch das bedeutet nicht, dass wir immer in derselben Rolle bleiben oder bleiben müssen. In einer Konfliktsituation wechseln wir sehr dynamisch die Rollen. Dann erleben wir unseren Konflikt wie einen Teufelskreis: Mal bin ich Täter, mal Opfer, mal Retter. Opfer, Täter oder Retter brauchen einander, um zu existieren. Interessant ist, dass das Opfer in diesem Rollenspiel die mächtigste Position einnimmt. Denn ohne Opfer gibt es keinen Täter und braucht es keinen Retter. Wir bleiben so lange in diesem Dreieck gefangen, bis einer von uns aussteigt und Verantwortung für sich und sein Handeln übernimmt.

Das hat Alina geschafft. Sie hat sich durch das Gewahrwerden ihrer Gefühle für einen neuen Umgang mit ihren Vorgesetzten, ihren Kindern und ihrem Ex-Mann entschieden. Auch wenn sie mal in die alten Rollen hineinrutscht, gelingt es ihr immer öfter, sich zu zentrieren, mit klarem Blick auf die Situation zu schauen und entsprechend sachlich zu agieren und zu kommunizieren. Im Job zeigt Alina inzwischen mehr Selbstbewusstsein und übt sich im Neinsagen und Grenzensetzen, was ihr vor allem die Freude an der Arbeit zurückbringt, da sie jetzt auch wieder Kapazität und Kopf für Projekte hat, die sie selbst wählt. Mit ihren Söhnen ist sie auf dem Weg zu einer gesunden Streitkultur, die auch den Jungen

Raum für ihre Position lässt, ohne dass Alina sie ständig bewertet oder sogar herabsetzt. Dadurch ist das Familienleben um einiges entspannter als bisher. Die Rolle der Retterin loszulassen, fällt Alina am schwersten, doch auch hier übt sie sich darin, ihre eigenen Bedürfnisse nach vorne zu stellen und sich nicht für das Leben des Ex-Mannes verantwortlich zu fühlen. Seitdem Alina in den bestehenden Beziehungen klarer agiert, hat sie auch wieder Lust auf neue Beziehungen. So trifft sie sich seit einiger Zeit regelmäßig mit einer Nachbarin zum Joggen und geht abends mit einer Kollegin oder einem Kollegen ins Kino oder Theater.

**Du entscheidest,
ob du Opfer, Täter
oder Retter bleibst.**

Diese Übung dient dir zur Bewusstwerdung deiner Gewohnheiten. Du selbst entscheidest, wie du mit dieser Beobachtung oder einer Erkenntnis umgehst. Du kannst auch Notizen in deinem Wut-Journal machen. Bleib liebevoll und aufmerksam mit dir.

Übung 15

Opfer, Täter, Retter?

Spüre dem Rollendreieck nach:

* Kennst du Situationen, in denen du dich als Opfer, Täter oder Retter wahrgenommen hast? Was ist passiert? Überlege, ob du die Rolle im Laufe der Begegnung oder des Gesprächs verändert hast. Welche Positionen hast du eingenommen?

* Welche ist deine Lieblingsrolle bzw. die dir vertrauteste in Konflikten mit deinem Partner, deinem Kind, deinem Chef?
* Hast du den Eindruck, dass du mit dem Ausagieren dieser Rolle dein Ziel erreichst und sich der Konflikt verändert oder auflöst? Was passiert?
* In welcher Situation bist du von deinem Gegenüber als Täter wahrgenommen worden, in der du dich selbst jedoch als Opfer empfunden hast?

Über dein Leben entscheidest du – du wählst, was du tust, mit wem du befreundet bist, was dir wichtig ist. Wenn sich deine Wahl bisher unstimmig anfühlt, dann wähle neu, entscheide dich neu, gestalte dein Leben für dich lebenswert. Bedenke, welchen Preis du für die Wahl zu zahlen bereit bist – und welchen nicht. Spüre hin, was dir wirklich wichtig ist. Wenn du dich nicht entscheiden möchtest, frage dich: Welche Optionen halte ich mir dadurch offen und für wen? Wem dient die Unschlüssigkeit? Welcher Motivation folge ich, wenn ich keine Entscheidung treffe? Der Vernunft? Dem Vergnügen? Der Verantwortung? Wenn du dich konkret für etwas entscheidest, entscheidest du dich auch bewusst gegen das andere. So setzt du Prioritäten. Du nimmst in Kauf, dass du einen Preis dafür zahlst. Wenn du zum Beispiel in einem Job bleibst, der dich nicht erfüllt, aber bei dem du den Kontakt mit den Kollegen genießt und das nicht aufgeben möchtest, dann entscheidest du dich, den Preis zu zahlen, einen nicht erfüllenden Job zu machen.

Wenn du deine Bedürfnisse in Kontakt bringen möchtest, agierst und sprichst du aus deiner Mitte heraus. Verwende dafür Ich-Botschaften, und verzichte auf Schuldzuweisungen, Vorwürfe und Erwartungen: »Ich brauche …«, »Mir ist wichtig …«, »Mein

Bedürfnis ist …«. Bleib bei dir und mit dir verbunden. Wenn du auf diese Weise aktiv wirst und Verantwortung übernimmst, Entscheidungen triffst und handelst, wenn du in Beziehungen äußerst, was du brauchst – was geschieht dann wohl? Es könnte passieren, dass du bekommst, was du brauchst. Oder dass du die Erfahrung machst, wie erleichternd es sich in dir anfühlt, wenn du deine Wahrheit aussprichst, anstatt sie zu ignorieren oder herunterzuschlucken, auch wenn du dann nicht bekommst, was du dir wünschst.

KAPITEL 10

Wer Ja sagen will, muss sein Nein kennen

Als ich elf Jahre alt war, fragte mich eine Bekannte meiner Familie, ob ich die Patenschaft für ihre kleine Tochter übernehmen wolle. Patentante mit elf? Die Vorstellung, ein Kind so nah begleiten zu dürfen, schmeichelte mir. So sagte ich Ja zu dieser Patenschaft, der meine Eltern im Vorfeld bereits ihren Segen gegeben hatten. Meine Eltern sprachen mit mir über meine Aufgaben als Patin, natürlich wollte ich diese gut erfüllen – wenngleich ich die Verantwortung, die diese Entscheidung mit sich brachte, zu dem Zeitpunkt gar nicht überblicken konnte. Tatsächlich erwies sich das Ganze als Überforderung, sodass mir später eher ein schlechtes Gewissen und Versagensgefühle statt erfüllende Momente zurückblieben. Später bedauerte ich sehr, dass ich die Fähigkeit, Nein zu sagen, so wenig vorgelebt bekommen hatte, und spürte auch die Wut auf meine Eltern, die ihr Ja dazu gegeben hatten, ohne die wahre Tragweite für mich zu bedenken.

Ein Ja, ein Nein, beides kann weitreichende Konsequenzen haben. Für Kinder ist es wichtig, dass ihnen ihre Eltern und Bezugspersonen zeigen, wie man Entscheidungen trifft, die mit dem eigenen Empfinden, den eigenen Fähigkeiten, Bedürfnissen und Wünschen übereinstimmen. Hast du diese Klarheit vorgelebt bekommen? Haben deine Eltern es dir gezeigt? Ja? Oder nein? Spürst du Unsicherheit, wenn es darum geht, dich zu dieser Frage zu positionieren? Es ist in keinem Fall zu spät. Womöglich ist gerade jetzt der richtige Zeitpunkt für dich, es zu lernen. Denn nur wenn du dein Nein – also deine Grenzen – kennst, kannst du auch aus vollem Herzen Ja sagen.

Warum ein unterdrücktes Nein schadet

Bist du gerne hilfsbereit? Ist es dir wichtig, was andere über dich denken? »Ach, wenn es dich nicht gäbe …«, »Ohne dich würde ich das alles nicht schaffen …« – hörst du solche Sätze gern? Und hörst du sie oft? Dann fällt es dir vermutlich eher schwer, anderen eine Bitte abzuschlagen. Menschen, die schwer Nein sagen können, haben oft eine diffuse Angst davor, dass ihr Gegenüber sie nach dem ausgesprochenen Nein nicht mehr mag oder sogar den Kontakt abbricht. Dabei stammen diese Ängste häufig noch aus Kindertagen. Eltern, die ihre Kinder bei Wut- und Trotzanfällen oder auch bei einem Nein mit Schimpfen oder Liebesentzug bedacht haben, wussten oft nicht, welche fatalen Folgen das für die Entwicklung des Kindes haben kann. Die Autonomie des Kindes wird geschwächt, und der Heranwachsende und Erwachsene wird Schwierigkeiten haben, für sich und seine Grenzen einzutreten, wie du in Kapitel 9 bereits erfahren hast. Ein klares Nein trauen sich diese Menschen nicht zu sagen, weil sie die schmerzlichen Erfahrungen nicht wieder machen wollen und bereits Ersatzstrategien, wie brav oder fleißig zu sein, verinnerlicht haben. Manche sagen Ja, weil sie sich Bestätigung, Dankbarkeit oder Zuneigung durch das Gegenüber erhoffen. Sie wollen gefallen und geliebt werden. Sie heischen mit ihrem Ja nach Anerkennung.

Nach einem arbeitsreichen Vormittag ist Hella, Mitte dreißig, mit ihrer einjährigen Tochter Lynn auf dem Weg zur Schule, um ihren Sohn Anton abzuholen. Die Müdigkeit nach einer schlaflosen Nacht mit der Kleinen steckt ihr an diesem Tag in den Knochen. Außerdem hatte ihre Nachbarin sie gebeten, den Treppenhausputz zu übernehmen, weil sie selbst unter Migräne litt. Ihre eigenen liegen gebliebenen Aufgaben vom Vormittag beschäftigen sie noch gedanklich. Als Hella um sechzehn Uhr auf dem Schulparkplatz auf Anton wartet, ruft Peer, ihr Partner, sie an. Er bittet sie, den Einkauf auf dem Rückweg noch zu erledigen, dann müsse er heute nicht noch mal los, er sei ja gerade erst nach Hause gekommen. Hella raucht der Kopf. Ein Nein will ihr aber nicht über die Lippen kommen. Stattdessen hält sie eine halbe Stunde später schlecht gelaunt und gestresst beim Supermarkt, die schlafende Lynn im Kinderwagen und den motzenden Anton an ihrer Seite. Endlich zu Hause angekommen, springt der Kleine aus dem Auto und ruft: »Bring du meinen Rucksack mit, Mama!« Hella schaut kopfschüttelnd zu, wie er ins Haus läuft. Sie schnallt sich den Kinderrucksack auf, bevor sie mit Einkauf und Baby beladen ins Haus trottet.

Hella hat schon früh in ihrem Leben verinnerlicht, dass sie Ja sagen muss, um geliebt zu werden. Dadurch hat sie die Verbindung zu ihrem authentischen Nein verloren und ist zum Spielball ihrer Mitmenschen geworden. Sie wissen genau – ob bewusst oder unbewusst –, wie sie es anstellen müssen, damit sie Hellas Hilfe bekommen: für das Putzen des Treppenhauses, die Übernahme des Einkaufs, das Tragen der Schultasche.

Gibt es Situationen, in denen du bewusst einem Konflikt aus dem Weg gehst? Welchen Menschen in deinem Umfeld kannst du keinen Gefallen abschlagen? Welche Motivation liegt dahinter? Befürchtest du negative Konsequenzen? Wenn du in deinem Alltag hauptsächlich von dem Gefühl der Angst geleitet wirst, schenkst du deiner eigenen Meinung mit hoher Wahrscheinlichkeit wenig Raum und stimmst eher anderen zu, anstatt mutig für dein Nein einzustehen. Ja sagen eröffnet dir die Möglichkeit, Konflikte im Außen zu vermeiden. Innerlich kann es gleichzeitig so sein, dass ein Orkan in dir tobt, weil du über deine eigenen Grenzen und Kräfte gehst. Das Bedürfnis, geliebt und gebraucht zu werden, oder die Angst vor Vernichtung stehen vor deiner eigenen Selbstfürsorge.

Ich möchte dich an dieser Stelle ermutigen, bewusst Nein sagen zu lernen. Mit deinem ausgesprochenen Nein sagst du in erster Linie Ja zu dir – und nicht Nein zu deinem Gegenüber. Du kannst dein Nein in verschiedenen Alltagssituationen üben. So kannst du die Angst vor deinem Nein und den befürchteten Konsequenzen nach und nach abbauen.

Übung 16

Was passiert, wenn du Nein sagst?

Sag in Situationen, in denen du normalerweise immer Ja sagst, bewusst Nein. Dies können auch scheinbar unwichtige Alltagssituationen sein, zum Beispiel wenn jemand an der Kasse im Supermarkt vorgelassen werden will. Beobachte deine Gedanken, bevor du das Nein aussprichst. Gedanken können sein:

* Ach, ist doch gar nicht so wild, das kann ich doch einfach mit übernehmen.
* Was denkt der andere jetzt, wenn ich Nein sage?
* Ob er mich noch mag, wenn ich Nein sage?
* Ob er mir wohl hilft, wenn ich das nächste Mal seine Hilfe brauche?

Beobachte deine Gefühle, bevor du das Nein aussprichst. Fühlst du:

* Angst - zum Beispiel in Form von Unsicherheit, Nervosität?
* Freude - zum Beispiel in Form von Erleichterung, Lebendigkeit?
* Traurigkeit - zum Beispiel in Form von Bedrückung, Schwere?
* Wut - zum Beispiel in Form von Ärger, Groll, Rache?

Beobachte deinen Körper. Fühlst du:

* Anspannung oder Entspannung?
* Hitze oder Kälte?
* Zittern oder Stabilität?
* Weichheit oder Härte?
* Feuchte Hände oder Achseln?

Beobachte, was du wahrnimmst, wenn du dein Nein wirklich laut aussprichst. Verändert sich etwas zum vorherigen Zustand? Wie bewertest du innerlich, dass du dein Nein vertreten hast?
Notiere deine Gedanken dazu in deinem Wut-Journal. Erst wenn du dein Nein kennst - und nur dann - kannst du dich bewusst für dein Ja entscheiden und dieses ganz ausfüllen.

Es liegt bei dir, mutig für das einzustehen, was dir am Herzen liegt. Damit kannst du dich so lassen, wie du bist, und den Konfliktpartner so lassen, wie er ist, und darauf vertrauen, dass es eine Lösung geben wird, der ihr beide zustimmen könnt. Um diesen Zustand zu erreichen, braucht es noch eine wichtige Zugabe: dein Ja und das Ja deines Gegenübers, dass ihr in Verbindung bleibt. Egal, was passiert oder wie heftig die Auseinandersetzung oder der Konflikt ist, du entscheidest dich, energetisch in Verbindung zu bleiben. In meiner Partnerschaft habe ich dafür mit meinem Gefährten besprochen, dass, selbst wenn wir uns heftig streiten, wir uns niemals im Konflikt trennen. Wir haben einander die Zusage gegeben, dass wir uns mindestens noch einmal im abgekühlten Zustand treffen, um zu besprechen und zu entscheiden, ob wir gemeinsam weitergehen oder ob eine Trennung das Dienlichste für jeden von uns ist. Dadurch haben sich die Ängste vor dem Verlassenwerden stark verringert, und ich erfahre immer wieder, dass es auch mal krachen darf und ich dennoch keine Angst vor Trennung haben muss.

Trennung, Verletzung und Schmerz entstehen vor allem, sobald einer aus dem Kontakt, aus der Verbindung aussteigt. Damit ist nicht gemeint, dass ihr Streitgespräche nicht unterbrechen oder den gemeinsamen Raum nicht verlassen könnt. Im Gegenteil – das kann sogar wichtig sein, wenn du eine Pause zum Durchatmen brauchst oder dein Gegenüber sie braucht. So könnt ihr beide wieder Kraft tanken und herausfinden, wie ihr jeweils mit dem Wissen um die Position des anderen umgehen wollt. Wenn einer von euch energetisch den Konflikt verlässt, gibt er sein Gegenüber auf. Das kann sich zum Beispiel in der folgenden Haltung ausdrücken: *Ich verurteile dich für deine Meinung und entscheide, dass du mir gestohlen bleiben kannst, dass du meiner Zeit unwürdig bist. Ich bin okay, du bist nicht okay.* Ein Ausstieg aus dem Kontakt findet statt, indem du den anderen nicht mehr grüßt oder ihn nicht mehr anschaust. Indem du ihm nicht mehr als Gegenüber zur Verfügung stehst. Die Motivation dafür folgt der unbewussten Ansicht, dass der andere größere Angst vor dem Beziehungsverlust und deiner Macht hat als davor, seine eigene Meinung weiterhin zu vertreten.

Rachegelüste?

Fällt es dir gar nicht so schwer, ein Nein zu äußern? Gehörst du zu denjenigen, die es einsetzen, weil sie kategorisch erst mal gegen alles sind und denen ein Ja eher schwerfällt? Ist dein Nein eine Aussage aus Rebellion oder aus bewusster Selbstfürsorge? Willst du dein Gegenüber bestrafen oder zappeln lassen, oder geht es um dich? Manchmal ist ein Nein ein Akt der Rache.

Mögliche Motive für Rache

* »Ich kann mit meiner Sicht nicht landen.«
* »Ich fühle mich nicht gehört oder gesehen.«
* »Ich kann keinen konstruktiven Austausch herstellen.«
* »Ich strebe nach Gerechtigkeit.«
* »Ich strebe nach Vergeltung.«
* »Wenn ich leide, soll der andere auch leiden.«
* »Der andere soll spüren, wie sich das anfühlt.«

Stellt jemand einen anderen vor einer Gruppe bloß, handelt es sich um offensichtliche Rache. Zersticht jemand heimlich die Autoreifen eines anderen oder lässt absichtlich die Arbeitsunterlagen, die ein Kollege bei einem Treffen dringend benötigt, im Büro liegen, tut dann aber so, als habe er sie vergessen, dann ist es verdeckte Rache. Wer offen oder auch verdeckt Rache ausführt, empfindet nicht selten zumindest für eine kurze Weile ein Gefühl von Genugtuung. Nachhaltiger ist jedoch eine offene Konfrontation, um unterschiedliche Ansichten mit dem Gegenüber auszutauschen. Aber das ist nicht immer möglich. Vor allem nicht, wenn sich der andere entzieht und nicht als Gesprächspartner zur Verfügung steht. Bewusst angewandte Wutkraft bleibt trotz Spannung in Verbindung. Und ja, das ist die Königsdisziplin.

Es gibt auch Menschen, die ihr Nein manipulativ einsetzen, um einen Streit zu provozieren. Es gibt sie, diese Neinsager. Deren unbewusste oder auch bewusste Ausrichtung lautet: *Ich bin dagegen, bis du ein schlüssiges Argument findest, das mich vom Gegenteil überzeugt.* Das kann im Positiven der konstruktive Umgang mit Spannungen, im Negativen jedoch ein Racheakt sein, um dem Gegenüber das Leben schwer zu machen. Wenn du dir deiner Wutkraft bewusst wirst, kannst du die Energie in ein Ja oder Nein einbringen, mit dem du dich offen und voller Respekt und Wahrhaftigkeit deinem Gegenüber zeigen kannst. Bei Auseinandersetzungen hilft dir deine Wutkraft, konstruktiv mit Konflikten umzugehen.

Ja zum Risiko

Es gibt immer wieder Situationen in unserem Leben, in denen es zu Spannungen kommt. Sei es, dass du dir bei der Arbeit eine Gehaltserhöhung wünschst und deine Vorgesetzte dieser nicht nachkommen will; deine Partnerin lieber die weiße Couch haben will statt der roten, die dir viel besser gefällt; du am Abend lieber deinen Krimi lesen willst, dein Partner aber den Blockbuster im Kino ansehen will; du den Wunsch nach einem verbindenden Gespräch hast und dein Partner sich eher körperlich verbinden will. In diesen Situationen entstehen Spannungen, weil unterschiedliche Bedürfnisse aufeinandertreffen. Wie gehst du mit solchen Situationen um? Stehst du für dich und deine Bedürfnisse und Wünsche ein?

Früher hatte ich selbst immer Angst vor Konflikten und war, wenn ich sie nicht verhindern konnte, stets bemüht, innerhalb kürzester Zeit wieder Harmonie herzustellen. Dafür entwickelte ich im Laufe der Jahre eine ausgeprägte Fähigkeit zur Empathie, die es mir ermöglichte, mich in verschiedene Sichtweisen einzufühlen. Diplomatisch war ich dann in Konfliktsituationen damit beschäftigt, allen Sichtweisen einen klaren Platz zu geben, und bestenfalls herrschte am Ende wieder vollkommene Harmonie. Diesen Zustand brauchte ich für meinen inneren Frieden.

Erst vor einigen Jahren bekam ich das Geschenk einer neuen Sichtweise, die mir die Augen öffnete. Ich war mit zwei Freundinnen zum Sushi-Essen verabredet. Wir drei hatten uns lange nicht gesehen und es gab viel zu erzählen. Nachdem wir gemeinsam eine große Platte mit Köstlichkeiten verspeist hatten, entspann sich wie aus dem Nichts ein Streitgespräch zwischen meinen Freundinnen. Es ging um die Frage, ob man Kinder unter zwei Jahren in Betreuung geben dürfe. Beide Freundinnen waren im Gegensatz zu mir junge Mütter, und so hielt ich mich erst mal zurück, hörte jedoch interessiert zu. Als beide ihre jeweiligen Positionen ausgeführt hatten, saß ich zwischen zwei scheinbar unvereinbaren Fronten. Ich bekam feuchte Hände und hatte bestimmt auch ein paar rote Flecken im Gesicht, und alles in mir drängte danach, diese unvereinbar scheinenden Positionen zu verbinden und endlich wieder Harmonie am Tisch herzustellen. Ich versuchte zu vermitteln, fasste noch mal das Für und Wider jeder Position zusammen, aber es half nicht. Die beiden blieben jeweils bei ihrer Position. Nachdem wir bezahlt hatten, umarmten sich beide – für mich überraschend herzlich – zum Abschied und versicherten, dass wir so einen Ausgehabend unbedingt bald wiederholen müssten! Ich war irritiert, weil ich nicht verstehen konnte, wie die beiden trotz Spannung so herzlich auseinandergehen konnten. Für mich blieb es ein furchtbares Ende des so fröhlich begonnenen Abends.

Noch auf dem Weg nach Hause rief ich einen Freund und Kollegen an, dem ich von der Meinungsverschiedenheit der Freundinnen erzählte, und von der Spannung, die ich noch immer in mir trug und kaum aushalten konnte. Dieser Freund sagte, dass es gar nicht darum ginge, Harmonie herzustellen oder eine Lösung zu finden. Viel wichtiger sei es, dass sich die beiden ihre Positionen gegenseitig vor Augen führen. Ich als Beobachterin sei hingegen an dieser Stelle herausgefordert, Ja zu der Spannung zwischen den beiden Freundinnen und damit auch zu ihren verschiedenen Meinungen zu sagen. Er vermutete noch, dass es mir wohl wieder besser gehen würde, wenn mir das gelänge. Ich war einen Moment lang sprachlos, seine Bemerkung berührte einen unbekannten Punkt in mir. Ich spürte sofort, dass dies ein entscheidender Moment war, der etwas in mir veränderte. Was ich durch mein Erleben an diesem Abend und das Gespräch mit meinem Freund lernen durfte, begleitet mich nach all den Jahren noch immer und ermutigt mich, die Spannung anzunehmen, die sich ergibt, wenn ich selbst in einen Konflikt involviert bin oder einen Konflikt zwischen anderen bezeuge. Ich sage Ja zu mir, Ja zu meiner Meinung, Ja zu meinem Bedürfnis. Ich sage Ja zu dir, Ja zu deiner Meinung, Ja zu deinem Bedürfnis. Und ich sage Ja zu der Spannung, die zwischen uns entsteht.

Ich sage Ja zu mir,
Ja zu dir
und Ja zu der Spannung.

Das Bewusstsein für beide Pole, für das Nein und das Ja, ist ein wichtiger Schritt, wenn du dein Leben verändern möchtest. Damit bist du auf einem guten Weg, authentische Entscheidungen zu finden und Konflikte nicht negativ zu sehen, sondern als nützlich zu erleben – nicht zuletzt auch, um Neues auszuprobieren und Veränderung einzuleiten. Die folgende Übung kannst du jederzeit im Kontakt mit jedem Menschen und an jedem Ort für dich umsetzen. Es geht darum, in kleinen Alltagssituationen etwas Neues auszuprobieren.

Hier ein paar Anregungen: Sprich einer Person, die du als Konkurrenz empfindest, ein Kompliment aus. Bitte jemanden, der in der Hierarchie über dir steht, um Hilfe, zum Beispiel beim Tragen der Kaffeetasse. Wenn du eher bedeckte Farben trägst, wähle für die nächste Einladung zu Freunden ein Outfit in grellen Farben aus.

Übung 17

Erforsche Momente der Spannung im Alltag

Überlege dir ein Experiment, entscheide dich, ob du es eingehen willst, und dann folge deiner Entscheidung. Am Ende geht es nicht um das Ergebnis, welches erreicht wurde. Es geht um diese Fragen:

* Wie ist es dir bei der Entscheidung, dieses Experiment zu starten, gegangen? Welches Gefühl war vorrangig?
* Wie war es für dich, als du die Entscheidung in die Tat umgesetzt hast? Oder auch, als du sie nicht umgesetzt hast?
* Und wie geht es dir jetzt? Wie fühlt sich dein Körper an?

* Wie bewertest du, dass du diese Entscheidung getroffen hast? War es für dich eine gute, schlechte, überflüssige, negative, mutige, unsinnige Entscheidung?

Trage deine Gedanken dazu in dein Wut-Journal ein.

Dieser zweite Teil des Buches hat dich hoffentlich ermuntert, mit deiner Wut zu experimentieren. Im Folgenden habe ich dir die fünf Kernthesen zusammengefasst:

Auf einen Blick

* Formuliere klar, was du aktiv tun wirst, denn Klarheit sorgt für Nähe in deinen Beziehungen und hilft dir, auf Augenhöhe zu kommunizieren.
* Stärke deine Mitte und finde deinen gesunden Wutausdruck.
* Spüre, wie deine Wutkraft dir hilft, Entscheidungen zu treffen und selbstverantwortlich zu handeln.
* Wenn du aus dem Opfer-Täter-Retter-Drama aussteigst, kannst du bewusst agieren und dein Leben wieder selbst gestalten.
* Jeder Konflikt ist eine Chance für Veränderung und Vertiefung.

Im folgenden dritten Teil werden wir uns noch näher mit dem Nutzwert der Wutkraft beschäftigen, sodass du umfassend über das stärkende Reservoir in dir informiert bist und du dir seiner lebensstärkenden Wirkung gewahr wirst.

DRITTER TEIL

Nutze Wut als Lebenskraft

KAPITEL 11

Dein neuer Blick auf die Wut

»Wut hat viele Gesichter« – mit diesen Worten beginnt dieses Buch. Weißt du noch, mit welchen Gefühlen und Gedanken du begonnen hast zu lesen? Wie fühlst und denkst du jetzt über das Gefühl der Wut – über deine Wut und die von anderen?

Wenn man Wut mit all ihren Facetten in einem Bild zum Ausdruck bringen wollte, müsste man mit mehr als einer Farbschicht arbeiten; es müssten lichte und dunkle Farbtöne, klare und verdichtete zur Verfügung stehen, und man müsste das Werk ganz dynamisch angehen. Mit all dem, was du bisher in diesem Buch erfahren hast, durchs Lesen, durchs Experimentieren und vor allem durchs bewusste Fühlen – wie sieht dein Bild von der Wut jetzt aus? Male es in deiner Fantasie oder auch auf Papier. Wenn du das Bild danach betrachtest, tue es, ohne es zu bewerten. Nimm die einzelnen Facetten wahr.

Anschließend kannst du mithilfe dieses Kapitels herausfinden, was Wut für dich ist und was du von ihr erwarten kannst. Bist du bereits offen für einen neuen Blick auf die Wut? Oder noch zögerlich? Spürst du Widerstände, hast du Stimmen in dir, die deine Wut immer noch als unerwünscht erachten? Erlaube dir, all dies wahrzunehmen.

Übung 18

Mentale Zwischenbilanz

Ich lade dich ein, eine mentale Zwischenbilanz für dich zu erstellen. Notiere deine Gedanken in deinem Wut-Journal.

* Stehst du ein für das, was dir wichtig ist, was du haben und erreichen willst? Im Privaten, im Job, im Alltag?
* Hast du einen körperlichen Zugang zu deiner Wut?
* Spürst du die Bereitschaft, deine eigenen Bedürfnisse an erste Stelle zu setzen und Verantwortung für dein Leben zu übernehmen?
* Kennst du dein Ja und dein Nein?

Wenn du alle Fragen mit Ja beantwortest, hast du die nötigen Voraussetzungen in dir aktiviert, um deine Wut nutzen zu können und dein Leben erfüllend zu gestalten. Diese Zwischenbilanz kannst du immer mal wieder ziehen, um zu sehen, wie gut du mit deiner Wut verbunden bist. Unsere Gefühle sind nicht statisch in uns verankert, sondern lebendiger Ausdruck unserer Erfahrungen und der sich verändernden Lebensumstände.

Sei also liebevoll und achtsam mit dir und denke daran: Wir Menschen wachsen mit unseren Erfahrungen – in allen Lebensabschnitten, von klein bis groß, von jung bis alt. Und immer wieder dürfen wir spüren, was in uns nach vorne drängt und wie wir uns im sozialen Miteinander entlang unserer Bedürfnisse verwirklichen können. Bist du im Flow, fühlt es sich genial an. Kommst du ins Stocken, haderst und (ver-)zweifelst du womöglich. Beide Zustände gehören zu dir. Deine Wut hilft dir vor allem dann, wenn du meinst, es geht nicht weiter, denn sie schenkt dir die Kraft für klare Entscheidungen und ermöglicht dir, wieder handlungsfähig zu werden. Um diese lichte Seite der Wut in dir noch zu stärken, möchte ich deinen Blick auf die Wut ein wenig weiter öffnen: Wut ist die Sehnsucht danach, bei dir anzukommen, ganz Ja zu dir selbst zu sagen und Selbstzweifel zu verringern. Und sie gibt dir die Kraft, das zu schaffen. Spüre diesen Worten nach.

**Wut schenkt dir
die Kraft,
bei dir selbst anzukommen.**

Mit diesem neuen Blick auf die Wut kannst du das enorme Potenzial, das in diesem Grundgefühl steckt und jedem von uns von Geburt an gehört, erfassen. Jeder darf seinen eigenen Weg finden, wird seine eigenen Stolperfallen kennenlernen, wird hinfallen und wieder aufstehen. Mit dem bewussten Fühlen deiner Wut gelingt es dir, dabei den Boden unter den Füßen zu behalten und dich immer wieder kraftvoll aufzurichten.

Wut als Kraft zur Veränderung

In Kapitel 3 habe ich dir die »alte« Sichtweise auf die Wut dargelegt. Ausgehend von der Annahme, dass es nicht in Ordnung ist, Wut zu fühlen, ergeben sich zahlreiche Gründe, der eigenen Wut mit Ablehnung zu begegnen (blättere hierzu zur alten gedanklichen Landkarte auf Seite 62 zurück). Die Vorstellung, durch diese

Art von Wutbrille betrachtet zu werden, gefällt vielen von uns nicht. Blickst du nun ganz neu auf die Wut, also mit den Erkenntnissen und Erfahrungen, die du machst, wenn du deine Wut zulässt, wenn du ihre Botschaft hörst und sie angemessen ausdrücken lernst, wird klar: Wut stärkt dein Leben. Sie ist nützlich und dient dir in jeglichen Beziehungen.

Die neue Landkarte der Wut

Die neue gedankliche Landkarte,[34] wie sie im Possibility Management genutzt wird und die ich im Folgenden ergänzt habe, zeigt dir einige neue Möglichkeiten auf, Wut zu betrachten. Als neutrale Energie- und Informationsquelle dient dir deine Wut, um

* In Aktion zu treten
* Etwas zu beginnen oder zu beenden
* Auszumisten
* Etwas Neues zu starten
* Etwas Unerwünschtes zu beenden
* Klarheit zu schaffen
* Unterscheidungen zu treffen
* Entscheidungen zu treffen
* Ja und Nein zu sagen
* Zu erbitten, was du brauchst
* Grenzen zu setzen
* Verantwortung zu übernehmen
* Ungerechtigkeit zu erkennen
* Integrität aufrechtzuerhalten
* Intention zu zeigen
* Versprechen zu halten
* Den Fokus zu halten

* Dich selbst zu beobachten
* Für etwas oder jemanden Stellung zu beziehen
* Dich zu schützen
* Maßnahmen ergreifen zu können

So betrachtet nutzt dir deine Wut in vielen Alltagssituationen – denn sie ist, wie weiter vorne beschrieben, der Treibstoff für deine Handlungen. Sie lässt dich aktiv werden, wenn es einer Veränderung bedarf. Sie hilft dir, deine Stimme zu erheben, dich für etwas, jemanden oder dich selbst einzusetzen, offen für Veränderung zu sein und dein Leben durch selbstverantwortliches Handeln und mit Präsenz zu gestalten.

Pauls Eltern leben in einem kleinen Einfamilienhaus am Stadtrand. Jedes Mal, wenn Paul sie dort besucht, fällt ihm auf, wie viele Dinge die beiden über die Jahre gehortet haben und wie schwer es ihnen fällt, sich von diesen zu trennen. Er spürt dann förmlich die Enge ihres Lebens und die Kraftlosigkeit der alten Eltern. Als er im Sommer spontan eine Woche freibekommt, nimmt er seinen Mut zusammen und spricht seine Eltern auf die mit Gerümpel überfüllte Garage und den vollgestopften Keller an. Die Mutter nickt hilflos, der Vater zuckt mit den Schultern. Paul bietet ihnen an, sie bei der Entrümpelung zu unterstützen.

Die Reaktion seiner Mutter auf seinen Vorschlag hatte er nicht erwartet. Sie begegnet ihm mit Dankbarkeit und freut sich über die Unterstützung. Beim Betreten des Kellers verlässt ihn dann fast der Mut. Wo soll er denn hier bitte anfangen? Seine Wut, die ihn darüber informiert, dass das Chaos für ihn nicht stimmt, unterstützt ihn da-

bei, aktiv zu werden, Sachen auszuräumen, nach Rücksprache mit den Eltern fortzuschmeißen, zu verschenken oder auch einen neuen Platz für das eine oder andere zu finden. Am Ende der Woche sind sowohl der Keller als auch die Garage aufgeräumt. Paul ist erleichtert, dass vieles von dem Gerümpel endlich ausgemistet ist, und freut sich über die neu gewonnene Klarheit für seine Eltern und auch sich selbst, wenn er zu Besuch kommt. Die Eltern haben nun einen leichteren Zugang zu den Gartengeräten und -möbeln und sind begeistert.

Übung 19

Eine Zusage machen

Nimm dein Wut-Journal zur Hand. Überlege dir etwas, was du einem Freund, Partner, Arbeitskollegen versprechen oder zusagen möchtest. Schreib es auf. Schreib auch auf, bis wann du es umsetzt, und was du tust, wenn du es nicht umsetzt.
Sag deinem Gegenüber bei passender Gelegenheit, was du ihm zusagst. Dann steh zu deinem Wort, oder übernimm die Verantwortung, wenn du es nicht einhältst.
Was beobachtest du, wenn du dein Versprechen hältst? Was, wenn du es nicht hältst? Beobachte deinen Körper, deine Gedanken und deine Gefühle.

Diese Übung hilft dir, dich bewusster im Kontakt mit anderen zu verhalten und dein Leben aktiv zu gestalten. Verantwortung übernehmen bedeutet auch, dass du dein Gegenüber darüber informierst, wenn du dein Versprechen nicht einhalten kannst oder willst. Dafür brauchst du nicht einmal eine Begründung. Die Tatsache, dass du Verantwortung für die Veränderung übernimmst, reicht vollkommen.

Finde deine Vision fürs Leben

Wer seine Bedürfnisse zurückstellt und sich kleiner macht, um die Wünsche der anderen zuerst zu bedienen, ist nicht ehrlich mit sich selbst. Erinnere dich an Alina aus unserem Beispiel auf Seite 25, die alleine ihre drei Söhne großzieht und es immer allen recht machen wollte, ohne an sich selbst zu denken. Oder an Torben (Seite 58), der sich erst gegen das übergriffige Verhalten seiner Freundin wehrt, als die Wut in ihm überzukochen droht. Auch Sylke (Seite 47) ging es so, die ihrem Chef nie klar gegenübertrat und ihren Frust zu Hause an ihrem Partner ausließ. Arian (Seite 84), der seine kriminelle Karriere erst stoppen konnte, als er sich seiner Bedürfnisse bewusst wurde, hat sich selbst lange Zeit sehr geschadet, bis er endlich Verantwortung für sich und sein Leben übernahm. In welchen Lebenssituationen machst du dich klein, belügst dich selbst und übergehst, was wichtig für dich ist? Ob im Beziehungs- und Familienleben, im Beruf mit Kollegen und Vorgesetzten oder auch im zwischenmenschlichen Alltag – nur du weißt, wofür dein Herz schlägt und was du selbst brauchst, um im Kontakt mit anderen authentisch dafür einstehen zu können. Wenn du dir darüber bewusst wirst, kommst du deiner Vision vom Leben nahe.

Übung 20

Zeit für deine Vision

Nimm dir Zeit für diese Übung. Erinnere dich an Kinderträume. Erlaube dir, tiefe Wünsche in dir zu spüren.

* Was willst du in deinem Leben tun? Was willst du erleben? Wie soll sich dein Leben anfühlen?
* Was inspiriert und motiviert dich, bringt dich in Entwicklung, in Bewegung und Aktion?
* Welche Menschen sind dir wichtig? In welchen Beziehungen kannst du authentisch sein?

Wenn diese Übung in dir nachwirkt und du die nächsten Tage noch mit Fragen und Gedanken beschäftigt bist, setze sie an einem anderen Tag fort. Du kannst auch in deinem Wut-Journal festhalten, was dir zuerst und später aufgefallen ist.

Die Beschäftigung mit den inneren Wünschen und Visionen ist für einige von uns konfrontativ, denn sie holt uns in die Handlung, fordert uns auf, aktiv zu werden und Selbstverantwortung zu übernehmen. Sie erinnert uns daran, wo wir in der Vergangenheit vielleicht eher den Träumen oder Visionen von uns nahen Menschen gefolgt sind und unsere Wünsche hinten angestellt haben. Das kann eine schmerzvolle Erfahrung sein, ebnet uns jedoch auch den Weg zu Lebendigkeit und Leichtigkeit. Nutze deine Wut für klare Botschaften.

Mit neuer Klarheit für dich einstehen

Durch den Zugang zur eigenen Wut verbindest du dich mit deiner eigenen Vision. Sie zeigt dir, was der Sinn in deinem Leben ist. Deine Wutkraft sorgt für Klarheit in dir. Du weißt, was gut für dich ist, was du willst und wofür du dich einsetzen möchtest. Mit dieser Wandlung wird es dir immer leichter fallen, deine Entscheidungen sanft und klar vor anderen zu vertreten. Du wirst das Ruder in deinem Leben (wieder) selbst übernehmen, die Richtung und das Tempo nach deinen Fähigkeiten und Möglichkeiten bestimmen und dich aus vollem Herzen auf die Reise machen. Deine Wutkraft zerstreut die Selbstzweifel, stärkt dein Vertrauen in dich selbst und schenkt dir die nötige Kraft und Klarheit im zwischenmenschlichen Miteinander.

Ella und Sebastian sind seit einem guten Jahr Hundebesitzer. Der Mischlingsrüde Oskar ist als Welpe zu ihnen gekommen. Sebastian stört es, dass Oskar immer wieder auf die Couch springt. So war es schon häufig: Aufgebracht rief Sebastian Ella, die kurz darauf den Kopf durch die Wohnzimmertür steckte. »Ella, siehst du das? Das meine ich!« Ella wusste, was Sebastian meinte, und sie kannte diese Szenen zur Genüge. »Oskar springt ständig aufs Sofa! Das liegt nur daran, dass du ihn schon als Welpen mit aufs Sofa genommen hast und jetzt abends immer mit deinem Knabberzeug dasitzt und ihn anlockst«, wetterte Sebastian ein ums andere Mal. Ella wurde es dann immer ganz heiß im Bauch Sie wollte die angespannte Stimmung möglichst schnell beenden. Obwohl sie es selbst gar nicht schlimm fand, dass Oskar sich eine Ecke vom Sofa als seinen Platz auserkoren hat, rief sie jedes Mal streng: »Oskar, sofort runter!«

Wenn der Hund mal wieder nur irritiert aufschaute, ging sie hin und jagte ihn vom Sofa.

An diesem Samstagnachmittag trifft Ella eine neue Entscheidung und verhält sich anders. Als sie die aufkeimende Wut in ihrem Bauch spürt, nachdem Sebastian mit ihr schimpfte, sagt sie: »Basti, hör mir jetzt bitte mal zu. Ich werde nicht länger für deine schlechte Laune herhalten. Wenn es dich stört, dass Oskar auf dem Sofa ist, dann tu selbst etwas, damit er es unterlässt, oder hör auf, dich darüber aufzuregen.«

Ella hat an diesem Tag aufgehört, sich für Sebastians Stimmung verantwortlich zu fühlen. Stattdessen ist sie für sich selbst eingestanden. Sie hat in einer Ich-Botschaft vermittelt, was für sie nicht länger geht. Damit ist Ella in eine klare Kommunikation gewechselt, die zeigt, dass sie für sich selbst Verantwortung übernimmt. Sie vermittelt Sebastian, dass sein Ärger seine Sache ist und sie nicht länger die Verantwortung dafür übernimmt.

Kennst du auch solche Situationen wie Ella, in denen du deine Bedürfnisse immer wieder zurückstellst und nach den Bedürfnissen eines anderen handelst? Hast du auch schon einmal spontan eine Entscheidung getroffen und dich in solch einer Situation anders verhalten als sonst und dadurch eine neue Entwicklung eingeleitet? Diese Momente zeigen uns, dass wir nicht in einer Sackgasse stecken bleiben müssen, sondern umkehren und einen anderen Weg wählen können. Es braucht lediglich Entscheidungskraft und Klarheit.

Auch du kannst für dich einstehen und dich darin üben, klar zu kommunizieren und damit Verantwortung für dich statt für den anderen zu übernehmen. Hier sind einige Vorschläge, wie du dich anderen klar mitteilen kannst:

- Äußere deine Wünsche und Bedürfnisse. Wenn du Ja zu dir selbst sagst, fällt es dir auch leicht, für dich einzustehen und deine Wahrheit mit den anderen zu teilen.
- Stelle deine Sichtweise dar, ohne zu relativieren oder deine Meinung kleiner zu machen.
- Höre den anderen an und nimm seine Sichtweise wahr.
- Sprich in Ich-Botschaften. Streiche Konjunktive aus deinem Wortschatz. Beispiel für Formulierungen mit Konjunktiv: *»Ich würde gerne zu dem Konzert gehen. Möchtest du mitkommen?«* Bei dieser Art der Kommunikation entsteht der Eindruck, der mögliche Konzertbesuch sei abhängig von der Reaktion des Gegenübers. Ist das so? Finde Klarheit in deinem Wollen und mit deinen Wünschen. Beispiel für Formulierungen ohne Konjunktiv: *»Ich gehe auf das Konzert. Hast du Lust mitzukommen?«*
- Äußere deine Meinung klar und sprich dein Gegenüber verbindlich an. Vermeide Wörter, die die Gewissheit deiner Aussage relativieren. Dazu gehören Wörter wie: *vielleicht, eventuell, möglicherweise, gegebenenfalls, manchmal, unter Umständen.* Beispiel: *»Ich überlege, ob ich vielleicht auf das Konzert gehen soll, und frage mich, ob du eventuell mitkommen würdest?«* Solange du keine klare Frage stellst oder sagst, was du willst, kannst du auch keine Klarheit von deinem Gegenüber erwarten.
- Vermeide Doppelbotschaften oder verschlüsselte Botschaften. Beispiel: *»Ich würde gerne mit dir zum Konzert gehen, aber du hast ja vermutlich sowieso keine Zeit … Ich hab schon mal Kerstin gefragt, ob sie nicht auch vielleicht dabei sein möchte.«* Wenn man es sich so vor Augen führt, wird sofort klar, dass mit solchen Aussagen kein guter Kontakt mit dem Gegenüber zustande kommen kann.

Deine Wutkraft eröffnet dir die Möglichkeit, dein Leben positiv zu verändern. Indem du deine Wutgefühle nicht abspaltest, sondern sie in dein Leben integrierst und sie zu nutzen lernst, erfährst du eine Bereicherung und Belebung, die dir immer öfter ein Lächeln ins Gesicht zaubern wird. Zu erleben, wie du bei dir selbst bleibst und im größten Angriff auf deine Autonomie oder Würde zu dir stehst, nicht einknickst und dich kleinmachst, wird eine innere Stärke in dir freilegen, die dich trägt und wachsen lässt. Eine der wichtigsten Fähigkeiten, die du dir nun wie von selbst aneignen wirst, ist, Grenzen zu setzen. Und genau darum geht es im nächsten Kapitel.

KAPITEL 12

Grenzen setzen – Kompromisse finden – Kooperation erleben

Als Erwachsene sind wir für unsere eigenen Grenzen verantwortlich. Ich bin es, die für meine Grenzen Verantwortung übernimmt. Dafür brauche ich die Wahrnehmung, wo meine Grenzen sind. Spüre ich, wenn mir jemand auf der Straße zu nahe kommt? Nehme ich wahr, wenn eine Aussage oder Anschuldigung aus dem Außen meine Grenze überschreitet? Weiß ich, welche Botschaft der Kloß im Hals oder der Orkan in meinem Bauch für mich bereithält? Was meine zitternden Knie oder feuchten Hände mir mitteilen wollen? Körperliche Reaktionen auf etwas, was für dich nicht stimmt, können Anspannung, Hitze, Kälte, Erstarrung oder Angriffslust sein. Diese Signale deines Körpers sind deine Informationsquelle für deine Grenzen. Diese Informationen ermöglichen dir, Klarheit darüber zu gewinnen, ob dir eine Begegnung, eine Handlung, ein Gespräch guttut oder dir schadet.

Ella, die du im letzten Kapitel kennengelernt hast, hat endlich auf das Signal ihres Körpers gehört: Die aufkeimende Wut über Sebastians Vorwürfe drückte sich durch ein Brodeln im Bauch aus. Ella selbst nahm das Körpergefühl lange Zeit nicht bewusst wahr, bis sie an diesem Tag ihren Ärger über Sebastians Verhalten deutlich fühlte. Indem sie ihre eigene Grenze aufzeigte, übernahm Ella Verantwortung für sich selbst und überließ wiederum ihrem Partner die Verantwortung für seine eigenen Gefühle und Bedürfnisse. Nur durch das Vermitteln der Grenze konnte der Teufelskreis aus

Ärger, schlechter Laune und Vorwürfen durchbrochen werden. Statt wegen des Hundes in eine Beziehungskrise zu geraten, suchen Ella und Sebastian ein paar Abende später bei einem Glas Wein das Gespräch, bei dem jeder der beiden seinen Standpunkt mitteilt und sie sich gegenseitig zuhören.

Zum ersten Mal, seit sie ihren Hund Oskar bei sich haben, besprechen Ella und Sebastian in Ruhe gemeinsame Regeln für Oskar. Sebastian kann sich selbst und seiner Freundin an diesem Abend eingestehen, dass er eine gewisse Eifersucht auf Oskar verspürt, der anscheinend alles machen darf, was er will, wohingegen Ella bei ihm selbst höchst anspruchsvoll ist, was Ordentlichkeit und Sauberkeit betrifft. Tatsächlich kann auch Ella mit Sebastians Eindruck etwas anfangen. Ihr wird klar, dass sie in Oskar immer noch den kleinen Hundewelpen sieht, bei dem sie gerne mal ein Auge zugedrückt hat. Noch am selben Abend suchen Ella und Sebastian im Internet nach einer Hundeschule in der Nähe. Außerdem schließen sie den Kompromiss, dass es für Oskar in Zukunft eine Hundedecke auf dem Sofa geben soll. Er darf sich dort – aber eben nur dort– niederlassen. Die Verantwortung für diese Entscheidung wollen beide übernehmen und entsprechend konsequent handeln.

Wie in dem Beispiel von Ella und Sebastian sichtbar wird, sind Grenzen subjektiv. Was für den einen Menschen nicht stimmt, kann für den anderen völlig in Ordnung oder sogar erwünscht sein. Jeder Mensch hat seine eigenen Empfindungen, Bedürfnisse und Grenzen. Deine Grenzen kennst nur du! Oft machen wir den Fehler, unsere Werte und Normen auf andere zu übertragen, und wundern uns dann, dass unser Gegenüber sich anders verhält, als wir es erwarten. Grenzen dienen der Klarheit, ermöglichen Entspannung und Orientierung. Das ist auch der Grund, warum Kinder häufig Grenzen suchen und testen. Wenn sie sich auf diese einstellen und verlassen können, erfahren sie Klarheit und Sicherheit.

Vermeiden wir, unsere Grenzen zu benennen, und erwarten, dass unser Gegenüber sie erahnt, ist die Wahrscheinlichkeit hoch, dass unsere Grenzen nicht respektiert werden. Die Einhaltung ist in diesem Fall eher ein glücklicher Zufall, als ein selbst kreierter, sicherer Raum. Wenn du dich nicht allein auf den Zufall verlassen willst, dann teile deine Grenze mit, und stehe für sie ein. Unterstützen kann dich dabei deine innere Stabilität – auf Seite 112 findest du eine Übung zur inneren Zentrierung. Denn wer bei sich ist und seine Bedürfnisse kennt, spürt auch seine Grenzen. Befrage auch deine Intuition: Fühlt sich diese Situation gut an? Bin ich sicher? Ist es gesund für mich, wenn ich hier keine Grenze setze, oder brauche ich gerade Klarheit für mich?

Eigene Grenzen vertreten

Als ich selbst vor einigen Jahren begann, mit meiner Wutkraft zu experimentieren, habe ich es schon sehr bald als große Entlastung empfunden, meine Grenzen zu spüren und zu äußern, wenn etwas für mich nicht stimmt. Erst da habe ich gemerkt, wie viel meiner Energie bis dahin in mein anerzogenes Verhalten floss, Harmonie herstellen zu wollen: Wogen glätten, Streit schlichten, Mängel ausgleichen, Ecken begradigen, es allen recht machen. Natürlich scheiterte ich unzählige Male, da andere Menschen andere Bedürfnisse hatten – etwa, weil sie ihren Konflikt austragen wollten oder weil Unstimmigkeiten für sie zum Leben gehörten oder weil ich es niemals allen recht machen kann.

Es gab eine Situation, in der ich – für mich ganz befreiend – zum ersten Mal mit völliger Klarheit und bewusst Nein gesagt habe. Eine Freundin plante ein Seminar und gestaltete dafür einen Flyer. Einige Zeit davor hatte sie bei einem Treffen unter Freunden Fotos gemacht und gefragt, ob ich einverstanden wäre, wenn sie eines der Fotos von mir für Werbung nutzen würde, was ich verneinte. Wir sprachen danach nicht weiter darüber. Als der Entwurf vorlag, staunte ich nicht schlecht, als ich mich auf der Vorderseite wiederfand. Maria hatte es mir per E-Mail zugeschickt, war begeistert von dem Ergebnis und teilte mir mit, dass sie vorhabe, es so drucken zu lassen. Ich spürte, wie sich mein Kiefer anspannte. Es ärgerte mich sehr, dass Maria meinen Wunsch, nicht auf dem Flyer abgebildet zu werden, übergangen hatte. Ich zentrierte mich und spürte in meine Mitte. Die Aussage, dass der Flyer mit dem Foto für mich keine Option war, blieb. Ich wusste, dass es für mich so nicht ging und richtete mich intuitiv innerlich auf. »Nein, Maria, ich hatte dir bereits im Vorfeld gesagt, dass ich nicht auf dem Flyer abgebildet sein will, und dabei bleibe ich.« Maria zögerte, später entschuldigte sie sich, weil sie meinen Hinweis nicht ernst genommen hatte. Sie fand schließlich eine gute neue Lösung.

Dieses Nein, das ich ganz bewusst ausgesprochen hatte, war wie der Auftakt für eine neue Klarheit in mir: Ich trage für mich Verantwortung – eine Aufgabe, die ich, wenn ich mit mir und meiner Wutkraft in gutem Kontakt bin, gut erfüllen kann. Selbstverantwortliches Handeln, also auch dieses deutliche Nein an eine Freundin, braucht Energie. Doch anders als bei meinem Harmoniestreben schenkte mir die Wutkraft die nötige Energie; sie war in mir und stand wie eine Zapfsäule bereit. Nach dem ausgesprochenen Nein fühlte ich mich weder abgekämpft noch matt, es war keine auslaugende Kraftanstrengung gewesen. Im Gegenteil, ich hatte sogar das Gefühl, gestärkt zu sein. Wenn du mit dem ganzen Potenzial deiner Wutkraft Nein sagst, ist es kein kräftezehrender Akt, denn mit deinem Nein sagst du vor allem Ja zu dir selbst und gewinnst an innerer Stärke. Mit einem Nein agierst du für dich und nicht gegen den anderen.

Die nächste Übung bietet dir Möglichkeiten wahrzunehmen, was in deinem Körper geschieht und welche Gedanken sich regen, wenn du Nein sagst.

Übung 21

Bewusst Nein sagen

Du kannst in Alltagssituationen das Neinsagen üben. Stelle dir folgende Fragen selbst und halte deine Antworten im Wut-Journal fest.

* Was nehme ich im Körper wahr, wenn ich Nein sage? Wie fühlt es sich an?
* Welche Gedanken beschäftigen mich nach einem Nein? Mögliche Gedanken können zum Beispiel sein: *»Ich habe Angst vor deiner Reaktion«, »Liebst du mich jetzt noch?«, Wirst du mir jetzt kündigen?«, »Wirst du mich für mein Nein bestrafen?«, »Ich sollte mich nicht so anstellen«.*

Nimm deine Gedanken wahr, lass sie weiterziehen und zentriere dich danach. Bleibe in der Situation bei dir und deinem Nein. Spüre nach, woher die Gedanken kamen. Vergegenwärtige dir danach noch einmal die Situation, in der du die Gedanken hattest. Wie war es für dich, als du bei deinem Nein geblieben bist?

Das Gespür dafür zu bekommen, wann du über deine Grenzen gehst, wann dir etwas nicht passt, wann du wütend wirst und eine Veränderung brauchst, hat Auswirkungen auf dein Bewusstsein und damit auch auf dein Wohlbefinden. Je mehr du auf deine eigenen Grenzen achtest, desto leichter fällt es dir, präsent zu sein und mit dir und anderen in Kontakt zu bleiben. Je wohler du dich fühlst, desto gesünder bist du.

In Verbindung bleiben

Meinungsverschiedenheiten und Konflikte werden von vielen Menschen als Unterbrechung des Beziehungsflusses wahrgenommen. Das Alltägliche wird unterbrochen, die Harmonie gestört, es kommt vielleicht zu Grenzkonflikten oder -verschiebungen. Je nachdem, wie du mit deiner Wut umgehst, schaffst du Trennung oder Kooperation. Denn solange du deine Wut nicht in Kontakt bringst, sagst du Ja zu Pseudoverbindung und falscher, geheuchelter Harmonie. Du stellst deine Sichtweise und dein Bedürfnis nicht ganz zur Verfügung.

Dabei kann gerade Wut eine große Nähe schaffen, zum einen durch die Reibung mit dem Gegenüber und dessen Ansichten, zum anderen durch den Ausdruck von Klarheit, der vermittelt: »Ich weiche dir nicht aus, ich stehe zu meiner Wahrheit, ein authentischer Kontakt mit dir ist mir wichtig.«

Für Letzteres ist es wichtig, dass du deine Grenzen in Verbundenheit kommunizierst. Bleib im Blickkontakt, und geh auch nach einer kritischen Aussage, einem Konfliktgespräch oder einem herausfordernden Feedback immer wieder in den persönlichen Kontakt mit deinem Gegenüber, statt den Rückzug anzutreten und

Kontakt zu vermeiden. Geh einen Schritt auf den anderen zu, und warte nicht, bis er oder sie auf dich zukommt. Du suchst den Kontakt nicht mit dem Ziel, Spannung aufzulösen oder etwas wiedergutzumachen, sondern um auch bei Spannung in Kontakt zu bleiben. Bleib in Kontakt, präsent in der Situation und mit dir selbst und dem Gegenüber verbunden. Das kann sich zunächst ungewohnt, vielleicht auch unangenehm anfühlen. Wenn das so ist, mach dir klar, dass du dein Nein oder deine Grenze an einen Teil des anderen und nicht an sein ganzes Wesen adressierst. Du kannst beispielsweise sagen: »Dieser Aspekt ärgert, stört, nervt mich, und da wünsche ich mir Veränderung. Dein Wesen mag ich unabhängig von diesem Aspekt.«

Diese Trennung zwischen dem ganzen Wesen und einem Verhaltensaspekt ist im Kontakt mit Kindern besonders wichtig. Kinder brauchen und suchen klare Grenzen zur Orientierung – aber ebenso wichtig ist für sie dabei die Verbindung und der Kontakt mit dem Gegenüber. Andernfalls bekommen sie Angst vor Beziehungsverlust und erleben die Grenzziehung, das Nein, als gegen ihr ganzes Wesen gerichtet. »Ich bin falsch«, nehmen sie aus solch einer Konstellation mit und werden mit allen Mitteln versuchen, wieder geliebt zu werden. Sie zeigen dann womöglich das gewünschte Verhalten, aber nicht, weil sie verstehen, warum dieses Verhalten wichtig ist, sondern weil sie die Liebe der Eltern nicht verlieren wollen. In vielen Erwachsenen steckt selbst noch die Erfahrung des Beziehungsverlustes, und daher reagieren wir oft automatisch so, wie wir es von unseren Eltern übernommen haben – vielleicht übertrieben angepasst, vielleicht antiautoritär, vielleicht konfliktvermeidend. Die gute Nachricht ist: Auch als Erwachsene können wir noch lernen und mithilfe unserer Wutkraft Authentizität zurückgewinnen.

Kompromisse finden – um welchen Preis?

Falls du sehr angepasst lebst und dich in Gedanken mehr um das Wohl der anderen sorgst als um dein eigenes, bist du im Schließen von Kompromissen sicherlich geübt. Wenn der neue Freund unbedingt in das Lokal gehen möchte, das bei ihm um die Ecke liegt und für dich nur schwer zu erreichen ist, wie entscheidest du dann? Oder wenn du am Wochenende Zeit zum Regenerieren brauchst, aber deine beste Freundin dich am Telefon bekniet, ihr beim Renovieren zu helfen? Sorgst du dich, dass er oder sie es dir krummnimmt, wenn du nicht in ihre Pläne einwilligst? Scheust du es, zu sagen, was du selbst lieber willst? Gehst du auf die Wünsche der anderen ein, ärgerst dich aber im Nachhinein? Spürst du in solchen Momenten, dass du deine eigenen Grenzen übertrittst? Womöglich wird der Abend, das Wochenende dann doch noch nett, und du vergisst den Groll. Es kann aber auch sein, dass das Thai-Curry dir bei dem Asiaten in der Nähe deines Freundes nicht schmeckt oder du am Sonntagabend nach dem Renovieren völlig fertig ins Bett fällst. Machst du dann dir oder dem anderen Vorwürfe? Äußerst du den neuerlichen Ärger, oder gärt er weiter und sucht das nächste Geschehen, wo er dann vielleicht herausplatzt?

Wenn du deine eigenen Grenzen in Konfliktsituationen übertrittst, kommt es oft zu faulen Kompromissen. Der Verzicht auf die Jacke, weil ein Zurücklaufen zur Wohnung dazu geführt hätte, dass deine Freundin und du zu spät im Open-Air-Theater angekommen wärt, führt dazu, dass du während des Stücks kaum folgen kannst, weil deine Aufmerksamkeit ganz bei deiner Gänsehaut und der zu erwartenden Erkältung ist. Das bedeutet, dass du Zugeständnisse machst, die dir entweder nicht guttun oder die du, wenn du ehrlich mit dir bist, nicht machen willst. Wenn du deine Wutkraft ernst nimmst, nimmst du auch deine Grenzen ernst. Deshalb heißt es bei Kompromissen immer: Sei aufmerksam dafür, welchen Preis du zahlst. Eine Vereinbarung, die einen Wert verrät, der dir wichtig ist, ist ein sehr hoher Preis. Frage dich, ob du ihn zahlen willst. Ebenso, wenn du glaubst, dich für einen gemeinsamen Lösungsweg verbiegen oder gegen deine innere Haltung agieren zu müssen. Überlege, ob das der richtige Weg für dich ist. Ein guter Kompromiss ist jener, der auf beiden Seiten vertretbare Zugeständnisse beinhaltet, sodass eine gemeinsame Lösung ohne Verletzung der Würde, Wertevorstellung und Grenzen in jeglicher Form beider Partner zustande kommt. Er kann dann ein wunderbares Instrument sein, gemeinsam an einem Konflikt zu wachsen.

Andreas, zweiundvierzig, der mit seinem Freund Martin in einer ebenerdigen Wohnung mit Garten zusammenlebt, wünscht sich sehnlichst einen eigenen Gemüsegarten, den er mit Martin gemeinsam anlegen möchte. Dafür hat er bereits einige Materialien eingekauft und erzählt Martin an einem Samstagmorgen freudestrahlend von seiner Idee. Martin, der lieber mit Freunden Partys im Garten feiern will, ist von der Idee nicht sonderlich begeistert, sieht er doch schon die Rasenfläche für die Beete weichen. Martin macht ein langes Gesicht. Während Andreas aufzählt, was er alles an Gemüse anzupflanzen plant, rattert es bereits in Martins Kopf. Er spürt, wie sein Herz schneller schlägt und er sich kaum zurückhalten kann. Dann platzt aus ihm heraus, dass er das so alles nicht will und Andreas' Alleingang echt blöd findet. Innerlich spürt er, dass er sich von Andreas' Aktionismus überrannt fühlt. Andreas stoppt nun ebenfalls verärgert seine Ausführungen. Martin verzieht sich beleidigt ins Haus. Nach einer Weile sucht Andreas erneut das Gespräch mit Martin und fragt: »Kann ich dir einfach mal erzählen, wie ich mir das mit den Beeten vorstelle?« Martin ist nervös und angespannt. Zum einen fühlt er Angst vor dem, was sich Andreas da so alles ausgedacht hat, und zum anderen ist er froh, weil es Andreas ein Anliegen ist, ihn in seine Pläne miteinzubeziehen.

Andreas nickt und die beiden setzen sich an den Tisch im Garten. »Also, ich dachte, wir machen im hinteren Teil des Gartens ein Beet für Mais, Spinat und Kartoffeln. Neben dem Gartenhaus können wir dann Erbsen, Kohlrabi, Möhren, Radieschen und Tomaten anpflanzen. Eine kleine Kräuterspirale hätte ich gerne direkt vor dem Küchenfenster, das ist so schön praktisch. Und Erdbeeren zum Naschen können direkt in der Nähe der Partylocation wachsen, da ist es schön windgeschützt. Vielleicht in einem Hochbeet hier direkt an der Terrasse, was meinst du?« Andreas sitzt kerzengrade und beobachtet Martin vorsichtig. Er ist ganz aufgeregt, wie Martin reagieren wird. Vor Angst werden sogar seine Hände feucht. Martin schweigt. Er ist beeindruckt, wie genau sich sein Partner in das Thema Nutzgarten eingearbeitet hat. Nach einer kurzen Stille sagt er: »Andreas, das mit dem Hochbeet hier vorne passt mir überhaupt nicht, da fällt viel zu viel Partyfläche weg.« Einen kurzen Moment ist die Anspannung am Gartentisch fast schon zu hören. Dann lenkt Martin ein: »Ich kann mir vorstellen, dass wir einen kleineren Pflanzkübel mit ein paar Erdbeerpflanzen hier an den Rand der Terrasse stellen, wenn die auch im Kübel wachsen?« Andreas muss auf einmal schmunzeln, daran hatte er bei den Planungen selbst auch schon mal gedacht. »Ja, das geht schon. Da sollten sie auch gut Sonne bekommen für eine üppige Ernte.« Martin ergänzt dann noch: »Und hier vorne an der Terrasse können wir den Grill aufstellen und eine Bank als Sitzgelegenheit in die Ecke bauen.« Andreas grinst und nickt sachte mit dem Kopf.

Das Beispiel von Martin und Andreas zeigt die unterschiedlichen Wünsche und Bedürfnisse. Dadurch, dass beide Partner ihre Wünsche und Grenzen in Kontakt bringen, ist es möglich, dass sie einen gemeinsamen Kompromiss, eine gemeinsame Lösung finden.

Kooperation – Nähe und Distanz

Wie sehr das Thema Nähe und Distanz in unserem Alltag eine Rolle spielt, zeigt beispielhaft die folgende Situation:

André kommt von der Arbeit nach Hause. Nachdem er die Jacke an die Garderobe gehängt hat, geht er von hinten auf Nicole zu, die am Tisch sitzt und auf ihr Handy schaut. Ohne Blickkontakt wirft André ihr ein kurzes Hallo zu und gibt ihr im Vorbeigehen einen flüchtigen Kuss. Dann setzt er sich auf die Couch und blickt konzentriert auf sein Handy.

Oftmals denken wir über solche alltäglichen Abläufe nicht mehr nach, bekommen vermutlich nicht mehr mit, ob eine Begrüßung gerade die passende ist oder ob sie einfach nur automatisiert abläuft. Auch bei André und Nicole läuft die Begrüßung automatisiert ab – es scheint ein stillschweigendes Abkommen zu geben. Doch stimmt diese Form von Begegnung für die beiden in dem Moment wirklich? Will André Nicole wirklich küssen und will Nicole in dem konkreten Moment überhaupt geküsst werden? Das können nur die beiden wissen. Wie sähe der Ablauf aus, wenn beide für ihren Raum Verantwortung übernähmen? Vielleicht bräuchte es dann für André die Gewissheit, dass er willkommen ist – Nicole würde zeigen, dass sie sich über sein Nachhausekommen freut. Für Nicole wiederum könnte es hilfreich sein, dass sie erst einmal im Blickkontakt sind, bevor eine Berührung stattfindet.

Sind wir uns selbst verbunden und des Befindens unseres Gegenübers gewahr? Fühlen wir, ob wir gerade geküsst oder umarmt werden möchten oder nicht? Und ob die Kontaktaufnahme unserem Tempo entspricht oder nicht? Nähe und Distanz im zwischenmenschlichen Miteinander – auch in einer Partnerschaft – kann keiner äußeren Vorgabe folgen, sondern muss immer wieder im Kontakt ausgelotet und neu bestimmt werden. Nur dann kann Kooperation gelingen.

Im Berufsleben ist Kooperation oft ein Anlass für Zwistigkeiten. Die Stimmungslage unter den Kollegen entscheidet häufig darüber, wie die Teamarbeit funktioniert. Wenn wir uns gut aufgehoben fühlen, sind wir eher bereit zu kooperieren. Befürchten wir, ausgebootet oder vorgeführt zu werden, ist unsere Bereitschaft geringer. Wie ist es bei dir im Job? Hast du Interesse an Kooperation? Beobachte doch einmal, wann du dich isolierst und in welchen Situationen du dich aus dem Kontakt zu den Kollegen zurückziehst. Hegst du oft Zweifel an deiner eigenen Leistung? Machst du dir Sorgen, keine Anerkennung zu bekommen? Es können Gedanken und Gefühle sein, die dich dazu bringen, die Verbindung mit Kollegen zu meiden. Werde dir bewusst, wie du Kontakt verhinderst und was du für Verbindung mit anderen tust.

Klassenlehrer arbeiten heutzutage häufig in Teams zusammen, wenn möglich ein männlicher Kollege gemeinsam mit einer weiblichen Kollegin. Nicht immer können sich die Teams wünschen, mit wem sie zusammenarbeiten:

Ümit, der an einer großen städtischen Gesamtschule neu eingestellt wurde, bekommt Nathalie als Teampartnerin zugeteilt. Gemeinsam werden sie eine siebte Klasse leiten. Schon beim ersten Kennenlernen übernimmt Nathalie die Führungsrolle im Team, indem sie Ümit als jüngerem Kollegen ausführlich und freundlich erklärt, wie die Teamarbeit nach ihrer Erfahrung erfolgreich läuft und was wichtig ist. Ümit ärgert sich schon im Gespräch über Nathalies Besserwisserei, bemerkt aber nicht, dass er selbst auch nichts dafür tut, das Wort zu ergreifen oder der Kollegin eine Grenze zu setzen. Ümit geht Nathalie die nächsten Tage möglichst aus dem Weg und arbeitet sich erst einmal in die Arbeit mit der Klasse ein. Heute fragt Nathalie Ümit per E-Mail nach einem regelmäßigen Termin zum Austausch über die Klassenangelegenheiten. Einen Terminvorschlag hat sie auch schon – eine gemeinsame Freistunde am Montag. In Ümit regt sich ein großer Widerwillen. Er malt sich aus, wie diese Treffen ablaufen werden. Begleitet von einem Pochen in der Schläfe sagt er dann trotzdem zu.

Als Ümit an dem darauffolgenden Montag Nathalie trifft, ist er völlig überrascht, als Nathalie ihn nach der Begrüßung fragt: »Wie hast du dich denn eingelebt? Kommst du gut klar? Ich finde es klasse, wie organisiert du bist.« Ümit ist verwundert, dann sagt er: »Danke, ich dachte schon, du willst lieber alles so machen, wie du es immer gemacht hast.« Nathalie stutzt. »Echt, wie kommst du denn darauf?« Ümit erklärt, dass er den Eindruck nach dem ersten Gespräch hatte. Nathalie lacht. »Sorry, ich schieß manchmal übers Ziel hinaus. Sag mir einfach, wenn dich etwas stört.« Ümit spürt, dass die Kollegin es genauso meint, wie sie es sagt. Er ist erleichtert. In der weiteren Zusammenarbeit schaffen die beiden im Klassenteam ein gutes Verhältnis aus Nähe und Distanz, wodurch sich ein konstruktives und angenehmes Miteinander etabliert.

Abgrenzungsprobleme entstehen oft aus einer falschen Wahrnehmung heraus. So wie bei Ümit, der nach der ersten Begegnung seine Kollegin in seinen Gedanken als übergriffig abgewertet und schließlich den Kontakt gemieden hat. Willst du deine Grenze schützen, dann achte auf deine Wahrnehmung. Eine gesunde Abgrenzung bedeutet nicht, den anderen zu meiden, sondern das passende Maß an Nähe und Distanz zu finden und zu kommunizieren.

Ümit und Nathalie treffen sich nun regelmäßig zum Austausch. Für Ümit ist es wichtig, dass er sich in die Teamarbeit einbringt, also auch Nähe in der Zusammenarbeit zulässt, sich aber auch, wenn nötig, von der Kollegin distanziert, indem er ihr Grenzen setzt, wenn sie sich dominant verhält.

Übung 22

Mit Nähe, Distanz und Feedback umgehen

Nimm dein Wut-Journal zur Hand und notiere deine Gedanken.

* Wie bewegst du dich im Kontakt mit anderen Menschen? Stimmt das Verhältnis von Nähe und Distanz für dich? Hältst du (häufig) mehr Nähe aus, als dir guttut? Beobachte, welche Signale dir dein Körper schickt. Zum Beispiel in Situationen, in denen dir jemand zu nahe kommt wie in der U-Bahn oder in einem Gespräch.
* Erlebst du eine große Distanz in deinen Alltagskontakten? Wünschst du dir mehr Nähe? Überlege, wie du diese im Konsens herstellen kannst: auf physischer, mentaler, emotionaler oder verbaler Ebene.
* Beobachte, wie du auf Feedback reagierst und was es mit dir macht: Gehst du eher in die offensive Verteidigungs- oder die defensive Abwehrhaltung?

* Wie erlebst du es, wenn du jemandem ein Feedback gibst und er oder sie in die Verteidigung geht? Sammle Eindrücke.
* Probiere aus, das Feedback von einem Gegenüber bewusst als ein Geschenk anzunehmen.
* Übe, deinem Gegenüber über deinen Blick, deine Gesten und Worte Klarheit über deine Grenzen sowie Dankbarkeit zu vermitteln.

Die Psychologin Verena Kast schreibt, dass Ärger den Fluss einer Beziehung immer unterbricht. Wir halten inne, weil eine »Grenzbereinigung«[35] nötig ist: Damit die Beziehung fortgesetzt werden kann, muss eine Grenze gesetzt, verteidigt, verschoben oder aufgelöst werden. Deshalb ist es wichtig, die eigenen Grenzen zu spüren. Nur mit diesem Bewusstsein, das du über das Wahrnehmen deiner Wut in deinem Körper erlangen kannst, bist du auch in der Lage, eine Entscheidung zu treffen und in Handlung zu kommen.

Im nächsten Kapitel schauen wir uns an, wie Wutkraft dir hilft, Alltagssituationen bewusst zu gestalten, sodass du dich wahrgenommen, lebendig und präsent fühlst.

KAPITEL 13

Wutkraft im Alltag – Stresssituationen verwandeln

Kann es sein, dass du deine Gefühle und Emotionen oft nicht fühlen willst? Wie kommt das? Wut ist doch nur Wut, Angst nur Angst, Freude nur Freude und Traurigkeit nur Traurigkeit. Gefühle sind Energie- und Informationsquellen, die Botschaften für dich bereithalten. In Kapitel 4 habe ich dir bereits die Taubheitsschwelle vorgestellt. Mit der Taubheitsschwelle legst du unbewusst fest, wie subtil oder intensiv du deine Gefühle fühlen willst. Wenn die Wahrhaftigkeit deiner Gefühle und damit auch dein Gefühlsausdruck wiederholt und über lange Zeit von deinem Umfeld abgewehrt, ausgeredet oder womöglich verspottet wurde, ist es sehr wahrscheinlich, dass du deinen eigenen Gefühlen nicht mehr vertraust, sie leugnest und dich auf die eine oder andere Weise betäubst. Du setzt also die Taubheitsschwelle hoch.

Meist ist die Entscheidung für die Gefühlstaubheit als Überlebensstrategie bereits in Kindertagen getroffen worden, und das Unterdrücken des bewussten Fühlens setzt sich bis ins Erwachsenenalter fort. Mit einer hohen Taubheitsschwelle hast du die Wahrnehmung dafür verloren, dass du eine Veränderung brauchst und dass du in der Lage bist, für diese Veränderung aus eigener Kraft zu sorgen. In diesem Kapitel geht es darum, was du tun kannst, um deine Taubheitsschwelle zu senken, und welche Konsequenzen das auf deinen Alltag und für deine Beziehungen hat.

Die Taubheitsschwelle senken

Ist dir schon einmal das Phänomen begegnet, dass Dinge umso vielfältiger und detaillierter erscheinen, je genauer du sie betrachtest? Dass, je mehr du deinen Fokus auf etwas Bestimmtes legst, es dir immer häufiger begegnet? Zum Beispiel, wenn du das erste Mal einen Falken gezeigt bekommst und anschließend bei Spaziergängen in der Natur immer wieder Falken am Himmel entdeckst. So folgt unsere Energie der Aufmerksamkeit, also unserem Fokus. Siehst du dir etwas genau an, dann könntest du erkennen, dass es nicht nur eine Wirklichkeit gibt. Sie könnte sich im Laufe deiner Betrachtung verändern, und es könnten sich dir neue Perspektiven eröffnen. Und wie mit dem Sehen ist es auch mit dem Fühlen: Wer seine Taubheitsschwelle senkt, der sieht mehr, fühlt mehr, erkennt mehr. Doch wie kann die Taubheitsschwelle verändert werden?

Um deine Taubheitsschwelle zu senken, kannst du – vorzugsweise in einem geschützten Raum, einzeln oder in einer Gruppe – unter Anwesenheit eines erfahrenen Begleiters deine Gefühle erforschen, indem du sie Schritt für Schritt größer werden lässt und ihnen den entsprechenden Ausdruck gibst. Dieser Gefühlsausdruck geschieht laut und mit deinem Körper, nicht leise und in deinem Kopf. Dabei gehst du in deinem eigenen Tempo vor, und der Begleiter unterstützt dich, darauf zu achten, dass du die Intensität des Gefühls nur so weit steigerst, wie es dein (Nerven-)System zulässt. Du kannst ein Gefühl zwischen 1 und 100 Prozent fühlen. Es kann sein, dass du bei deiner ersten Sitzung deine Wut bis zu einer Intensität von 65 Prozent fühlst. Oder auch nur zu 35 Prozent. Oder 10 Prozent. Es spielt keine Rolle, wie viel Prozent deiner Wut du fühlst. Wichtig ist, dass du die Wut überhaupt zulässt, ihr einen Ausdruck gibst und sie auf diese Weise kennenlernst.

Dein Begleiter achtet darauf, dass du deine Gefühle nicht vermischst, sondern sie einzeln und klar fühlst, denn häufig wird das Vermischen von Gefühlen zu einer Verteidigungsstrategie – ebenso, wenn zwei Gefühle vertauscht werden. Wenn es einem Kind in seinem Umfeld nicht erlaubt ist, seine klare Wut über eine Unstimmigkeit zum Ausdruck zu bringen, dann wird es sich selbst schwächen, um in diesem Umfeld überleben zu können. Es wird zum Beispiel Traurigkeit in die Wut mit hineinmischen und dann gleichzeitig weinen und wüten. Oder es wird Freude hineinmischen, zynische oder sarkastische Bemerkungen machen oder den Clown spielen. Durch seinen so angepassten oder verdrängten Wutausdruck erlebt das Kind mit hoher Wahrscheinlichkeit, dass es nichts verändern kann.

Vielleicht kennst du selbst Situationen, in denen du den Eindruck hast, dass die Gefühle, die du bei deinem Gegenüber beobachtest, für dich keinen Sinn machen. Wenn etwa die Freundin tieftraurig von ihrem Vater erzählt, der sie schon als Kind niemals lobte und ihr als berufstätiger Mutter keinerlei Anerkennung zollt. Sie reibt sich kurz heftig am Schlüsselbein, wenn sie wieder mal von einem Besuch bei dem Vater erzählt. Dann leuchtet die Haut dort ganz rot. Die Wut, die sich nur in diesen Gesten zeigt, hat sie schon früh in der Kindheit in Traurigkeit versenkt und ihr keinen Widerspruch erlaubt. Wenn sie sich ihrer unterdrückten Wut gewahr wird und diese in einem sicheren Raum ausdrücken und dadurch akzeptieren kann, was war, hat sie anschließend einen neuen Handlungsspielraum, ihrem Vater zu begegnen. Dafür ist eine intensive Arbeit am eigenen Fühlen und Wahrnehmen nötig, um die tief vergrabenen Gefühle wieder zu bergen.

Zu Beginn einer solchen Gefühlsarbeit zeigen sich lang unterdrückte Gefühle meist in jenem Reifegrad, in dem sie waren, als sie weggesperrt wurden (zum Beispiel strampeln und wortlos schreien, da viele Kinder ihre Wut wegsperren, noch bevor sie sprechen können). Meist dauert es mithilfe von Gefühlsarbeit nur wenige Monate, bis du deine Gefühle deinem heutigen Reifegrad angepasst hast und sie auf erwachsene Art zum Ausdruck bringen kannst.

Wenn du eines der vier Gefühle nach einiger Übung zu 100 Prozent fühlst und mit 100 Prozent Intensität zum Ausdruck bringst, legt sich in deinem System ein Schalter um. Auf einmal erlebst du, dass du größer bist als dein Gefühl. Dass du das Gefühl in dir trägst – und nicht das Gefühl dich. Dass du das Gefühl besitzt – und nicht das Gefühl dich. Das ist ein völlig neues Lebensgefühl. Als ob der einengende Kokon endlich weggesprengt wurde.

Das erwachsene Nervensystem eines Menschen ist darauf ausgelegt, 100 Prozent intensive Gefühle zu erleben, sie auszudrücken und auch in sich zu halten, ohne sie ausdrücken zu müssen. Deine emotionalen Leitungen sind freigepustet und deine Taubheitsschwelle ist gesunken. Jetzt ist es dir unmöglich, nicht zu fühlen, weil du ganz Ja zu deinen Gefühlen gesagt und gelernt hast, dass auch diese hohen Prozente eines Gefühls überlebbar sind. Mit der Erfahrung des Fühlens von 100 Prozent hast du deine Gefühlskompetenz erweitert und fein justiert. Jetzt kann deine Energie in Form von Gefühlen ungehindert hindurchfließen und dich schon bei einer niedrigen Intensität über das entsprechende Gefühl informieren. Du könntest bereits mit 3 Prozent Wut bemerken, dass etwas nicht stimmt, und mit 5 Prozent Wut eine Grenze setzen, die respektiert wird. Wenn deine Taubheitsschwelle sehr hoch ist, würdest du deine Wut erst bemerken, wenn sie bereits bei 80 Prozent ist – und dann fliegen meist auch schon die Tassen an die Wand. Bewusste Gefühlsarbeit beeinflusst die Art, *wie* du deine Taubheitsschwelle herunterschraubst.

Wenn Menschen das erste Mal von Gefühlsarbeit hören, wehren sie häufig lachend ab, und ich höre sie sagen: »Nein danke, mein Leben ist schon laut genug!« Sie glauben, dass das Leben mit Gefühlsarbeit noch lauter und anstrengender wird, als es ohnehin schon ist. Doch das Gegenteil ist der Fall. Wenn du eine niedrige Taubheitsschwelle hast, bist du automatisch wahrnehmungsfähiger. Da du dich nicht mehr gegen deine Gefühle wehrst, sondern diese in deinem System frei fließen, informieren dich deine Gefühle viel früher und in einer viel niedrigeren Intensität als vorher. Somit kannst du viel früher und mit wesentlich geringerem Energieaufwand reagieren. Dein Leben wird also eher leiser und entspannter. Gleichzeitig gewinnt das, was du um dich herum wahrnimmst, an Intensität und Lebendigkeit. Es kann sich für dich so anfühlen, als erfährst du ganz neue Dimensionen der Wahrnehmung. Du wirst präsenter und aufmerksamer und bekommst viel mehr aus deinem Umfeld und aus deinem Inneren mit. Je mehr du dich selbst fühlst, desto mehr nimmst du auch dein Gegenüber wahr und fühlst es. Die Begegnungen, die du erfährst, haben eine neue Intensität, Intimität und Nähe. Es fällt dir dann nicht mehr so leicht, über Dinge hinwegzusehen und sie einfach zu akzeptieren. In Bezug auf deine Wut bedeutet das, dass du vermutlich häufiger gefragt bist, für das einzustehen, was für dich nicht stimmt, weil du es nicht mehr ignorieren kannst. Der Schmerz, diese Situationen zu übergehen, kann größer sein als die Entscheidung, dich für deine Wahrheit zu positionieren. Im Folgenden gebe ich dir ein Beispiel, wie sich die höhere Empfindsamkeit im Alltag widerspiegeln kann.

Herta, zweiundsechzig und eine muntere Frührentnerin, wohnt nahe an einem Fluss und geht schon seit Jahren am Ufer spazieren. Als ihr Mann noch lebte, gingen sie gemeinsam, meist in ein angeregtes Gespräch vertieft. Damals war Hertas Taubheitsschwelle hochgefah-

ren – dass hier und da Müll am Flussufer lag, hatte sie meist nicht wahrgenommen. »Ist es nicht wunderschön hier!«, hatte ihr Mann immer geschwärmt. Wenn Herta heute dort allein unterwegs ist, sieht sie oft Müll am Boden liegen, manchmal schiebt sie ihn mit ihrem Gehstock ein Stück weiter, hebt ihn aber nicht auf, sondern denkt: »Das sollte nicht dort liegen!« Und: »Ach, da soll sich jemand anderes drum kümmern.« Oder sie fühlt Wut über die anderen, die ihren Müll einfach auf dem Uferweg oder neben einer der Bänke fallen lassen und dadurch überall Dreck verursachen. Durch den Verlust ihres Mannes hat sie in einer Trauergruppe intensive Gefühle erlebt und ist dadurch sehr viel feinfühliger geworden. Ihre gesenkte Taubheitsschwelle beschert ihr nicht nur angenehme Gefühle – wie etwa die große Freude über die sich wandelnden Wolkenformationen am Himmel –, sondern auch solche, die schmerzen, wie der Ärger oder die Traurigkeit beim Anblick des Mülls. Schimpft sie in Gegenwart von anderen über den Müll und sagt: »Die Leute sind alle so unachtsam«, verbindet sie sich in ihrer Wut mit anderen, um gemeinsam auf die Umweltverschmutzer zu schimpfen. Ändern tut sich durch das Lamentieren allerdings nichts, da weder Herta noch die Umstehenden aktiv handeln.

Eines Tages reicht Herta ihr eigenes nutzloses Gemecker. Sie nutzt ihre Empfindsamkeit durch ihre niedrige Taubheitsschwelle und spürt den Drang, eine Lösung für die Entsorgung des Mülls am Ufer zu finden. Mit ein paar Bekannten gründet sie den Verein »Müllpiraten«, der fortan regelmäßig gemeinsame Säuberungsaktionen am Flussufer unternimmt.

Eine herabgesetzte Taubheitsschwelle bedeutet nicht, dass du alles, was dich stört, allein in die Hand nehmen und verändern musst. Es heißt lediglich, dass du berührbarer bist, feinfühliger für das, was um dich herum passiert – und das dient in erster Linie dir und deiner eigenen Veränderung. Mal kann diese Veränderung bedeuten, direkt selbst aktiv zu werden, und mal kann sie bedeuten, dass du lernst, andere zu motivieren oder zu delegieren.

Übung 23

Fühlen und präsent sein

Wenn du das nächste Mal in einer Stadt unterwegs bist, wage das folgende Experiment. Nimm dir ausreichend Zeit dafür.
Entscheide bewusst, deine Taubheitsschwelle herunterzufahren, und beweg dich mit Präsenz durch die Stadt. Geh an Orte, wo Armut und Leid sichtbar sind, ebenso wie auf Märkte und in Parks, wo das Leben pulsiert. Frage dich: Wie fühle ich mich? Berührt mich das, was ich sehe? Empfinde ich Angst, Wut, Freude oder Traurigkeit? Was findet in mir statt? Will ich wegschauen, weglaufen?
Fühle nach: Was passiert in mir, wenn ich dableibe, präsent bleibe, Ja zu dem sage, was ich sehe, und zu der Spannung in mir?
Wie ist es dir nach der Übung ergangen? Körperlich und auch emotional? Ein persönlicher Austausch mit einem Freund oder Partner kann unterstützend sein, um deine Erfahrungen und Gefühle nicht alleine verarbeiten zu müssen. Halte deine Gedanken in deinem Wut-Journal fest.

Vor einigen Jahren hatte ich ein Vorstellungsgespräch für einen neuen Job. Zu der Zeit lebte ich alleine in meiner Wohnung. Vor dem Gespräch war ich unglaublich aufgeregt und nervös und wünschte mir nichts sehnlicher als eine Umarmung, die mir sagte:

Du bist okay. Du schaffst das. Ich glaub an dich! Noch in der Wohnung hatte ich mir gesagt, dass ich mich nicht so anstellen solle und dass es ja nur ein Vorstellungsgespräch und nicht lebensbedrohlich war. Ich würde das schon hinbekommen. Doch ich spürte weiterhin meine Aufregung. Auf dem Weg zu dem Vorstellungsgespräch fühlte ich die ganze Zeit meine Angst. Meine Hände waren feucht, meine Beine zitterten, meine Gedanken rasten wild durcheinander. Ich hatte Angst zu versagen und konnte kaum noch einen klaren Gedanken fassen. An einer U-Bahn-Station habe ich dann all meinen Mut zusammengenommen und einen Passanten angesprochen und ihm von meiner Aufregung und meinem Wunsch nach einer bestärkenden Umarmung erzählt. In meinem Kopf gab es jede Menge Zensoren, die mir sagen, dass das nicht ginge – dennoch bat ich den Fremden um eine Umarmung. Nach einem ersten verhaltenen Zögern stimmte er dieser Umarmung zu. Als wir wieder auseinandergingen, hatten wir beide Tränen in den Augen und bedankten uns gegenseitig. Ich habe diesen Mann nie wiedergesehen, aber die Verbundenheit, die dieser Moment ermöglicht hat, habe ich nicht vergessen. Mein weiterer Weg war von Freude und Beschwingtheit bestimmt. Die Angst fühlte ich weiterhin, allerdings mehr als Begleiterin für die Wachsamkeit, als dass sie mich beherrschte. Fragst du dich jetzt, was diese Geschichte mit Wutkraft zu tun hat? Ich habe meine Angst bereits in einer recht niedrigen Prozentzahl gespürt. Ich habe meine Wut darüber, in dieser Situation so allein zu sein, zu einer Handlung genutzt, um mir eine Situation zu schaffen, in der ich mich angenommen fühlte.

Warum also nicht einfach mal etwas Unkonventionelles wagen: Einen kurzen Tanz mit einem Fremden zur Musik eines Straßenmusikers? Den eigenen Sitzplatz in der Bahn einem anderen Menschen anbieten, ein Hallo als zwischenmenschlicher Kontakt mit einem Obdachlosen, eine freudige Einladung zum Frisbeespielen an den Banknachbarn im Park, die spontane, gemeinsame Müllsammelaktion mit Fremden auf den Wiesen im Stadtpark …? All das sind Möglichkeiten für Teilhabe und Partizipation im Alltag für mehr Menschlichkeit untereinander. Vermutlich spürst du als erste Reaktion mehr Schmerz. Schmerz darüber, wie isoliert oder abgeschottet du dein Leben teilweise lebst. Darüber, dass du dich nicht von den vielen Eindrücken erfassen lassen willst, um sicher und im flotten Tempo durch die Stadt zu manövrieren. Fühlen entschleunigt und verhindert, dass wir uns von dem, was im Außen passiert, klar abtrennen können.

Triggersituationen im Alltag bewusst gestalten

In unserem Alltag sind wir immer wieder von Menschen umgeben, die uns durch ihr Verhalten, ihre Sprache oder ihre Handlungen auf die ein oder andere Weise triggern und herausfordern. Damit meine ich, dass es sich manchmal anfühlt, als wüssten sie genau, was sie sagen, tun oder lassen müssen, um unsere wunden Punkte zu finden. Es scheint, als besäßen sie die Fähigkeit, die Knöpfe zu drücken, damit wir uns vorgeführt oder unwohl fühlen. Als wissen sie um unsere verletzlichen oder empfindlichen Stellen und nehmen gezielt unsere Schattenwelt oder unseren Schmerzkörper in den Fokus. In diesen Triggersituationen ist der Zugang zum Drama fast vorprogrammiert. Es ist dann nur die Frage, wer die Täter-, Opfer- oder Retterrolle spielt.

Meike hat die letzten zwei Stunden damit zugebracht, ihrer Familie – das sind Patrick, ihr Mann, die vierzehnjährige Lea, der zwölfjährige Juri sowie die zehnjährige Finja – zum Ferienanfang ein schönes Abendessen zuzubereiten. Nach einigem Blättern in Kochbüchern hat sie sich von einem Kochportal das Rezept für eine Gemüselasagne heruntergeladen, damit auch Lea als Vegetarierin dieses Mal alles essen kann. Meike möchte ihre Familie mal wieder fröhlich am Tisch versammelt sehen und freut sich auf das gemeinsame Essen. Alle sollten Bescheid wissen, dass es um neunzehn Uhr Abendessen gibt. Der Duft der fertigen Gemüselasagne dringt schon aus dem Ofen, als Meike um kurz vor sieben eine Nachricht von Lea bekommt, dass sie sich um eine halbe Stunde verspäten wird. Finja, die vor dem Fernseher sitzt, teilt der Mutter kurz und schnippisch mit, dass sie keinen Hunger habe und schon gar nicht auf dieses fettige Zeug. Allein Patrick kommt freudestrahlend in die Küche und schaut begeistert in den Ofen. »Wie lecker, Lasagne«, sagt er. Als Meike hinzufügt, dass es eine Gemüselasagne ist, hört sie hinter sich ein: »Boah, nee, ne?« Juri steht im Rahmen der Küchentür. »Immer diese Gemüsefresser, kann es nicht einfach mal ganz normale Hackfleischlasagne geben?«, meckert er enttäuscht.

Meikes Vorfreude ist dahin. Mit Wucht stellt sie die Lasagne auf den gedeckten Tisch und schimpft leise vor sich hin. »Wofür mach ich mir denn die Mühe? So eine Undankbarkeit, da steh ich stundenlang in der Küche …« Von guter Laune und Familienidyll ist keine Spur mehr. Als Lea dann nach Hause kommt und mit den Worten »Och, hab schon ein Falafel gegessen, esst mal ohne mich« auf ihr Zimmer verschwindet, ist auch Meike der Appetit vergangen. Es reicht ihr für diesen Abend endgültig. Mit eiskaltem Ton sagt sie zum Rest der Familie: »Esst ohne mich, ich muss jetzt mal ganz dringend an die frische Luft.« Sie verlässt wutentbrannt die Wohnung und läuft schnellen Schrittes in den nahe gelegenen Park.

Nachdem sie leise vor sich hin fluchend ein paar Runden gedreht hat, ruft sie völlig außer Atem ihre Freundin Anna an und erzählt ihr von dem verpatzten Abendessen. Dabei weint und schimpft sie abwechselnd über die Undankbarkeit ihrer Familie. In einer Pause fragt Anna: »Sag mal, hast du deine schönen Abendessenspläne eigentlich mit deiner Familie im Vorfeld abgesprochen?« Meike zögert mit der Antwort. »Nein«, sagt sie dann, »aber das ist doch selbstverständlich, dass wir am ersten Ferientag zusammen die Ferien einläuten. Das haben wir bisher immer so gemacht.« Anna wartet einen Moment, schließlich sagt sie: »Meike, ich verstehe, dass du enttäuscht und wütend bist, ich kann die Reaktion deiner Familie jedoch auch nachvollziehen. Wenn ich nicht gefragt oder informiert werde, würde ich auch meine eigenen Pläne machen. Was denkst du, wie es abgelaufen wäre, wenn du vorher mit deiner Familie darüber gesprochen hättest?«

Als sie am nächsten Morgen aufwachen, dreht sich Meike zu Patrick um. »Mein Plan für ein gemeinsames Essen ist ja gestern mächtig in die Hose gegangen. Boah, ich war so wütend und enttäuscht. Kannst du mich dabei unterstützen herauszufinden, warum es für mich so ein großes Ding war?«, fragt Meike. Patrick stimmt zu. Meike kommt während des Gesprächs und durch die Nachfragen von Patrick, was denn eigentlich so schlimm war, auf alte Verletzungen durch ihre Mutter. Auf einmal kamen ihr Bilder von früher in den Sinn, Bilder von ihrer Mutter, die wütend durchs Haus läuft, weil mal wieder etwas nicht so war, wie sie es sich vorgestellt hatte! Unzählige solcher Situationen hatte sie in ihrer Jugend mit ihrer Mutter erlebt und diese hatten sie tief geprägt.

Meike überlegt später, wie sie sich ihren Wunsch nach einem gemeinsamen verbindenden Essen mit ihrer Familie erfüllen kann. Für die Ferien hatte sie bereits seit einiger Zeit den Plan, gemeinsam mit der Familie zu grillen. Diesmal aber nicht wieder im Alleingang – sie entscheidet sich, die Vorbereitung bewusst anders anzugehen. So er-

zählt sie ihrer Familie von ihrer Idee und bekommt viel positive Resonanz. Sie spricht im Vorfeld mit allen über einen passenden Termin und die verschiedenen Essensvorlieben. Als der Plan steht, bezieht sie klar Position und benennt noch mal deutlich, wann das Grillen stattfindet, wer sich zum Helfen angeboten hat und wer was auf dem Grill haben möchte. Zu guter Letzt sagt sie noch, dass sie pünktlich anfangen werde, auch falls jemand nicht rechtzeitig da ist. So übernimmt sie Verantwortung für ihren Wunsch nach Klarheit.

Triggersituationen machen uns das Leben oft richtig schwer. Wie aus dem Nichts sind wir erfüllt von heftigen Emotionen, die wir in der jeweiligen Situation weder gebrauchen noch in ihrer Heftigkeit spontan für etwas Sinnstiftendes nutzen können. Doch es gibt eine Zauberformel, die dich retten kann: Bleib bei dir und zentriere dich! Entscheide dich dafür, die Trigger nicht persönlich zu nehmen. Grenze dich ab. Schaffe einen sicheren Raum für dich. Da kann es hilfreich sein, kurzweilig den Raum zu verlassen und ins Kissen zu brüllen. Eine Freundin von mir hat sich angewöhnt, kurz die Hände auszuschütteln, wenn es sie erwischt, und danach ein paarmal bewusst ein- und auszuatmen. Ein Klient summt innerlich, und ich selbst schnipse oder klopfe mir sanft an den Oberschenkel, um mich daran zu erinnern, mein energetisches Zentrum wieder auf mein physisches zu legen.

Metagespräche für bewusstes Agieren

Jedem von uns kann es passieren, sich im Alltag plötzlich in kleinen oder großen Dramen wiederzufinden, als Täter, Opfer oder

Retter – ob ein Streit mit der besten Freundin, eine festgefahrene Rolle im Beruf oder eine ungleiche Verteilung der Aufgaben in der Paarbeziehung. Mithilfe von Metagesprächen (nach Clinton Callahan) kannst du die unerwünschte Dynamik stoppen und in einen echten Austausch mit deinem Gegenüber kommen. Wer aussteigt, egal aus welcher Rolle, übernimmt die Verantwortung für die Verbindung und geht in die Handlung. Dafür sprichst du in der Situation (oder mit ein bisschen zeitlichem Abstand) bewusst an, was dir auffällt, und sagst deinem Gegenüber, was du dir in eurem Kontakt zukünftig wünschst. Solch ein Metagespräch ist der verantwortungsvolle Schritt heraus aus dem Dramadreieck. Im Folgenden gebe ich dir Beispiele, wie du ein Metagespräch starten kannst. Es gibt hilfreiche Startersätze, die du als Hilfswerkzeug stets mit dir führen kannst. Sie sind ein Angebot für dich zu erfahren, wie es sich anfühlt, in Konflikt- oder Anklagesituationen aus dem Drama auszusteigen. Wenn du es ausprobierst, wirst du vielleicht feststellen, dass es nicht so einfach ist, sich in angespannten oder Konfliktsituationen an die Startersätze zu erinnern. Ich empfehle dir daher, dass du dir zwei bis drei Startersätze einprägst, um sie dann in einem Spannungsmoment anzuwenden.

Metagesprächsstarter (nach Clinton Callahan):[36]

* »Mir kommt es so vor, als ob dein Körper sehr angespannt ist. Fühlst du etwas?«
* »Mir fällt auf, dass du vier verschiedene Themen ansprichst und sie mischst. Da fällt es mir schwer, dir zuzuhören. Kannst du erst einmal bei einem Thema bleiben? Dann kann ich dir besser folgen.«

* »Kannst du mir sagen, warum die Sache, über die wir reden, für dich so wichtig ist?«
* »Ich habe den Eindruck, als ob du Streit suchst. An Streit habe ich kein Interesse. Kannst du mir anders mitteilen, was du mir sagen willst?«
* »Ich höre deine Worte, und ich bin neugierig zu hören, was du fühlst.«
* »Könnte gerade etwas passiert sein, das dich traurig stimmt oder dir Angst macht?«
* »Worum geht es dir? Gibt es eine Möglichkeit, wie ich dich unterstützen kann, das zu sagen, was dir gerade am Herzen liegt?«

Auch mit Kindern können Metagespräche geführt und durch die Starter eingeleitet werden. Dafür benennst du, was du beobachtest oder nicht möchtest, und bleibst dabei offen dafür, was die Ideen und Wünsche des Kindes sind. So könnt ihr gemeinsam nach Auslösern für den Konflikt oder bereits nach möglichen Alternativen oder Lösungen suchen.

Dieses bewusste Agieren ist für die meisten von uns – besonders im schnelllebigen Alltag – ungewohnt und, mal ehrlich, auch nicht so attraktiv wie das Drama mit Täter, Opfer und Retter, das uns viel Aufmerksamkeit beschert. Bei der bewussten Verantwortungsübernahme für die eigenen Gefühle fällt das unbewusste Drama weg. Das kann erst mal dazu führen, dass der Mensch nicht mehr so interessant ist, weil er weder leidet noch gerettet werden muss noch schuld ist. Der Gewinn, der sich für dich durch das Nutzen deiner Wutkraft einstellt, ist, dass du mehr Präsenz und Teilhabe in deinem Leben erfährst. Und das nährt dich stärker und nachhaltiger als die Aufmerksamkeit durch das unbewusste Drama von außen, die meist schnell verpufft und nach ständiger Wiederholung drängt. Mit der Zeit stellst du vielleicht sogar fest, dass die Menschen deine Fähigkeit und Ausrichtung schätzen, wenn du für Metagespräche die Verantwortung übernimmst und dadurch authentische Beziehungen kreierst.

Die Wut der anderen ernst nehmen

Wenn ich früher Wut bei anderen verspürt habe, dann gingen in mir die Alarmglocken an, und ich war bemüht, möglichst rasch die Friedensfahne zu schwenken. Jetzt bloß schnell für Harmonie sorgen, hieß mein inneres Programm gegen Wut, das ich seit Kindertagen übte. Welch ein Stress! Und diese Art, mit Konflikten umzugehen, war meist auch noch frustrierend. Oft ließen sich die anderen eben nicht einfach beruhigen, wurden dann eher noch lauter, oder ich hatte um des lieben Friedens willen meine eigenen Bedürfnisse völlig missachtet und richtete mich zur Beschwichtigung nur nach dem Gegenüber. Am Ende ging ich dabei selbst leer aus und verlor Energie. Inzwischen habe ich gelernt, Konflikte zu schätzen und als Chance für Veränderung zu sehen. Ich muss Missstimmungen nicht mehr entgegenwirken, ich kann sie wahrnehmen und, wenn es mir wichtig ist, bewusst darauf reagieren. Doch auch dieses bewusste Agieren ist herausfordernd, wenn mein Gegenüber mich schweigend ignoriert oder mich anschreit, mit Vorwürfen überhäuft oder zynisch abkanzelt.

Häufige Reaktionen der Wut-Empfänger

Was tust du, wenn dir Wut im Alltag entgegenschlägt? Häufige spontane Reaktionen und Verhaltensweisen des Empfängers der Wut sind:

* Zurückschreien
* Rechtfertigungen
* Verteidigung
* Angriff
* Rückzug
* Flucht aus der Situation
* Ratschläge erteilen
* Belehren
* Erniedrigen
* Verwirrung
* Einfrieren, Erstarren

Die Art der Reaktion ist von verschiedenen Faktoren abhängig: Wer ist der Auslöser für meine Wut? Ist mir derjenige fremd oder vertraut? Steht die Person in der Hierarchie unter oder über mir? Ist sie älter oder jünger? Und auch der Zeitfaktor ist entscheidend: Welche Reaktion nutze ich spontan im Jetzt, welche später, wenn schon etwas Zeit vergangen ist?

In vielen Fällen führen solche Reaktionen auf Wut zu Trennung oder Kontaktabbruch. Häufig handelt der Empfänger unbewusst und aus der Angst heraus und will sich durch seinen Rückzug zum Beispiel nur in Sicherheit bringen. Dabei vergisst der Empfänger der Wut, was das eigentliche Ziel der Wutäußerung ist. Sie soll vermitteln: *Du bist mir wichtig. Ich will, dass du weißt, was für mich nicht stimmt. Ich will, dass du mich ernst nimmst. Ich wünsche mir Verbindung. Ich will gesehen werden. Ich will eine gute, gemeinsame Lösung finden. Dafür brauche ich dich!* Wenn wir uns gegenseitig anschreien, entsteht weder Verbindung noch respektvoller Kontakt. Auch oberflächliche Pseudokontakte oder auf Sarkasmus oder Zynismus aufbauende Beziehungen sind mögliche Resultate solch ungesunder Wutausdrücke.

Ich zeige dir im Folgenden auf, welche anderen Wege du nutzen kannst, um einem wütenden Menschen zu begegnen. Dabei ist es mir wichtig zu benennen, dass es in Situationen, in denen Wut eine Rolle spielt, nicht gut ankommt, das Gegenüber zu belehren. Nicht selten erfährt der Wütende die Belehrung als Erniedrigung der eigenen Person und damit das Gegenüber als überheblich oder arrogant. Bei Wut – wie bei allen anderen Gefühlen auch – ist es wichtig, das Gegenüber ernst zu nehmen. Das ist häufig nicht so einfach, gerade wenn dir der Wutausdruck Angst macht und du dich in Sicherheit bringen willst oder du dich lustig über das Gegenüber machst, weil du sein Verhalten albern findest, oder deine Unsicherheit lieber weglachst, als sie auszusprechen.

Jetzt fragst du dich sicher, wie du der Wut eines Gegenübers denn mit Respekt begegnen kannst, auch wenn du dich selbst nicht respektiert fühlst? Wie kann so ein Verhalten überhaupt aussehen? Möglichkeiten dafür findest du im Folgenden.

So kannst du der Wut anderer mit Respekt begegnen

Wiederhole Gehörtes: Als Empfänger wiederholst du, was du vom Wütenden gehört hast. Zum Beispiel: »Warum hast du das blaue

Shirt nicht in meinen Schrank gelegt?« »Ah, du suchst dein blaues Shirt.« »Ja, ich bin davon ausgegangen, dass du es bereits gewaschen hast.« »Du hast gedacht, ich hätte es schon gewaschen.« »Ja, ich habe es extra vorgestern in die Wäsche gelegt.« »Du hast es extra in die Schmutzwäsche gelegt.« »Ja. Hast du es mitgewaschen?« »Ja, ich habe gestern eine dunkle Wäsche gewaschen. Es hängt noch auf dem Wäscheständer. Da kannst du es dir holen.« Indem du nur wiederholst, was du hörst, fällt deine Interpretation weg, und du kommst nicht in die Reaktion oder Verteidigungshaltung. Dadurch schaffst du Verbindung und bist nicht das Opfer der Erwartungen. Durch die wiederholten Sätze bekommt das Gegenüber vermittelt, gehört zu werden. Wichtig beim Wiederholen des Gehörten ist, dass du als Empfänger den Absender ernst nimmst und dein Gegenüber weder belächelst noch das Gehörte robotermäßig wiedergibst.

Sei präsent: Mithilfe der im Kapitel 7 beschriebenen Technik zentrierst du dich und bleibst ganz bei dir. Die Wut deines Gegenübers siehst du als seine an. Bleib präsent im Raum und im Kontakt: Wenn er steht, stell dich auch hin, sodass ihr auf Augenhöhe seid. Wenn er sitzt, setz auch du dich. Bei Kindern ist es hilfreich, wenn du dich neben sie kniest. Achte darauf, deine Arme nicht zu verschränken, und sorge dafür, dass kein Gegenstand zwischen euch steht. Finde den Abstand, in dem du gut mit dir selbst verbunden bist und bei dir bleiben kannst. Atme bewusst. Bleib im Blickkontakt, offen und neugierig darauf, was dein Gegenüber dir sagt. Vermutlich wird ihn dieses Verhalten ein wenig irritieren und kann schon direkt zur Beruhigung der Situation führen.

Führe Metagespräche (siehe auf Seite 191): Im Anschluss an einen unbewussten Wutausdruck kann es hilfreich sein, diesen zu reflektieren und zu besprechen, worum es im Konflikt eigentlich geht. Du kannst direkt in der Situation oder im Rückblick ansprechen, was du wahrgenommen hast. Benenne, was dich wirklich interessiert. Was wünschst du dir im Kontakt? Hinterfrage, was der Auslöser für die Situation war. Sprich an, was für dich nicht gestimmt hat.

Setze deine Grenze: Je nach Situation ist es sinnvoll, eine Grenze zu setzen. Dabei nimm wahr, was deine Grenze ist: »Ich bin nicht bereit, dir in dieser Lautstärke weiter zuzuhören.« – »Bei deiner Wortwahl stehe ich dir als Gegenüber nicht weiter zur Verfügung.« Bei drohender körperlicher Gewalt nutze deine Stimme, vertraue deiner eigenen Kraft, bring dich in Sicherheit, sorge für dich, und hole dir Hilfe.

Gib Feedback: Diese Methode funktioniert nur, wenn dein Gegenüber und du die Verabredung getroffen habt, euch gegenseitig im Wut-Wachstum zu unterstützen. Dann kannst du auf Rückfrage sagen, was für dich funktioniert an dem Wutausdruck und was nicht. Überlege: Bist du bereit, dir den Tratsch über Dritte anzuhören, oder nicht? Willst du dich auf Zynismus des anderen einstellen? Oder bittest du um klare Botschaften? Mögliche Formulierungen könnten sein: »Ich bin nicht bereit, weiter zuzuhören, wie du dich über deinen Kollegen aufregst. Welche Botschaft hast du für ihn? Und bist du bereit, sie ihm direkt ins Gesicht zu sagen? Dann können wir das gerne in einem Rollenspiel ausprobieren. Den Tratsch höre ich mir nicht weiter an, da es mir um echten Kontakt mit dir geht.« Der letzte Satz hier ist ebenfalls eine kommunizierte Grenze.

In diesem Kapitel hast du erfahren, wie Wutkraft dir helfen kann, belastende Stresssituationen im Alltag zu verwandeln und statt

Trennung und Kontaktabbrüchen mehr authentische Begegnungen und Verbindung mit anderen zu erleben. Im nächsten Kapitel möchte ich den Fokus darauf richten, wie wichtig *du* selbst bist, wenn es um dein Leben geht. Denn Bedürfnisse und Wünsche geraten jedem von uns schneller als gedacht aus dem Blick, wenn wir privaten Anforderungen und beruflichen Herausforderungen gerecht werden wollen.

KAPITEL 14

Wut sagt: Sorge für dich!

»Sorge für dich«, das ist leichter gesagt als getan. Oder? Wie sieht es aus, wenn du gut für dich sorgst? Hast du Bilder dafür im Kopf? Melden sich deine Bedürfnisse? Manch einer denkt daran, zum Joggen, ins Fitnessstudio oder in der Natur spazieren zu gehen. Für andere erfüllt sich die Vorstellung von Selbstfürsorge bei einem guten Essen, einem heißen Bad oder einer Massage. Und dann kenne ich auch noch Menschen, die sagen: »Wieso soll ich mich gut um mich sorgen? Ich habe doch alles.« Oder: »Hauptsache, den Kindern geht es gut.« Solche allgemeinen Sätze dienen mehr dazu, sich nicht mit den eigenen Bedürfnissen auseinandersetzen zu müssen.

Vielleicht ist es einfacher, so etwas zu sagen, als sich die Erlaubnis zu geben, die eigenen Bedürfnisse wichtig zu nehmen. Oder weil das Gespür für die eigenen Bedürfnisse fehlt oder sich noch nie die Frage danach gestellt hat. Die anderen und ihre Bedürfnisse dienen diesen Menschen dazu, ihre Verantwortung für das eigene Wohl abzugeben. Eine Klientin, die ihre alten Eltern pflegte und kurz vor einem Burn-out stand, klagte einmal, dass es ihr zu viel wäre, sich auch noch um sich selbst kümmern zu müssen. Solch eine Vernachlässigung der eigenen Bedürfnisse hat jedoch weitreichende Auswirkungen auf das Leben und die Gesundheit eines Menschen.

Mit Wutkraft aus der Co-Abhängigkeit aussteigen

Co-Abhängigkeit entsteht, wenn ich mit meinem Fokus mehr bei meinem Gegenüber bin als bei mir und jede meiner Handlungen bis zur völligen Selbstaufgabe nach den Bedürfnissen meines Gegenübers ausgerichtet ist. Die eigenen Bedürfnisse wahrzunehmen und in Kontakt zu bringen, fällt co-abhängigen Menschen unglaublich schwer. Sie messen ihrem Gegenüber einen höheren Wert und eine größere Daseinsberechtigung zu oder definieren ihre eigene Daseinsberechtigung durch Selbstaufgabe und Aufopferung. Co-Abhängigkeit findet sich häufig, aber nicht nur bei Angehörigen und Partnern von Suchtkranken. Bevor ich aufzeige, wie die Wutkraft den Weg aus solch einer ungesunden Beziehung weist, möchte ich dir am Beispiel von Helen zeigen, wie energieraubend die Co-Abhängigkeit sein kann.

Helen ist einundfünfzig Jahre alt. Sie lebte bis vor einem guten Jahr mit ihrem Mann Lars zusammen. Lars, ebenfalls einundfünfzig, stammt aus einer Alkoholikerfamilie und hat bereits in früher Jugend selbst regelmäßig getrunken. Auch Helen kannte ihn nicht anders. Seit sie und Lars mit Anfang zwanzig zusammengekommen waren, hatte es keinen Tag gegeben, an dem Lars nicht getrunken hatte. Anfangs vor allem Bier, später auch Härteres. Helen störte es lange nicht, sie stellte ihm sogar das erste Feierabendbier kalt, bevor er nach Hause kam. Helen selbst trank nicht. Das kam daher, so sagt sie selbst, dass sie als Siebzehnjährige ihre Mutter durch eine Leberzirrhose verloren hatte. Helens Mutter, sie war alleinerziehend, hatte kurz nach der Geburt der Tochter das Trinken angefangen. Schon in ihrer Kindheit stellte Helen ihre eigenen Bedürfnisse hinten an und tat, was ihre Mutter von ihr verlangte. Ein Nein hätte sie sich nie getraut auszusprechen. Stattdessen grollte sie immer wieder vor sich hin, wenn sie die leeren Weinflaschen der Mutter entsorgen sollte. Mit Lars war es genauso. Auch hier kümmerte sie sich um den An- und Abtransport der Bierkästen und Schnapsflaschen.

Als junge Frau hatte Helen den sehnlichen Wunsch, eine Familie zu gründen. Zwei Kinder wollte sie haben, einen Jungen und ein Mädchen. Doch Lars wollte keine Kinder. Damit war das Thema für ihn abgehakt. Für Helen wiederum war Lars das Wichtigste in ihrem Leben. Einige zaghafte Diskussionen und Überredungsversuche verliefen im Sand und so begrub sie ihren Kinderwunsch. In Gesprächen mit ihren Freundinnen nahm sie ihn regelmäßig in Schutz und verteidigte ihn, wenn sie auf das egoistische Verhalten von Lars angesprochen wurde. Dann, vor einem guten Jahr – Helen war gerade fünfzig geworden –, musste Lars wegen Wasseransammlungen für mehrere Wochen ins Krankenhaus. Jeden Tag ging Helen nach der Arbeit zu Lars.

Doch dann spürte sie von einem Tag auf den anderen eine entsetzliche Schwere in ihren Beinen. Kein Arzt konnte etwas feststellen. Helen schaffte es nicht mehr, nach der Arbeit auch noch ins Krankenhaus zu gehen. Sie nahm die Schwere wie eine Lähmung wahr. Mehrere Tage musste sie sich nach der Arbeit zu Hause hinlegen. An einem Abend dachte sie noch einmal darüber nach, was ihre Kollegin sie gefragt hatte: »Hast du nicht eine unglaubliche Wut auf deine Mutter, dass sie dich ständig im Stich gelassen und überfordert hat? Und was machst du eigentlich mit der Wut auf Lars?« Auf einmal brachen neben der Traurigkeit auch heiße Tränen der Wut hervor. Helen ließ es geschehen und erlaubte sich, die Wut und Traurigkeit zu fühlen. Je mehr sie sich erlaubte zu fühlen, desto mehr verschwand die Schwere in den Beinen. Helen hatte den Eindruck, neu laufen lernen zu dürfen. Schritt für Schritt auf ihren eigenen Beinen. Helen hatte ihre Wut endlich zugelassen, fühlte sie und wurde sich ihrer tiefen Emotionen bewusst. Mit der Kraft, die dieser Wahrnehmungsprozess in ihr freisetzte, besuchte sie nun Lars im Krankenhaus. Er hörte ihr still zu, als sie erzählte, wie es ihr ging und dass sie nicht länger ihr Leben für ihn opfern wolle. Lars schaute ihr nicht in die Augen, er rieb nur die ganze Zeit seine Hände, so als könne er ihre Worte dadurch auflösen.

Ein gutes Jahr nach all diesen Erfahrungen hat Helen ihr Leben stark umgekrempelt. Sie lebt jetzt allein und hat sich beruflich umorientiert, sodass sie jetzt auch mit Kindern in Kontakt ist. Kennst du dieses Verhalten? Von dir oder von Menschen in deinem Umfeld, die eine unauslöschliche Bereitschaft haben, sich für andere aufzuopfern, oder denen es schier unmöglich erscheint, sich selbst wichtig zu nehmen und sich eigene Bedürfnisse zu erfüllen? Sie winken vermutlich ab, wenn du ihnen spiegelst, wie ungesund sie leben, wie nachlässig sie mit sich sind und wie lieblos sie mit sich selbst umgehen. Der Schlüssel zur Veränderung liegt genau darin, sich nicht länger aufopfernd um den anderen zu sorgen, sondern um sich selbst, um in Selbstfürsorge neuen Lebensmut und Selbstsicherheit zu entfalten.

Ich lasse deins bei dir und finde zu mir.

Ein co-abhängiger Mensch verhält sich im Grunde wie ein pflanzlicher Schmarotzer, der im lebenden Baum wächst. Der Schmarotzer braucht den Baum zum Überleben wie der Co-Abhängige das

Gebrauchtwerden vom Gegenüber. Ein gesundes und unabhängiges Leben hingegen ist von Selbstverantwortung geprägt. Und von Handeln. Und dafür musst du Entscheidungen treffen. Hierbei hilft dir deine Wutkraft.

Die folgende Übung ermöglicht dir, den Tag Revue passieren zu lassen und zu reflektieren, wie du zu deinen Entscheidungen kommst.

Übung 24

Stärke dein Zentrum und gewinne Klarheit

Lass den heutigen Tag noch mal vor deinem inneren Auge ablaufen. Überlege, in welchen Situationen du aktiv eine Entscheidung getroffen hast. Frage dich:

* Welche Situation fällt dir ein, bei der du die Entscheidung deinem Gegenüber überlassen hast? Was ging dieser Entscheidung voraus?
* Habt ihr beide eure Wünsche oder Ideen laut ausgesprochen? Habt ihr euch dann auf die des Gegenübers geeinigt? Was hast du in dem Moment gedacht?
* Wie hast du die Situation empfunden? Fühltest du dich wahrgenommen mit deinem Wunsch?
* Empfindest du dein Gegenüber als Autorität? Wessen Meinung hat aus deiner Perspektive mehr Bedeutung?

Überlege dir, wie du den nächsten Tag gestalten willst. Was willst du unternehmen? Was willst du essen? Was willst du lesen? Wen willst du treffen? Wie möchtest du gemeinsame Zeit gestalten? Wiederhole die Übung am nächsten Tag.

Diese Übung hilft dir, erst einmal dein Verhalten zu reflektieren und gegebenenfalls neu zu entscheiden, nächstes Mal Position zu beziehen, Klarheit in deine Beziehungen zu bringen und Verantwortung für dich und deine Bedürfnisse zu übernehmen.

Um gut für dich sorgen zu können, brauchst du die Wahrnehmung für dich selbst und musst deine stabile Mitte, dein Zentrum kennen, um aus ihr zu agieren. Du stehst dann im Leben wie ein in der Erde gut verwurzelter Baum, dessen Stamm trotz Stabilität so flexibel ist, dass er Wind und Wetter trotzen kann.

Mit Wutkraft gegen Burn-out und Depression

Wut spielt auch bei Burn-out und Depression eine Rolle. Wenn du gar nicht wahrnimmst, was dir fehlt, kannst du es auch nicht herbeischaffen. Deine Wutkraft dient dir: Wenn du deine Wut spürst, kannst du daraus Kraft schöpfen, für dich selbst einzustehen und dich so zu nähren. Denn die Art und Weise, wie wir unser Leben gestalten und auf uns selbst achten, ist der Gradmesser für ein erfülltes und authentisches Leben. Gibst du jedoch all deine Energie ins Außen und versuchst, die Bedürfnisse von anderen herauszuhören und zu erfüllen, läufst du irgendwann Gefahr, nur noch auf Sparflamme zu leben, sozusagen im Energiesparmodus, weil alle Energie bereits verbraucht ist und keine Nachladung mehr kommt. Das ist es, was zu Burn-out und Depression führen kann.

Ein Burn-out ist eine emotionale Erschöpfung, bei der Körper und Seele eines Menschen Alarm schlagen: *Hilfe, ich kann nicht mehr!* Drei Arten von Burn-out unterscheiden Forscher der Universität Saragossa: den Überlastungs-Burn-out, der von Endlosgrübelei und heftigen negativen Gefühlen begleitet wird; den

Burn-out durch Vernachlässigung der eigenen Person, der häufig zu sozialer Vereinsamung führt, und den Burn-out durch Entwicklungsmangel, bei dem die Betroffenen unter permanenter Unterforderung leiden.[37] Burn-out-Patienten schaffen es nicht, für sich einzustehen und mit anderen ein gesundes Nähe-und-Distanz-Verhältnis zu leben – nicht zuletzt haben sie die Verbindung zu ihrem Körper verloren.

Die lichte Seite der Wut greift genau an diesen Stellen. Statt permanent über seine eigenen Grenzen zu gehen und gegen die eigenen Bedürfnisse zu agieren, kann das Entdecken der eigenen Wutkraft diesen Menschen helfen, sich neu zu zentrieren und die Botschaften ihrer Gefühle wahrzunehmen und zu entschlüsseln. Dem großen (unerfüllten) Wunsch nach Anerkennung im Außen stellt die Wutkraft die Selbstwahrnehmung und Selbstliebe entgegen. Denn wenn es in einem selbst wackelt, wird es in den Beziehungen im Außen auch keine Stabilität geben können.

Nicht viel anders verhält es sich beim Krankheitsbild der Depression. Auch hier ist die Vielfalt an Definitionen und Symptomen sowie Behandlungsansätzen weitreichend. Nicht nur die Weltgesundheitsorganisation nennt sie eine der großen Volkskrankheiten, die hinsichtlich ihrer Schwere häufig unterschätzt wird. 12 von 100 Menschen entwickeln im Laufe ihres Lebens eine Depression, Frauen sind häufiger betroffen als Männer, wurde in einer Studie festgestellt.[38] In meiner Beobachtung neigen besonders Menschen, die in ihrem Alltag stark über- oder unterfordert sind, zu Depressionen. Viele von ihnen erleben die Erfahrung ihres Alltags als überwältigend und überlastend. Ihnen fehlen Mittel und Wege, mit den Einflüssen aus dem Außen sowie den Emotionen in ihrem Inneren umzugehen. Nicht selten empfinden sie Hoffnungslosigkeit und Hilflosigkeit. Leicht werden dann verhältnismäßig kleine Aufgaben, wie zum Beispiel Wäsche waschen oder

der Einkauf im nächsten Supermarkt, als unüberwindbare Hürden oder Herausforderungen wahrgenommen.

Ich vertrete die These, dass die unbewusste Vermischung von Traurigkeit und Wut bei Depression eine wichtige Rolle spielt. Den verschiedenen Ansätzen zur Behandlung von Depressionen stelle ich die Möglichkeit an die Seite, in depressiven Zuständen diese beiden Gefühle körperlich und emotional wahrzunehmen, zu fühlen und bewusst zu trennen. Dabei nutzen die Betroffenen den Körper, die Stimme und ihren Ausdruck, um wahrzunehmen und auszudrücken, worüber sie Wut oder Traurigkeit fühlen. Je klarer sie diese beiden Gefühle voneinander trennen und sichtbar werden lassen, wozu welches Gefühl zählt, desto mehr Klarheit und Lebendigkeit erleben sie. Häufig führt das dazu, dass sie sich in den folgenden Tagen beschwingter und präsenter wahrnehmen.

Um dir den Ansatz der gemischten Gefühle näherzubringen, will ich dir hier den Zusammenhang der Vermischung von Wut und Traurigkeit in Bezug auf die Depression aufzeigen. Die Ausrichtung des Wutgefühls geht nach vorne und hat das Potenzial, eine Handlung einzuleiten. Der Mensch nimmt wahr, dass für ihn etwas nicht stimmt – das kann zum Beispiel sein, dass die Wäsche dreckig ist. Seine Wutkraft hilft ihm dabei, dafür zu sorgen, dass sie gewaschen wird. Bei depressiven Menschen legt sich die Traurigkeit vor die Wut und lässt den Betroffenen resigniert die Hände in den Schoß legen. Die Traurigkeit vermittelt ihm, dass er an dieser Situation nichts verändern kann. Depressive Menschen fühlen sich handlungsunfähig. Solange Traurigkeit und Wut stark miteinander vermischt sind und nicht einzeln gefühlt und im Kontakt genutzt werden können, empfindet der Betroffene Lethargie, Schwere, Antriebslosigkeit und Sinnlosigkeit. Alles kommt ihm irrelevant, überfordernd und überflüssig vor. Die Handlungsenergie der Wut wird durch die Annahme aus der Traurigkeit gebremst. So betrachtet finden weder die Traurigkeit noch die Wut einen klaren Kanal, der den Betroffenen in seiner Lebendigkeit, Kraft und Ausrichtung unterstützt.

Vielleicht beschreibst du dich selbst als depressiv oder kennst Episoden in deinem Leben, in denen die Schwere überwiegt. Vielleicht klingt dieser Ansatz für dich lächerlich. Vielleicht spürst du Wut, weil diese Beschreibung dir absurd und kurzsichtig erscheint. Auch wenn du Widerstand verspürst, lade ich dich zum Weiterlesen ein. Wenn du dich das nächste Mal in einem depressiven Zustand der Resignation und Schwere befindest, nimm dir einen Stift und Zettel zur Hand, und probiere aus, wie es sich anfühlt, vermischte Gefühle zu trennen:

Übung 25

Gefühle trennen

Schreib alles auf, was dir einfällt, warum du wütend bist: »Ich bin wütend, weil ...«, »Ich ärgere mich, weil ...«. Es können Dinge sein, die dich in Rage versetzen, aber auch Dinge, die dich nur ein bisschen ärgern und die du gerne als nichtig abtust. Schreib einfach alles auf. Sobald dir nichts mehr einfällt, worauf du wütend bist, nimm ein neues Blatt, und schreibe hier: »Ich fühle Traurigkeit, weil ...«, »Ich bin traurig darüber, dass ...«. Wenn während des Schreibens Tränen fließen, lass sie fließen. Wenn Geräusche kommen, lass sie da sein, und unterdrücke auch diese nicht.

Wenn du fertig bist, leg den Stift ab, und beobachte, was du jetzt in deinem Körper wahrnimmst. Achte auf deinen Energiehaushalt. Nimmst du mehr oder weniger Energie wahr? Hat sich deine Stimmung verändert? Welches Gefühl ist jetzt das stärkste?

Probiere aus, ob diese Trennung der Gefühle für dich als eine Art Antidepressivum wirken kann. Noch kraftvoller wirkt diese Übung, wenn die Gefühle ganz ausgedrückt werden, während du aussprichst oder schreibst, worüber du wütend oder traurig bist. So wird es eine ganz körperliche Erfahrung und bleibt nicht kognitiv. Wenn du unsicher bist, empfehle ich dir, eine erfahrene und professionelle Begleitung zu finden.

Während meiner Beschäftigung mit dem Thema Depression und Suizid habe ich öfter gelesen, dass Depression nach innen gerichtete Wut sei. Dieser Gedanke hat mich nicht mehr losgelassen. Durch die Depression und den Suizid meines Bruders Thilo habe ich viel zu Traurigkeit und Wut in mir selbst geforscht. Heute sehe ich, dass mein Bruder seine Wut nicht nach außen getragen oder sie ausagiert hat, sondern sie stattdessen durch selbstzerstörerische Gedanken, vernichtende Bewertungen und Beurteilungen gegen sich selbst gerichtet hat. Diese Form von Selbstverurteilung und gedanklicher Selbstzerstörung kenne ich auch. Es sind Sätze wie jene, die ich von ihm gehört habe und die ich noch vor einigen Jahren vermutlich genauso formuliert hätte. Wenn ich sie heute lese, schmerzen und beschäftigen sie mich wieder: »Ich äußere Wut, Ärger und auch Traurigkeit nicht, sondern fresse sie in mich hinein«, »Wenn dann die Wut hochkommt, unterdrücke ich sie«, »Nach außen bin ich immer der Sonnenschein«, »Ich kann mich schlecht abgrenzen: sage nicht Nein oder was ich will, kann schwer Kritik üben«, »Ich neige zu einem sehr schlechten Selbstbild. Vergleiche mich und verliere. Fühle mich als Versager«, »Ich bin nicht ehrlich in Beziehungen, weil ich Angst davor habe, den anderen zu verletzen«, »Ich nehme vieles zu ernst und messe Dingen eine fast existenzielle Bedeutung bei. Wenn etwas dann misslingt, zieht es mir den Boden unter den Füßen weg; meine Maßstäbe an mich und an andere sind unendlich hoch«.

Kennst du solche Gedanken auch? Treiben sie dich in deinem Alltag schon mal um? Ich schreibe sie hier nieder, weil ich vermute, dass viele Menschen diese oder ähnliche Gedanken teilen und sich nicht trauen, darüber zu sprechen. Wenn du solche Gedanken auch kennst, weißt du, wie leicht es ist, dich immer wieder in diese Spiralen hineinzudrehen. Die Wutarbeit kann dir dienen, dich immer wieder neu zu entscheiden, Ja zu deinem Leben zu sagen.

**Ich höre die Botschaft meiner Traurigkeit
und nehme sie an.
Ich höre die Botschaft meiner Wut
und entscheide mich für das Leben.**

Für mich selbst habe ich aus der Erfahrung, meinen Bruder verloren zu haben, entschieden, mir eine Arbeit zu schaffen, die ich von Herzen liebe und in die ich meine Leidenschaft und Lebendigkeit einfließen lassen kann. Wutkraft-Seminare und Gefühlsarbeit sind für mich reine Inspirationsquellen. Sie berühren mich, da ich Menschen begleiten darf, in ihre Kraft und Größe zu wachsen. Sie beleben meine Lebensfreude und Lebenskraft. Und sie dienen mir selbst auch nach all den Jahren immer wieder als Erinnerung an die Kraft meiner Wut und daran, wie wohltuend und energievoll sich meine Beziehungen anfühlen, je mehr auch die Wut Platz in ihnen hat.

Ich ermutige dich insbesondere in herausfordernden oder emotional schwerwiegenden Zeiten: Nutze deine Wut. Sie hat starke

Botschaften für dich und lässt dich lebendig fühlen. Frage dich: sorge ich gerade ausreichend gut für mich? Woran fehlt es? Welche meiner Grenzen habe ich missachtet? In welchen Situationen bin ich nicht für mich eingestanden? Mit dem Wissen um deine Bedürfnisse und deine Wünsche für dein Leben wirst du immer klarer erkennen, was du brauchst. So kannst du auch in Situationen, in denen dir der Gedanke kommt, das Leben leid zu sein, dich diesem Gedanken offen zuwenden. Frag dich in diesen Situationen: was genau willst du nicht mehr? Nur wenn du weißt, was du nicht mehr willst und auch was du stattdessen willst, kannst du dich neu für ein Leben nach deinen Vorstellungen entscheiden. Du kannst mithilfe deiner Wutkraft wieder handlungsfähig werden und verändern, was für dich nicht stimmt.

KAPITEL 15

Gesunde Beziehungen durch bewusste Wut

Wenn du gut für dich sorgst und dein Leben selbstverantwortlich gestaltest, kannst du auch Beziehungen jenseits von Dramen und Dauerstress finden. Beziehungen, in denen du und dein Gegenüber sich auf Augenhöhe wahrnehmen und ihr eure Konflikte als Chance für ein gemeinsames Wachsen nutzt. Mithilfe deiner Wutkraft sagst du Ja zur Selbstverantwortung in deinem Leben und in deinen Beziehungen: Du sagst Ja dazu, dass dich niemand retten beziehungsweise das Leben für dich so gestalten muss, wie es dir gefällt. Ein »Retter« kann schließlich auch immer nur mutmaßen, was gut und richtig für dich ist oder dir gefallen könnte. Dein Leben wird sich nur dann zuverlässig deinen eigenen Vorstellungen annähern, wenn du die Verantwortung für deine Lebensausrichtung selbst übernimmst. Und das ist keinesfalls immer leicht und beschwingt, sondern erfordert deine ganze Aufmerksamkeit und Mut. Denn dein Leben bewusst zu gestalten, bedeutet, dass du dich entscheidest, präsent und klar im Augenblick zu leben und dich für deine Bedürfnisse und Wünsche einzusetzen und entsprechend zu handeln. Jeden Tag. Immer wieder.

Mit dieser Lebenshaltung kannst du dich nicht mehr verstecken und auch niemand anderem mehr die Schuld zuschieben. Du bist Akteur und Regisseur in deinem Leben. Das heißt allerdings nicht, dass du nicht auch um Unterstützung von anderen und der Gemeinschaft bitten kannst. Jeder Mensch braucht andere Menschen, nicht zuletzt, um im Austausch und in Konflikten den eigenen Horizont zu erweitern.

Wie du Klarheit in deine Beziehungen bringst und diese dadurch belebst, damit hast du dich schon in Kapitel 6 beschäftigt. In diesem Kapitel wollen wir genauer darauf schauen, was du für eine gesunde Beziehung in der Partnerschaft, in der Familie, mit Freunden und im Beruf tun kannst und wie dich deine Wut dabei unterstützt.

Was die Liebe nährt

Zu viel Streit wie auch zu viel Harmonie – beides kann eine Beziehung belasten. Forscher der University of Arizona haben in einer Langzeitstudie mit 192 Paaren untersucht, welchen Einfluss der Umgang mit Konflikten und das Ausdrücken beziehungsweise das Unterdrücken von Wut und Ärger auf die Beziehung der Paare und die körperliche Gesundheit der Partner hat.[39] Veröffentlicht wurde die Studie im Journal *Psychosomatic Medicine*. Die Forscher ermittelten, dass Partner, die Konflikte in ihrer Beziehung offen austragen und sich mitteilen konnten, ein verringertes Sterberisiko haben. Bei Partnern, die sich wenig mitteilen und Ärger eher mit sich allein ausmachen, war das Sterberisiko vor allem der Männer leicht höher. Beinahe doppelt so hoch lag das Sterberisiko beider Partner, wenn sie unterschiedlich mit ihrem Frust und ihrer Wut umgingen, also etwa einer die Konfrontation suchte und die andere den Gefühlsausdruck eher vermeiden wollte. Der Leiter der Studie, Psychologe Kyle Bourassa, führt die negativen Auswirkungen darauf zurück, dass in diesen Partnerschaften beide Partner unbewusst unzufrieden sind und auf Dauer mehr Stress erleben.

Zur Konfliktvermeidung rät er nicht, denn auch in anderen Beziehungen, etwa im Berufsumfeld, müssen wir ebenso für uns einstehen können, wenn wir unsere psychische und körperliche Gesundheit nicht gefährden wollen. Und in einer vertrauensvollen Partnerschaft können wir uns am besten darin üben.

Anja und Benno sind seit über dreißig Jahren verheiratet, in ihrer Partnerschaft haben sie einige Höhen und Tiefen gemeinsam durchlebt. Doch seit ihre beiden Kinder, die Zwillinge Sandy und Michael, vor Kurzem ausgezogen sind, um in Berlin zu studieren, hängt der Haussegen immer öfter schief. Anja, die durch die Erziehung der Kinder lange Zeit nicht in ihrem Beruf tätig war, hat in den letzten Jahren hart dafür gearbeitet und viele Fortbildungen besucht, bis sie als zahntechnische Assistentin wieder eine Anstellung in einer Klinik fand. Benno, der als Vertreter für einen großen Elektrohersteller oft auf Dienstreise ist, hat seit mehreren Jahren eine stabile und gute berufliche Position inne. Er fährt mit einem Firmenwagen quer durchs Land und kennt inzwischen die besten Hotels und Landgasthöfe.

Kommt Benno dann am Freitagabend nach Hause, stellt er die Reisetasche meist im Flur ab und geht erst mal unter die Dusche. Das war schon immer so. Doch seit Anja und Benno allein im Haus leben, ärgert sich Anja über das Verhalten ihres Mannes. Die Reisetasche im Flur versteht sie als Aufforderung an sich: »Bitte einmal auspacken!« Und dass Benno sie nicht mal kurz in den Arm nimmt, bevor er im Bad verschwindet, missfällt ihr auch. In der Beziehung ist Anja diejenige, die ihrem Ärger sofort Luft macht. Also ruft sie Benno, noch bevor er im Bad verschwindet, zu: »Kannst du dir endlich mal angewöhnen, die Reisetasche nicht mitten im Flur fallen zu lassen!?« Während Benno duscht, verzichtet er auf das gewohnte Gute-Laune-

Pfeifen, und Anja bereitet das gemeinsame Essen öfter mit einem dicken Kloß im Hals vor. Ihre Stimmung ist bereits im Keller. Als Benno sie dann wohlduftend von hinten zur Begrüßung umarmen will, schüttelt sie ihn mit den Worten ab: »Nicht jetzt, ich muss die Pasta abschütten.« Benno zieht sich ohne ein Wort an den bereits gedeckten Tisch zurück und greift zur Wochenzeitung. Auch später am Abend will keine Leichtigkeit mehr aufkommen, dabei hatten sich beide eigentlich aufeinander gefreut.

Anja und Benno haben eine vertrauensvolle Beziehung, beide wissen, dass sie sich zu hundert Prozent auf den anderen verlassen können. Als die Zwillinge noch mit im Haus lebten, schenkten sie ihnen immer viel Aufmerksamkeit. Vor allem Anja hatte meist alle Hände voll zu tun, das Familienleben und alle Alltagsanforderungen zu koordinieren und zu gestalten. Noch aus der Zeit, als sie sich in Vollzeit um Kinder und Haushalt kümmerte, stammt ihr Ehrgeiz, zum Wochenende hin, wenn Benno nach Hause kommt, alle Pflichten im Haus erledigt zu haben. Nicht nur die Kinder, auch Benno wurde von Anja am Wochenende verwöhnt. Seit die Kinder nur noch gelegentlich zu Besuch da sind und immer seltener am Wochenende kommen, missfällt Anja ihre Rolle. Statt den Grund für ihre eigene Unzufriedenheit zu erkennen und bei sich zu bleiben, geht sie mit ihrer Energie ins Außen und quittiert Bennos scheinbar rücksichtsloses Verhalten mit spitzen Bemerkungen und Liebesentzug. Benno hingegen hält seine Gefühle zurück und entzieht sich Anjas Anfeindungen möglichst, was die Konflikte nur weiterschürt. Wenn Spannungen zwischen Partnern zur Regel werden, beeinträchtig das auch das Vertrauen ineinander. Dann geraten Paare früher oder später in eine tiefe Krise.

Nachdem Anja von einer Freundin hört, dass sich diese von ihrem Mann scheiden lassen wird, spürt sie ein Zittern im ganzen Körper. Über eine Kollegin hört Anja das erste Mal von Gefühlsarbeit. Spontan vereinbart sie einen ersten Termin. Nach den ersten Coachingstunden gewinnt Anja eine neue Sicht auf ihr Leben mit Benno: Sie kann die Anteile sehen, mit denen sie sich selbst in diese Beziehungssackgasse manövriert hat.

Ab dem Moment, in dem Anja die Wurzeln ihrer eigenen Unzufriedenheit erkennen kann und in ein selbstverantwortliches Handeln kommt, kann sie mithilfe ihrer Wutkraft auch wieder einen Austausch mit Benno finden, bei dem sie auf passive Aggression und Vorwürfe verzichten kann. Die beiden führen ein klärendes Gespräch, in dem Anja Benno zunächst an ihren Gefühlen teilhaben lässt. Sie spricht über ihre Traurigkeit, weil die Kinder nun ausgezogen sind und sie als Mutter kaum noch gebraucht wird. Sie spricht über ihre Wut, dass sie sich in den vergangenen Jahren so viele Aufgaben aufgehalst hat, die ihr längst über den Kopf gewachsen sind, seit sie wieder in Vollzeit arbeitet. Und sie erzählt von ihrer Sorge, dass Benno und sie nicht mehr zu der Nähe und der Gemeinschaft finden, die ihre Partnerschaft früher einmal ausgemacht haben. Nach Anjas Worten ringt Benno einen Moment um Worte, dann dankt er seiner Frau, dass sie so offen über sich mit ihm spricht. Ihm selbst fällt das noch schwer. Doch auch Benno kann seiner Unsicherheit, die er empfindet, seit die Kinder aus dem Haus sind, an diesem Abend noch Ausdruck verleihen. Er sieht sich unter dem Druck, die entstandene Lücke füllen zu müssen, und weiß nicht, wie. Erst durch Anjas Perspektive dämmert ihm, dass sie sich beide, jeder für sich und dann auch gemeinsam, neu in ihrem Leben ausrichten müssen. Anja macht Benno den Vorschlag, dass sie sich an jedem Wochenende, an einem Nachmittag oder Abend, fest zum Sprechen verabre-

den. Diese Gespräche helfen den beiden, den begonnenen ehrlichen Austausch miteinander fortzusetzen.

Nach und nach hat sich so einiges im Leben von Anja und Benno verändert. Anja geht nun wie früher wieder öfter zum Reiten, was Benno durch Arbeitsteilung im Haushalt am Wochenende gerne unterstützt. Er selbst trifft sich seit Langem wieder mit einem alten Schulfreund zum Radfahren, ein Ausgleich zu den vielen Stunden hinter dem Lenkrad. Auch zusammen sind Anja und Benno wieder aktiver und besuchen häufiger Ausstellungen oder Konzerte. Sie haben wieder zu mehr Nähe und einem liebevollen Miteinander gefunden. Wenn Benno von seiner wöchentlichen Geschäftsfahrt nach Hause kommt, geht er noch immer zuerst duschen. Anja hat nun verstanden, dass es ein Übergangsritual für Benno ist, wenn er nach der Arbeitswoche wieder zu Hause ankommt. Anjas Bedürfnis nach einer liebevollen Begrüßung kann daher auch erst nach Bennos Badezimmerzeit erfüllt werden. Womit die beiden gar nicht gerechnet haben, ist, dass ihre Lust aufeinander, ihre Sexualität, nach mehreren Jahren Pause wiedererwacht ist. Anja und Benno haben einen neuen Weg eingeschlagen, der sie unterstützt, ihre Liebe und Partnerschaft zuverlässig zu nähren.

Wenn sich Familienkonstellationen ändern, ändert sich meist auch die Paarbeziehung. Trennung, Geburt eines Kindes, Krankheit eines Angehörigen, Kinder verlassen das Elternhaus, einer der Partner oder beide gehen in den Ruhestand – immer verändern sich in solchen Situationen die Beziehungen, die Auswirkungen auf die Partnerschaft können weitreichend sein. Jeder Einzelne braucht dann eine neue Ausrichtung. Solche Veränderungen, die von außen kommen, sind auch immer Chancen, sich selbst neu wahrzunehmen, alte Muster zu durchbrechen und überholte Beziehungen neu zu beleben. Solche Entwicklungen in der Partnerschaft können durch Wutkraft energievoll und mit klarem Blick gestaltet werden. Hierfür findest du im Folgenden Anregungen.

Mit Wutkraft eine gesunde Partnerschaft leben

* Ich übernehme die Verantwortung für mein Leben.
* Ich bin selbst verantwortlich, meine Bedürfnisse und Grenzen auszudrücken.
* Ich teile mich meinem Partner ehrlich mit.
* Ich höre meinem Partner zu, wenn er sich mir mitteilt.
* Wenn ich es wünsche und mein Partner einverstanden ist, hole ich mir sein Feedback.
* Wenn mein Partner es wünscht und ich einverstanden bin, gebe ich ihm Feedback.
* Wir schaffen bewusste Begegnungen, in denen wir uns nah sind und einander immer wieder neu kennenlernen dürfen. Wir kreieren diese Art von Begegnungen, indem wir präsent und ganz im Hier und Jetzt sind.
* Wir lieben einander so, wie wir sind, und wollen den anderen nicht verändern, sondern bleiben neugierig auf ihn.
* Wir gestalten aktiv unsere Partnerschaft und sind offen für Entwicklung und Veränderungen.
* Wir integrieren Wutkraft-Übungen in den Alltag, zum Beispiel die Übung 26 im Folgenden.

Echte Begegnungen mit dem Partner im Alltag zu schaffen, vor allem im herausfordernden Familienalltag mit Kindern oder bei einem zeitintensiven Job, ist nicht immer einfach. Daher empfehle ich meinen Klienten, sich zu regelmäßigen Gesprächen der Klarheit zu verabreden, wie ich in der nächsten Übung vorstelle. Besonders die Regelmäßigkeit und das Commitment, auch ohne ein brennendes Thema für ein solches Gespräch zusammenzukommen, führt in vielen Beziehungen zu einer Entspannung. Zugegeben, zuerst ist es ungewohnt, schließlich lebt man dicht zusammen und könnte doch auch spontan ein Gespräch haben. Aber wer kennt nicht die Stimmen in sich, die dann Ausflüchte suchen oder anderes gerade für wichtiger erachten. Wer sich auf regelmäßige Gespräche einlässt, kann erleben, wie viel sie zu mehr Verständigung und Verbindung mit dem Partner beitragen und helfen, Missverständnisse oder Fehlinterpretationen in der Kommunikation aufzudecken.

Übung 26

Gespräch der Klarheit

Verabrede mit deinem Partner ein festes wöchentliches Treffen für ein gemeinsames Gespräch von 30 Minuten. Legt fest, wer beginnt. Sorgt dafür, dass ihr nicht gestört werdet.
Die Gesprächsminuten sind aufgeteilt in 10 - 10 - 5 - 5. Jeder spricht zuerst 10 Minuten, danach in derselben Reihenfolge jeder noch mal für 5 Minuten. Stellt dafür jeweils einen Timer.
Teile in den 10 Minuten deinem Partner mit, wo du in deinem Leben gerade emotional stehst, was dich bewegt, was dir wichtig ist und welche Gefühle und Gedanken du hast. *Was wünsche ich mir in unserem Kontakt? Wo sind meine Grenzen? Welche Erfahrungen möchte ich mit dir teilen, erleben und welche nicht? Welches Verhalten führt dazu, dass ich mich respektiert fühle, geachtet und ge-*

sehen? Was beschäftigt mich gerade? Während dieses Sprechens ist es wichtig, dass ihr die Redezeit des anderen nicht unterbrecht, sondern nur zuhört.
Entscheidet vor dem Gespräch, in welcher Form ihr das Gespräch beenden wollt: In den folgenden 5-Minuten-Einheiten könnt ihr in der Wiederholung des Gehörten (siehe Seite 196) sprechen. Ihr könnt dem anderen abschließend auch eine kurze persönliche Resonanz geben und sagen, was das Gehörte mit euch gemacht hat – natürlich nur, wenn das Gegenüber das möchte.

In solchen Gesprächen der Klarheit vermitteln wir uns gegenseitig, dass wir ein Interesse an Verbindung haben, gewillt sind, uns den Herausforderungen zu stellen und bei Spannung und Reibung da zu sein. Wenn du und dein Partner mit dieser Gesprächsform vertrauter geworden seid, dann könnt ihr den Zeitrahmen nach Bedarf gemeinsam festlegen. Gespräche der Klarheit unterscheiden sich deutlich von alltäglichen Streitgesprächen, die wir alle sicherlich kennen. In Letzteren werden hitzige Partnerschaftsdebatten und mehr oder weniger endlose Diskussionen geführt, in denen der eine dem anderen Vorwürfe entgegenbringt. Die Haltung, die sich insgeheim dahinter verbirgt, kann so klingen: »*Wenn ich mich über dich aufrege, muss ich nicht auf mich schauen. Wenn ich deine Fehler benenne, muss ich mir meine nicht bewusst machen und muss mich nicht verändern. Dadurch kann ich immer im Außen sein und muss mein Innenleben nicht fühlen.*«

Die Gespräche der Klarheit, die die Wutkraft nutzen, unterstützen dich dabei, zu dir zu stehen und deine Wahrheit mit deinem Gegenüber zu teilen. Es kann sein, dass du bei den ersten Gesprächen kaum bis keinen Zugang zu deinen Gefühlen oder Bedürfnissen bekommst. Setz dich nicht unter Druck. Diese Gespräche erfordern Mut. Vermutlich bringen sie dich in den Kontakt mit deiner Angst. Das kann sich anfangs anfühlen, als würdest du erstarren, oder ein Nebel tut sich in dir auf und dir fällt nichts ein, was du teilen könntest. Mach dir keinen Druck und bleib weiter neugierig. Es ist so, wie wenn du einen vernachlässigten Muskel trainierst. Lass dir Zeit, diese Angst zu beobachten, ohne sie zu unterdrücken oder zu übergehen. Gib dir auch Zeit, dich an die tieferen Themen nach und nach heranzutasten. Denn in diesen Gesprächen kannst du sagen, was dich stört, was für dich nicht stimmt, wo du dir eine Veränderung wünschst und was du selbst für die Veränderung bereit bist zu tun. Es geht nicht um die Anklage des Gegenübers, sondern darum zu teilen, was das mit dir macht, wenn bestimmte Dinge, Handlungen für dich nicht stimmen. Neben alledem ist in diesen Gesprächen selbstverständlich auch Platz für Wertschätzung, Berührbarkeit und Liebe.

Konflikte im Job – Gefühle spielen eine große Rolle

Mit Kollegen verbringen wir meist mehr Zeit in einer Woche als mit unserem Partner, unserer Familie oder mit Freunden. Umso wichtiger ist es für das eigene Wohlbefinden und die Gesundheit, dass die beruflichen Beziehungen nicht belastend sind. Nicht jeder Kollege muss einem durch und durch sympathisch sein, um gemeinsam ein gutes Arbeitsverhältnis schaffen zu können. Im Beruf gibt es andere Kriterien für ein konstruktives Miteinander als in privaten Beziehungen. Entscheidend für eine gesunde Beziehung ist immer, ob die Beziehungspartner selbstverantwortlich für sich und ihre Grenzen und Bedürfnisse einstehen. Auch die Wirtschaft kann ein Interesse daran haben, dass sich Mitarbeiter wohlfühlen: In einer groß angelegten Studie der Oxford University[40] haben Wissenschaftler herausgefunden, dass Mitarbeiter produktiver arbeiten, wenn sie sich selbst als glücklich einschätzen in ihrem Arbeitsleben.

Doch Streitigkeiten, zum Beispiel aus Neid, Verlustangst oder Konkurrenz, sind nicht selten. Das Wirtschaftsprüfungsunternehmen KPMG befragte 111 Unternehmen, und es zeigte sich, dass solche »Beziehungspannen« in der Belegschaft keineswegs Ausnahmen darstellen.[41] Konflikte unter Kollegen sorgen auch wirtschaftlich für einen großen Schaden. Und auch wenn ein Mitarbeiter seinen Frust über das Verhalten eines Kollegen oder Chefs runterschluckt, bekommt das Umfeld den schwelenden Konflikt mit, und das allgemeine Betriebsklima leidet unter den ungeklärten Spannungen oder Aggressionen. Was für Paarbeziehungen gilt, ist im Grunde auf jede Art von Beziehung übertragbar: Zur Klärung in einem diskreten Rahmen gehören die Gefühle auf den Tisch. Oft liegen den Problemen Missverständnisse zugrunde. Wenn nicht darüber gesprochen wird, können sich über ein einfaches Missverständnis mit der Zeit immer größere Feindseligkeiten legen, die irgendwann unüberwindbar scheinen. Zwischen Alltagskonflikten und Mobbing ist die Grenze fließend – und es können schwerwiegende Folgen wie Dauerstress, Verlust des Selbstvertrauens, psychosomatische Erkrankungen oder Suizidgedanken daraus hervorgehen.

Nuno, Mitte dreißig, Beamter in einer öffentlichen Verwaltung, hatte seit Längerem große Schwierigkeiten mit seinem Vorgesetzten, der ihn oft stark unter Druck setzte, indem er bei überhöhten Leistungs-

forderungen seine Arbeitsergebnisse stets abwertete und massiv Kritik äußerte. An einem Nachmittag rief der Vorgesetzte Nuno in sein Büro. Er bot Nuno nicht einmal an, Platz zu nehmen, sondern begann sofort erneut mit Vorwürfen, weil Nuno ihm eine Statistik, die nach Absprache erst in der kommenden Woche vorliegen musste, nicht schon jetzt fertiggestellt hatte. »Sie wissen doch, dass ich die Zahlen schnellstmöglich haben wollte«, so der Vorwurf des Chefs. Nuno verteidigte sich, dass er seit drei Tagen unter Hochdruck arbeite, aber der Chef winkte nur ab. »Ihre Kollegen haben mir auch schon gesagt, dass Sie einfach nicht effektiv arbeiten.« Er nannte sogar noch ein paar Namen von Kollegen, die sich über Nuno und die Qualität seiner Arbeit beschwert hätten.

Nuno fühlte sich völlig vor den Kopf gestoßen, er wollte sich rechtfertigen, konnte aber kaum einen klaren Gedanken fassen und stotterte mehr hilflos herum. Nuno verließ mit hochrotem Kopf das Büro des Chefs. Als er an der offenen Bürotür seines Kollegen Kai vorbeikam, dessen Name auch in dem Gespräch gefallen war, meinte er zu bemerken, dass dieser schuldbewusst auf seinen Computerbildschirm starrte. Nuno verbarg die übergroße Wut, die ihn erfasst hatte, Wut über die Hinterhältigkeit der Kollegen, aber auch Wut auf den Chef, der ihn auf diese Art mit den Vorwürfen konfrontierte, ohne ihm eine Möglichkeit zur Erklärung zu geben.

Bisher hatte Nuno versucht, den Erniedrigungen und dem Druck seines Chefs durch gute Arbeit etwas entgegenzusetzen, jetzt fühlte er, dass er diesem Kampf nicht gewachsen war. Die psychische Belastung schlug sich auch gesundheitlich nieder. Nach einer zehntägigen Migränephase spürte Nuno nur noch tiefe Antriebslosigkeit und Niedergeschlagenheit. Er rutschte in eine depressive Phase. Auf Rat seines Arztes begab sich Nuno in Therapie. Mit der Unterstützung seines Therapeuten hat Nuno es schließlich geschafft, sich für sich selbst einzusetzen und einen Versetzungsantrag zu stellen.

Eines Abends, es waren bereits Monate vergangen, rief ihn sein Kollege Kai zu Hause an. Es war ein langes Gespräch. Kai hatte ebenfalls einen Versetzungsantrag gestellt. Auch er war von dem Vorgesetzten der Abteilung schwer schikaniert worden. Es kam in diesem offenen und ehrlichen Gespräch zur Sprache, dass der Chef mit seinen Behauptungen über die Kollegenschelte gelogen und höchst manipulativ agiert hatte. Da er sein Machtspiel jedoch niemals im Beisein anderer Kollegen ausgeübt hatte, gab es keine Zeugen. Nuno wie auch Kai sehen jetzt beide, wie wichtig es ist, die Rolle des Opfers zu verlassen und sich für ihre eigenen Grenzen einzusetzen.

Die Erfahrungen von Nuno und Kai sind kein Einzelfall. Doch: Was tun in Situationen, in denen man sich abhängig vom Wohlwollen des Vorgesetzten sieht und innerlich um seinen Arbeitsplatz oder sein sicheres Gehalt bangt? Besonders bei intrigantem Verhalten des Vorgesetzten unter Einbeziehung der Kollegen ist das Misstrauen schnell im Vordergrund, und die innere Stabilität gerät ins Wanken. Was hätte es gebraucht, damit Nuno nach dem Gespräch mit dem Chef das direkte Gespräch mit Kai gesucht hätte oder den Chef klar und souverän auf die vereinbarte Abgabefrist hingewiesen hätte? Im folgenden Kapitel nehme ich Bezug auf mögliche Umgangsweisen mit Mobbingerfahrungen oder der Erfahrung, in der Opferrolle zu sein.

Mit Wutkraft aus der Opferrolle aussteigen

Ich möchte dir noch einen Ansatz zum Ablegen der Opferrolle nahebringen, der mit Klarheit und mit Eigenverantwortung zu tun hat. Klarheit, die sich aus der Wutkraft ergibt, und Eigenverantwortung, die dich aus der Opferrolle herausbringt und dir die Wahl deiner Reaktion in deine Hände legt. Dazu bedarf es einer eingehenden und sehr wahrscheinlich auch unbequemen Innenschau deinerseits. Kann es sein, dass du in deinem Leben schon mehrmals den Versuch unternommen hast, die Menschen in deinem Umfeld zu ändern, damit du dich wohler fühlst? Ich habe es getan. Hat es jemals funktioniert? Bei mir lassen die Ergebnisse noch heute auf sich warten.

Wenn es also nicht wirklich möglich ist, jemand anderen zu ändern, auch den Mobbing-Täter nicht, dann bleibt dir die Freiheit, dich selbst zu ändern und dein Energiefeld neu auszurichten. Um aus einer Opferrolle auszusteigen, nicht nur der Mobbing-Opferrolle, sondern jeder Opferrolle, braucht es radikale Ehrlichkeit dir selbst gegenüber. Finde heraus, wo du dir selbst etwas vorgemacht hast, was du wirklich leben willst. Welche Menschen, welche Situationen, welche Arbeitsverhältnisse, welche Erlebnisse willst du in dein Leben ziehen? Und was bist du bereit dafür zu tun? Die Verantwortung für diese Dinge zu übernehmen, bedeutet nicht, dass du schuld bist oder bestraft wirst oder eine Last übernimmst. Ganz im Gegenteil. Verantwortung bedeutet, sich die Freiheit zu nehmen, die Weichen deines Lebens selbst zu stellen.

Mit der ehrlichen Beantwortung der Fragen, die ich dir im Folgenden zusammengestellt habe, erzeugst du ein Energiefeld in dir und um dich herum, was eine Opferrolle immer unmöglicher macht. Der Preis, den du dabei zahlst, ist, dass du niemandem mehr die Schuld in die Schuhe schieben kannst. Niemandem. Aus meiner Erfahrung kann ich dir nur empfehlen, dass du dich deinem Anteil zuwendest und dir selbst auf die Schliche kommst. Diese Selbstbefragung ist die Königsdisziplin. Eine Übung für die Mutigsten der Mutigen. Für alle, die es wissen wollen, ist das der Weg zur radikalen Selbstverantwortung.

Die Selbstbefragung kannst du sowohl alleine wie auch mit jemandem machen, der in der Begleitung von Gefühlsprozessen erfahren ist. Die beste Freundin, der beste Freund sind nicht geeignet – die Person, die dich dabei begleitet, braucht eine gesunde Distanz zu dir, um dich bestmöglich unterstützen zu können, um dir unbefangene und unabhängige Rückmeldungen geben zu können. In solch einem begleiteten und geschützten Rahmen kannst du einige der gefährlichen Fragen so ehrlich wie nur möglich beantworten. Es kann sein, dass durch die Auseinandersetzung und Beantwortung der Fragen das, was du für deine bisherige Wahrheit und damit auch für deine Sicherheit gehalten hast, plötzlich ins Schwanken kommt. Das ist gut, denn es ermöglicht dir, dich ganz neu auszurichten und zu erfinden.

Vorausgesetzt, du willst aus der Opferrolle herauskommen, vorausgesetzt, du nutzt deine Wutkraft, um dich selbst genau unter die Lupe zu nehmen, und vorausgesetzt, du bist bereit, dich mit neuer Klarheit innerlich neu auszurichten, damit du gar nicht erst die Energie ausstrahlst, ein Mobbing-Opfer zu werden. Dann kannst du dich den folgenden Fragen vorsichtig annähern. Ich bezeichne die Fragen als »gefährlich«, weil ihre aufrichtige Beantwortung dich verändern könnte, weil du ein neues Selbstbild erlangen könntest und weil du dich vielleicht sogar für immer – unvorstellbar! – von jedweder Opferrolle verabschieden würdest. Also, tief Luft holen und auf geht's:

»Gefährliche Fragen« – die Opferrolle ablegen

* Erfüllt mich mein Job? Oder mache ich ihn halbherzig?
* Wenn ich an meine Arbeit denke, spüre ich Widerstand oder Freude?
* Sage ich häufig Ja, obwohl ich Nein meine? Sage ich häufig Nein, obwohl ich Ja meine?
* Habe ich Angst vor der Reaktion von meinem Chef, Partnerin, Mutter, Vater, Lehrerin?
* Führe ich einen subtilen oder offenen Machtkampf mit meinen Kollegen, meinem Gegenüber?
* Enthalte ich ihnen wichtige Informationen vor?
* Spreche ich hinter dem Rücken über andere?
* Treffe ich eher Annahmen, oder versuche ich, Missverständnisse sofort zu klären?
* Glaube ich an Geschichten oder gehe ich den Dingen auf den Grund?
* Wo nutze ich meine Macht nicht?
* Wo will ich immer noch gerettet werden und verhindere dadurch die Möglichkeit, selbstverantwortlich für mich zu handeln?
* Sehe ich noch etwas, was ich unterlassen oder getan habe, dass mich andere mobben?

Wer seiner Wutkraft folgt, legt die Priorität auf die innere Arbeit, statt die Lösung im Außen zu finden. Die innere Arbeit unterstützt dich dabei, dich energetisch aufzurichten. Sie verhindert, dass du dich mit dem Teil in dir identifizierst, der die Annahme vertritt: *Ich bin nicht genug.* Du bist herausgefordert, deine alten Ansichten und Glaubenssätze zu überprüfen oder aufzulösen. Das heißt, du bist gefragt, dich von dem Teil in dir zu verabschieden, der dich klein- oder schlechtmacht, sowie auch von den Annahmen und Aussagen, die aus dem Außen auf dich einprasseln. Das ist eine große Herausforderung, zumal es sein kann, dass du dann einen Teil deiner Identität aufgeben musst, der sich durch diese Gedanken am Leben hält.

An dieser Stelle ist es mir wichtig, den Gedanken zuzulassen, dass, wenn sich jemand über dich aufregt, das meistens mehr mit ihm selbst als mir dir zu tun hat. Wenn du dich davon verletzen oder angreifen lässt, bist du bereits in das Dramaspiel eingestiegen, weil du dich als Opfer oder Täter erlebst. In dem Moment ist es dir nicht mehr möglich, auf den anderen zuzugehen oder für Schlichtung zu sorgen, da du selbst emotional zu sehr verwoben bist.

Mit der Kraft deiner Wut kannst du in allen Beziehungen und Lebenslagen Klarheit finden, dich stärken und dein Leben in der Gemeinschaft selbstverantwortlich gestalten – dies genau macht das große Potenzial der Wut aus. Welch ein Geschenk, das wir in uns tragen!

**Wut ist eine Kraft,
die dem Leben dient!**

Wenn du Situationen kennst, in denen Diskriminierung sich auf gesellschaftliche oder strukturelle Faktoren stützt – so ist es bei Rassismus und Sexismus oft der Fall –, braucht es zur Veränderung der Gesamtsituation mehr als einen einzelnen Menschen, der seine Wut fühlt und äußert, der Position bezieht und Verantwortung übernimmt. Doch auch hier kann ein einzelner Mensch Veränderung bewirken: Indem der Einzelne seine Überzeugung konsequent lebt, entsteht Raum, sodass sich ihm mehrere Menschen anschließen.

Auf einen Blick

Im dritten Teil des Buches habe ich dich bestärkt, deiner Wutkraft zu vertrauen und sie im Alltag, im Familienleben und im Berufsleben zu nutzen. Auch hierzu die fünf Kernthesen:

* Nutze deine Wutkraft, um dein Leben nach deiner Vision zu gestalten.
* Du kannst Grenzen setzen und in Verbindung bleiben. Nimm wahr, ob du Nähe oder Distanz brauchst, und kreiere den für dich stimmigen Raum.
* Entscheide bewusst, wie hoch oder niedrig deine Taubheitsschwelle sein soll: Bist du bereit für mehr oder weniger Gefühl?
* Die Kraft deiner Wut kann dir helfen, für dich und deine Bedürfnisse einzustehen – und aus Co-Abhängigkeit, Depression oder Burn-out herauszufinden.
* Durch bewusste Wut kannst du ungesunde Beziehungen verändern und dich selbst in neuer Präsenz erleben.

Die Schönheit der Wut

Dass Wut viele Gesichter haben kann, darüber hast du in diesem Buch viel erfahren. Es gibt selbstzerstörerische Menschen, die ihre Wut eher gegen sich selbst richten und sich autoaggressiv verhalten. Du kennst vielleicht auch den einen oder anderen Schreihals in deiner Umgebung, der wie eine Furie seine ganze Wutenergie ungebremst nach außen abgibt. Und jeder von uns hat bestimmt schon erfahren, wie es ist, wenn ein Zyniker passiv aggressiv durch Bloßstellungen oder Herabsetzungen angreift. So tummeln sich unter uns viele verschiedene Wut-Typen, und wir alle nutzen je nach Situation mal die eine, mal die andere Ausdrucksform. Wer seine Wutkraft bewusst für seine Handlungen nutzt, nimmt seine Wut und ihre Botschaft wahr und handelt danach. Diesen bewussten Wut-Typen nenne ich den »Krieger«. Auf Seite 235 hast du die Möglichkeit, den Test zu machen: Welchem Wut-Typen entsprichst du? Es wird vermutlich Situationen geben, in denen du unbewusst agierst und dich im Nachhinein wunderst, welches Verhalten du tatsächlich an den Tag gelegt hast. Genau diese Stellen sind spannend. Hab keine Scheu oder Scham, sie dir anzuschauen. Nur so kannst du selbst entscheiden, ob du bei diesem Verhalten bleiben willst oder nicht.

Der bewusste Macher beziehungsweise der archetypische »Krieger« trägt symbolisch das Schwert der Klarheit an seiner Seite. Dieses Bild kann dir helfen, das Potenzial deiner Wutkraft noch besser zu verstehen. Das Schwert der Klarheit dient dir symbolisch als Erinnerung, dass du immer eine Kraftquelle an deiner Seite trägst. Wenn du dir deiner Wahrheit bewusst bist, dann kannst du dein Schwert der Klarheit nutzen, um deine Wahrheit in Kontakt zu bringen. Wie wünschst du dir die Welt in der Zukunft? Wofür stehst du ein? Wie bringst du deine Wünsche und Bedürfnisse in Kontakt? Du nutzt das Schwert, um für etwas einzustehen. Du nutzt es *nicht*, um etwas zu eliminieren oder auszulöschen.

Das Schwert der Klarheit ist dein Instrument, um Unterscheidungen und Entscheidungen zu treffen: Du sagst Ja oder Nein, setzt Grenzen, sorgst auf diese Weise für Klarheit in einer Situation, Klarheit in deinem Leben. Das Schwert der Klarheit ist deine bewusste Beziehung zum Gefühl Wut. Lässt du dich von deiner Wut informieren, stärkst du gleichzeitig deine Fähigkeit zur Unterscheidung – und kannst letztendlich auf das, was dir alltäglich begegnet, frühzeitig, schnell, besonnen und mit wenig Energieaufwand reagieren. Denn wenn du dich von deiner Wut informieren lässt, dann kannst du eine unmissverständliche Grenze schon mit einer sehr kleinen Wut-Intensität setzen, anstatt mit einer hohen Wut-Intensität nur zu lamentieren.

Mit deiner Wutkraft kannst du viel bewegen: Wenn du eine Aufgabe siehst, ist es deine. Nimm sie an und handle. Wie würde sich ein solches Verhalten auf die Gesellschaft und die Weltsituation auswirken, wenn wir uns alle so ausrichten würden? Eine Veränderung in der Welt bewegen wir, indem wir bei uns selbst anfangen und jeder seine ganz eigenen Schritte macht. Verantwortung trägt jeder einzelne Mensch.

Die Schönheit der Wut ist für mich die Lichtseite der Wut, das bewusste Fühlen ihrer Botschaft, das Entscheiden und das Handeln, das unser Leben zum Positiven verändern kann. Was ist dir für dein Leben dienlich? Wofür willst du mit deiner Wutkraft einstehen? Statt mit dem Finger auf die anderen zu zeigen und zu sagen, was sie falsch machen, führe den Finger zur eigenen Nase und beobachte dich selbst. Das Leben, die kleine Welt, die du für dich kreierst, kann unsere große Welt bereichern.

Ich danke dir an dieser Stelle für deinen Forschergeist und Mut, dich mit deiner Wutkraft auseinanderzusetzen. Mit diesem Buch möchte ich dich ermutigen, mehr aus dir selbst heraus zu handeln und deiner Intuition zu folgen. Denn Wut verliert ihre Destruktivität, wenn du ihr mit Respekt und Achtung begegnest, sie auf bewusste Weise einsetzt und innerhalb deiner Beziehungen nutzt.

Es geht nicht darum, dass du deine Wut immer bewusst, akkurat, ja geradezu perfekt aus der Kriegerhaltung heraus ausdrückst. Vielmehr ist es mir ein Herzensanliegen, dich zu bestärken, neugierig auf deine Wut zu bleiben und ihre Erforschung immer weiter zu betreiben. Ihre Kraft für dich zu entdecken, sie in deine Beziehungen einfließen zu lassen und dadurch die Angst vor Konflikten abzubauen. Die Reise wird niemals enden. Probiere dich aus, beobachte, wie deine verschiedenen Wutausdrucksweisen aussehen. Beobachte, wie sich deine Beziehungen verändern.

Wenn du deine Wutkraft bewusst nutzt, wirst du ernst genommen – und zwar nicht, weil du laut, einschüchternd, zerstörerisch oder gewalttätig bist. Sondern weil du nach außen vermittelst, dass dir etwas am Herzen liegt und auf deine Worte Taten folgen. Du wirst zu einem starken Verbündeten, um Projekte und Beiträge in die Welt zu bringen und sie mit langem Atem zu gestalten, da du voll und ganz hinter dieser Aufgabe stehst, und zwar mit Leidenschaft. Du nutzt deine Wut für die Entscheidungen auf deinem Weg. Du nutzt die Wut, um ganz Ja zu sagen und Begonnenes zu einem vollständigen Abschluss zu bringen. Sag Ja zu deiner Wut, sag Ja zum Leben!

Zum Weiterforschen

Der Gefühle-Kompass

Der Gefühle-Kompass vermittelt sowohl Potenziale als auch Risiken unserer Gefühle. Er dient dir wie ein Navigationssystem, wenn du dich mit deinen Gefühlen beschäftigen willst. So wenig wie wir sagen würden, der Norden ist gut und der Süden ist schlecht, so wenig gibt es positive oder negative Gefühle. Wut, Angst, Freude und Traurigkeit sind Gefühle, die jedes für sich eine eigene Aufgabe haben und uns als soziale Kräfte unterstützen, authentisch zu leben und soziale Beziehungen zu führen. Jedes Gefühl kann dich in der jeweiligen Situation auf die Spur dessen bringen, was für dich gerade dienlich ist.

Du kannst den Gefühle-Kompass nutzen, wenn du einen heftigen Gefühlsausdruck erlebt hast und herausfinden willst, wie sich die Situation mit einer anderen Botschaft angefühlt hätte. Sieh dir den Gefühle-Kompass an und stärke deine Gefühlskompetenz: Dient dir ein anderes Gefühl eher, um deine Bedürfnisse besser einzubeziehen? Der Kompass ist eine Möglichkeit, deine Gefühlsvielfalt zu erweitern. Er hilft dir, Bewusstsein darüber zu erlangen, welche Gefühle dir besonders vertraut sind im Alltag und welche du kaum erlebst. Mit diesem Wissen gelingt es dir, deine Beziehungen und Kontakte lebendiger zu gestalten.

Wut

Botschaft: Das stimmt für mich nicht!
Schattenseite: Zerstörung
Lichtseite: Klarheit
Aufgabe: Handlung

Traurigkeit

Botschaft: Das ist schade.
Schattenseite: Passivität
Lichtseite: Liebe
Aufgabe: Annahme

Freude

Botschaft: Das stimmt für mich!
Schattenseite: Illusion
Lichtseite: Anziehung
Aufgabe: Wertschätzung

Angst

Botschaft: Das ist furchtbar.
Schattenseite: Lähmung
Lichtseite: Schöpfung
Aufgabe: Kreativität

Angelehnt an Vivian Dittmar, »Gefühle & Emotionen«.[42]

Welcher Wut-Typ bist du?

Situationen, die uns herausfordern, gibt es jeden Tag bei allen möglichen Gelegenheiten. Ob zu Hause oder bei der Arbeit, mit Freunden, den Nachbarn oder beim Einkaufen. Doch jeder Mensch reagiert auf seine Weise und je nach Situation womöglich unterschiedlich. Finde im folgenden Test heraus, wie du reagierst. Vielleicht nimmst du wahr, dass du deine Wut je nach Gegenüber oder auslösendem Moment unterschiedlich ausdrückst. Es kann also auch sein, dass du mehr als einen Wut-Typen favorisierst. Umkreise jeweils den Buchstaben hinter der passenden Antwort oder der Antwort, die deiner Reaktionsweise am nächsten kommt. Der Buchstabe, den du am häufigsten umkreist hast, führt dich auf den nachfolgenden Seiten zu deinem – oder deinen – Wut-Typen.

1. ***Ein Kollege, der dir bis zu einem bestimmten Termin zuarbeiten sollte, liefert dir ohne Erklärung seine Arbeit nicht. Wie reagierst du?***

- Als ich ihm zufällig im Aufzug begegne, spreche ich ihn darauf an und biete ihm auch gleich meine Hilfe an. Kann ja jedem mal passieren. (F)
- Ich sage nichts, aber ich verdrehe die Augen. (G)
- Ich fahre ihn lauthals an: »Was fällt dir ein, mich einfach so hängen zu lassen? Das hat Konsequenzen, das verspreche ich dir!« (A)
- Nachdem ich ihm auf dem Flur begegnet bin, gehe ich ohne ein Wort an meine Arbeit zurück. (B)
- Ich übernehme ohne Absprache die Fertigstellung der Arbeit. (D)
- Ich sage: »Bis wann kannst du die Arbeit fertigstellen? Welche Unterstützung brauchst du?« (I)

* Ich geh mir erst mal einen Kaffee holen. Als ich in der Kaffeeecke eine Kollegin treffe, erzähle ich ihr von der Unzuverlässigkeit des Kollegen und dass es nicht das erste Mal war, dass er mich so hängen lässt. (C)
* Ich sage zu dem Kollegen: »So kommen wir doch nie zu einem Ergebnis, das ist doch nervig.« (H)
* Ich denke: *Hätte ich bloß gestern noch mal nachgefragt, dann wäre er jetzt vielleicht fertig.* (E)

2. ***Dein Sohn kommt nach Hause und läuft mit den dreckigen Schuhen quer durch die Wohnung in sein Zimmer. Was tust du?***

* Ich hole Putzzeug und mache sauber, sobald er in seinem Zimmer verschwunden ist. (D)
* Ich rege mich bei meinem Partner über dieses unmögliche, ignorante und pubertierende Verhalten auf. (C)
* Ich frage mich, was ich falsch gemacht habe, dass mein Sohn seine Schuhe nicht am Eingang auszieht. (E)
* Ich spiele gute Laune vor und säusele: »Gar kein Problem, ich weiß mit meiner freien Zeit eh nichts Besseres anzufangen, als hinter dir herzuputzen.« (G)
* Als ich den Dreck sehe, denke ich: *Ach, kann doch mal vorkommen. Ist ja schnell weggemacht.* (F)
* Ich gehe zu ihm und sage: »Mich ärgert es, dass du hier die dreckigen Spuren hinterlässt. Bitte sorge dafür, dass es wieder sauber wird.« (I)
* Ich wettere laut: »Ich glaub, ich sehe nicht richtig! Wie oft muss ich dir noch sagen, dass du deine Schuhe an der Tür ausziehen sollst?!« (A)
* Es ärgert mich, dass nun alles dreckig ist, aber ich sage nichts dazu. Er wird schon merken, dass ich sauer bin. (B)

* Ich sage verärgert: »Oh nö, immer mit den Schuhen hier durch. Gestern erst hab ich geputzt.« (H)

3. ***Bei einer Fortbildung stößt eine Sitznachbarin versehentlich ihren Kaffee um, der sich über deine Unterlagen ergießt. Wie reagierst du?***

* Ich hole rasch die Taschentücher aus der Handtasche und wische die Unterlagen sauber. Ich sage noch: »Stell mal deine Tasse weiter weg von den Unterlagen, sonst passiert das gleich noch mal.« (D)
* Ich schaue, ob ich meine Unterlagen zu sehr ausgebreitet hatte. (E)
* Ich zische: »Mensch, das kann doch echt nicht wahr sein! Meine Unterlagen sind jetzt völlig ruiniert.« (H)
* Ich sage erst mal nichts, aber in der Pause kann ich mich dann endlich über die Unachtsamkeit und Unfähigkeit meiner Tischnachbarin bei einer Kollegin auslassen. (C)
* »Pass doch mal besser auf!«, platzt es sofort laut aus mir heraus. (A)
* Ich mache gleich alles wieder sauber. Das Hilfsangebot der Tischnachbarin lehne ich ab: »Ne, ne. Schon gut.« Den Rest des Tages meide ich dann jeden weiteren Kontakt mit ihr. (B)
* Ich nehme meine Unterlagen zur Seite und hole eine Serviette zum Trockenwischen. Die Entschuldigung der Tischnachbarin nehme ich an. (I)
* Ich kann mir nicht verkneifen zu sagen: »Das war ja jetzt wahnsinnig clever von dir. So eine Sauerei.« (G)
* Ich schiebe meine Unterlagen mit Kaffeeflecken zur Seite und sage: »Kein Problem, das kann doch jedem einmal passieren.« (F)

4. ***Auf der Suche nach einem Parkplatz nimmt dir ein anderer Fahrer ganz dreist eine Parklücke weg, in die du einbiegen wolltest. Was tust du?***

* Ich halte mich nicht länger damit auf und suche mir eine andere Parklücke. (D)
* Ich sage zu mir selbst: »Das ist ja mal wieder typisch für unsere Gesellschaft, jeder ist sich selbst der Nächste und keiner nimmt Rücksicht.« (H)
* Ich hupe ein paar Mal und brülle dem Parkplatzdieb etwas hinterher, bevor ich wütend Gas gebe. (A)
* Ich würdige den Parkplatzdieb keines Blickes und fahre schließlich weiter. (B)
* Ich denke: *Der hat es wahrscheinlich eiliger als ich. Ich finde schon eine andere Parklücke.* (F)
* Nachdem ich etwas weiter einen passenden Parkplatz gefunden habe, begegne ich dem Parkplatzdieb und sage: »Das war ja ganz großes Kino vorhin mit dem Parkplatz. Echt asozial.« (G)
* Ich sage zu meinem Beifahrer gewandt: »Hast du das gesehen? Das kann doch echt nicht wahr sein. Unmöglich, dieses Verhalten.« (C)
* Ich ärgere mich, dass ich den Parkplatz jetzt nicht bekommen habe, und spüre das dazugehörige Magengrummeln. (I)
* Ich sehe, dass ich kurz geträumt und nicht schnell genug reagiert habe. Ich ärgere mich über mich selbst. (E)

5. ***Obwohl dein Partner und du beide einen Vollzeitjob habt, bist du diejenige, die auch noch das Putzen und Kochen übernimmt. Wie gehst du damit nach einem sehr stressigen Arbeitstag im Kontakt mit deinem Partner um?***

* Ich bleibe freundlich und verständnisvoll. Er hat ja auch viel weniger Übung in der Hausarbeit als ich. (F)

* Ich übernehme die Aufgaben. Abends im Bett bin ich dann für Sex jedoch zu müde. (G)
* Ich sage zu meinem Partner vor dem Zubettgehen: »Der Tag war so anstrengend und dann noch der ganze Haushalt, ich bin völlig fertig, ich weiß auch gar nicht, wie ich das überhaupt noch schaffe.« (H)
* Ich pfeffere meinem Partner den vollen Essensteller vor die Füße und sage: »Mach dir dein Essen in Zukunft doch selbst.« (A)
* Ich teile meinem Partner mit, dass diese Aufteilung für mich nicht funktioniert und ich eine gemeinsame Lösung finden möchte. (I)
* Ich beschwere mich ausführlich bei meiner besten Freundin über das Pascha-Gehabe meines Partners. (C)
* Ich übernehme die Aufgaben stillschweigend, vermeide jedoch den Blickkontakt und ein Gespräch mit ihm. (B)
* Ich verbrenne mich an der Auflaufform, als ich das Essen aus dem Ofen hole, und ärgere mich über meine Tollpatschigkeit. (E)
* Ich übernehme die Aufgaben, denn ich weiß, dass, wenn ich es nicht mache, es niemand sonst tut. (D)

6. ***Die Schlangen an den zwei Supermarktkassen sind ewig lang. Eine Öffnung einer weiteren Kasse ist nicht absehbar. Was tust du?***

* Ich warte geduldig, bis ich an der Reihe bin, und bringe aufheiternde Sprüche, sobald andere Kunden ungeduldig werden. (F)
* Ich gehe direkt zum Supermarktleiter und sage ihm, dass er sich bitte kümmern soll, dass eine weitere Kasse geöffnet wird. (D)
* Ich bringe meine drei Sachen wieder zurück in die Regale und verlasse den Laden ohne Einkauf. (B)

* Als ich an der Reihe bin, lächle ich den Kassierer gespielt an und lasse noch den Kommentar fallen: »Na, heute wären mir ja fast Wurzeln gewachsen.« (G)
* Ich denke: *Das darf doch wirklich nicht wahr sein, dass ich mir hier schon wieder die Beine in den Bauch stehe.* (H)
* Ich beiße mir während des Wartens immer wieder auf die Lippen, am Ende blutet sie sogar etwas. (E)
* Ich sage zu der Kundin hinter mir: »Das ist eine Unverschämtheit, das passiert ständig, dass die nur zwei Kassen öffnen. Die sind immer unterbesetzt, und wir Kunden müssen das ausbaden.« (C)
* Nach einiger Zeit des Wartens rufe ich laut: »Was ist denn das für ein schlechter Service hier? Machen Sie endlich mal 'ne weitere Kasse auf. Ich hab nicht ewig Zeit!« (A)
* Ich bitte eine Kassiererin, dass eine weitere Kasse geöffnet wird. (I)

7. ***Beim Kuchenessen bekommst du ein deutlich kleineres Stück zugeteilt als die anderen Gäste. Wie reagierst du?***

* Das macht doch nichts. Es ist doch auch noch Gebäck da. (F)
* Ich schaue meinem Sitznachbarn provokant auf den Bauch und sage: »Na, von nichts kommt nichts, was?« (G)
* Ich esse das Stück Kuchen und ziehe mich aus dem Kontakt mit dem Gastgeber zurück. (B)
* Beim Annehmen des Tellers fällt mir das Stück Kuchen auch noch auf den Boden. (E)
* Ich benenne, dass mir auffällt, dass die Einteilung der Kuchenstücke unterschiedlich groß ist, und sage, dass ich gerne ein größeres haben möchte. (I)
* Ich esse den Kuchen, aber in mir brodelt es. (D)

* Ich sage der Gastgeberin: »Das ist aber klein geraten. Die anderen haben viel größere Stücke bekommen.« (H)
* Ich flüstere meiner Sitznachbarin zu, dass die Gastgeberin anscheinend morgen auch noch etwas vom Kuchen übrig haben möchte. (C)
* Ich rufe der Gastgeberin zu: »So geht das aber nicht. Das Ministück kannst du selbst essen!« (A)

8. ***Du kommst aus dem Urlaub wieder, und dein Nachbar hat seinen bereits geplanten Zaun 20 cm zu weit auf deinem Grundstück aufgestellt. Was tust du?***

* Ich denke bloß: *Ich hätte doch vor dem Urlaub mit ihm die konkrete Grenze besprechen sollen. Oh Mann, bin ich blöd!* (E)
* Ich ärgere mich: »So was Blödes, jetzt können die uns ja fast auf den Tisch spucken beim Essen!« (H)
* Ich gehe ihm fortan aus dem Weg und grüße nur noch, wenn es gar nicht zu vermeiden ist. (B)
* Ich bitte ihn um einen Gesprächstermin, um über den Zaun zu sprechen. (I)
* Ich reiße den Zaun ab. (A)
* Ich rufe ihm über den Zaun zu: »Von einem Zollstock haben Sie auch noch nie was gehört, wie?« (G)
* Das muss schnellstmöglich wieder geändert werden. Deshalb klingle ich noch am Abend beim Nachbarn und erkläre die Sache. Ich sage, dass er den Zaun innerhalb der nächsten fünf Tage zurücksetzen soll. (D)
* Ich sage zu einem anderen Nachbarn: »Jetzt schau dir das mal an, setzt der mir so ein hässliches Ding mitten auf mein Grundstück.« (C)
* Ich denke: *Was macht das schon aus, zwanzig Zentimeter weniger Rasen, da hab ich jetzt auch weniger zu mähen.* (F)

9. ***Du und dein Fußballteam verliert ein wichtiges Spiel. Wie gehst du damit um?***

* Ich rufe dem Schiedsrichter wütend zu: »Du hast heute völligen Mist gepfiffen! Eine totale Katastrophe!« (A)
* Ich gehe wortlos in die Umkleidekabine und ziehe mich um. (B)
* Ich beschwere mich über die Unfähigkeit der anderen Spieler: »So konnte das ja nichts werden!« (G)
* Ich klopfe meinen Mitspielern kollegial auf die Schulter und sage, dass das doch nichts macht. Nächstes Mal holen wir uns den Sieg. (F)
* Ich teile meine Enttäuschung mit und gebe im Auswertungsgespräch den anderen Spielern Feedback, bei denen mir aufgefallen ist, dass etwas nicht funktioniert hat. (I)
* Auf dem Weg zur Kabine sage ich zu meinem Teamkollegen, dass der eine Spieler am Abend vorher wohl zu viel getrunken hat, so lahm wie er war. (C)
* Ich bin genervt, dass das Spiel so schlecht gelaufen ist, und sage: »Ich glaub, ich muss den Verein wechseln, so wie hier gespielt wird.« (H)
* Ich überlege mir sogleich, wie wir uns beim nächsten Training besser vorbereiten können, und mache Notizen für den Trainer. (D)
* Beim Betreten der Umkleideräume trete ich einmal so heftig gegen die Tür, dass der Fuß noch den ganzen Abend schmerzt. (E)

10. ***Deine beste Freundin ruft dich an und lamentiert – und das nicht zum ersten Mal – über ihren Partner, der immer nur arbeitet und nie Zeit für sie hat und selbst am Wochenende nichts mit ihr unternimmt. Wie reagierst du?***

* Ich sage ihr, dass ich mich in den nächsten Tagen mal auf ein Bier mit ihrem Freund treffen werde. (D)

* Ich sage ihr, dass es ermüdend für mich ist, ihr zuzuhören, und ich mehr Interesse daran habe zu hören, was sie dabei fühlt, als daran, was ihr Partner in ihren Augen alles falsch macht. (I)
* Meine Schultern verspannen sich mehr und mehr, und ich merke, wie das zu Kopfschmerzen führt. (E)
* Ich habe Verständnis für meine Freundin und weiß ja, dass sie irgendwo auch mit ihrem Leid hinmuss. Ich frage sie, ob sie für heute noch was Schönes geplant hat. (F)
* Mir platzt der Kragen. Ich rufe ins Telefon: »Dieses egoistische Gequatsche kann ich nicht mehr hören. Echt, du bist nicht der Nabel der Welt!« Dann lege ich auf. (A)
* Ich bleib am Telefon, beschäftige mich nebenher aber mit etwas anderem. (B)
* Nach dem Telefonat lege ich genervt auf und erzähle meiner Mitbewohnerin, wie anstrengend diese Gespräche sind. Und dass die Freundin doch froh sein könne, dass sie überhaupt einen Freund hat. (C)
* Ich unterbreche sie und sage flapsig: »Das scheint ja wirklich hart zu sein, mit jemandem in einer Partnerschaft zu leben.« (G)
* Ich sage gedehnt: »Kannst du nicht *einmal* von was anderem erzählen? Das ist echt nervig.« (H)

Trage hier ein, wie oft du welchen Buchstaben markiert hast:

A	B	C	D	E	F	G	H	I

Auswertung deines Wut-Typen-Tests

Welchen Wut-Typen hast du am häufigsten ausgewählt? Hier findest du zu den von dir markierten Buchstaben im Test die entsprechenden Wut-Typen-Beschreibungen. Lies dir durch, welcher Wutausdruck dir sehr vertraut ist, was die Motivation und das Ziel dahinter sind. Oft wirst du den Wutausdruck gewählt haben, den du in der Kindheit vorgelebt bekommen hast, der sich über Prägung in dir verankert hat. Damit gehst du den Weg, der dir am meisten Sicherheit gibt und aus deiner frühen Erfahrung heraus den größten Erfolg verspricht. Es ist aber auch möglich, dass du nicht nur einen Wutausdruck kennst, sondern mehrere Wut-Typen in dir trägst. Dann sieh später im Test noch mal nach, in welcher Situation du gerade so reagierst. Oft agieren wir mit Kollegen zum Beispiel anders als mit unserem Partner, einer Freundin oder einem fremden Menschen. Auch in den eigenen vier Wänden verhalten wir uns vielleicht anders als in der Öffentlichkeit.

Die neun Wut-Typen

Unbewusste Wut-Typen

A - Furie

Wutausdruck: ungebremst nach außen, verbal oder auch körperlich.

Motivation: andere beschuldigen, bezichtigen, verantwortlich machen. Das Gegenüber durch Lautstärke und Intensität einschüchtern.

Vermeidet: Blick auf sich selbst, Selbstreflexion.

Strategie: Hau drauf, möglichst laut! Zerstört, was ihm vor die Finger kommt.

Beispiele für Gedanken oder Äußerungen: *»Räum sofort deinen Mist hier weg oder ich raste aus!«, »Halt die Klappe!«, »Hier wird nach meiner Geige getanzt, damit das klar ist!«, »Wer glaubst du eigentlich, wer du bist?«.*

B – Ignorant

Wutausdruck: durch Schweigen oder Ignoranz.

Motivation: das Gegenüber zappeln lassen, bestrafen durch Entzug von Aufmerksamkeit.

Vermeidet: konkrete Ansprache des Themas und die Konfrontation mit dem Gegenüber.

Strategie: den anderen auflaufen lassen. Im Falle eines Konflikts dem Auslöser aus dem Weg gehen. Das Gegenüber auch über einen längeren Zeitraum durch Ignoranz missachten.

Beispiele für Gedanken oder Äußerungen: Antwortet auf die Frage: »Was ist denn los?« mit *»Nichts«; »Ich hab doch gar nichts gemacht!«, »Der wird schon merken, was er davon hat«, »Ich zeig dir schon, wer hier am längeren Hebel sitzt«.*

C – Klatschtante

Wutausdruck: über Klatsch und Tratsch mit Dritten.

Motivation: Aufmerksamkeit bekommen und Allianzen bilden.

Vermeidet: direkte Kommunikation und Ansprache von Dingen, die stören; Konfrontation mit dem Gegenüber; unangenehme Gefühle, Vergleiche mit anderen.

Strategie: den Ruf anderer zerstören, andere bloßstellen, um sich selbst besser zu fühlen; Konkurrenzgefühle ausblenden.

Beispiele für Äußerungen: *»Habt ihr schon von Herrn K.s peinlicher Präsentation gehört?«, »Wie kann man sich nur trauen, so etwas anzuziehen?«, »Hast du schon gehört, was Frau Meyer letzte Woche Unmögliches von sich gegeben hat?«.*

D – Aktionist

Wutausdruck: über Handlung und Aktivität.

Motivation: will die eigene Wut nicht fühlen oder ausdrücken müssen, kontrolliert und bevormundet andere.

Vermeidet: authentische Konfrontation, die Angst vor der Wut zu fühlen.

Strategie: nicht lang herumreden, sondern machen; Wut direkt in Handlung, Kontrolle umsetzen.

Beispiele für Gedanken oder Äußerungen: *»Boah ne, das geht gar nicht! Das muss ich sofort ändern«, »Oje, wenn die das so machen, geht das ja voll den Bach runter. Ich übernehme das am besten sofort, um Schlimmeres zu verhindern«.*

E – Selbstzerstörer

Wutausdruck: auto-aggressiv, nach innen, innerer Dialog, selbstverletzendes Verhalten.

Motivation: niemanden außer sich selbst zu verletzen oder zu kritisieren.

Vermeidet: Konfrontation mit Gegenüber.

Strategie: Selbstzerfleischung, Selbstzerstörung – sich selbst körperlich verletzen, entweder durch Unachtsamkeit oder bewusst, auch aus Wut irgendwo gegentreten oder mit der Faust auf etwas draufhauen.

Beispiele für Gedanken und Äußerungen: *»Vielleicht war es doch mein Fehler. Ich habe bestimmt etwas übersehen«, »Ist ja wieder typisch für mich!«, »So was kann nur mir passieren!«.*

F – Heilige

Wutausdruck: zeigt keinen Wutausdruck, kreiert keinen eigenen Wutausdruck.

Motivation: Harmonie erhalten und Frieden stiften, von der Wut ablenken.

Vermeidet: Konflikte, authentische Auseinandersetzungen, Täterschaft, die Angst vor der Wut zu fühlen.

Strategie: Wut verleugnen, harmonisieren; lebt nach dem Motto »Wir haben uns alle lieb!«

Beispiele für Gedanken oder Äußerungen: *»Schwamm drüber!«, »Hey, ist doch nicht so schlimm«, Sie hat es doch bestimmt nicht so gemeint«, »Kann doch jedem mal passieren«.*

G – Zyniker

Wutausdruck: passiv-aggressiv, verbal nach außen, spitze Kommentare, Sarkasmus, Zynismus, schwarzer Humor.

Motivation: Gegenüber aus Rache bloßstellen; andere verletzen, um eigenen Schmerz nicht zu fühlen; andere herabsetzen; wenn es mir schlecht geht, soll mein Gegenüber auch leiden.

Vermeidet: direkte authentische Konfrontation mit Gegenüber, Verantwortungsübernahme.

Strategie: andere verbal fertigmachen, zerstören. Die anderen sind schuld!

Beispiele für Gedanken oder Äußerungen: *»Ist ja typisch!«, »Wie kann man nur so dumm sein!«, »Heute wieder auf Fettnäpfchen-Jagd?«, »Heute wieder Pascha, was?«, »Wieso räumst du nie hinter dir auf?«, »Das ist gut, könnte glatt von mir sein!«, »Du bist ja echt kreativ, so viele Fehler muss man erst mal hinbekommen!«*

H – Nörgler

Wutausdruck: über Negativität und Nörgeln.

Motivation: Aufmerksamkeit auf sich ziehen, Gruppen dominieren, Mitleid erregen.

Vermeidet: Übernahme von Verantwortung, bewusste Auseinandersetzung.

Strategie: Opfergeschichten erzählen, Miesepeter sein, an allem etwas aussetzen.

Beispiele für Gedanken oder Äußerungen: *»Immer brauchst du so lange dafür!«, »Warum soll ich mich anstrengen? Hat doch sowieso keinen Zweck!«, »Ich arbeite am härtesten und verdiene am wenigsten«, »Ooh, schon wieder langstielige Rosen. Du weißt doch genau, dass ich kurze Blumensträuße viel lieber mag!«.*

Bewusster Wut-Typ

I – Krieger

Wutausdruck: Wut für Handlung und Veränderung nutzen.

Motivation: Klarheit schaffen und Verbindung kreieren, in Handlung kommen.

Vermeidet: unverantwortlichen Wutausdruck, Rechtfertigung, Verteidigung, Geschichten zu erzählen.

Strategie: Unstimmiges in bewussten direkten Kontakt bringen, was nicht stimmt, verändern.

Beispiele für Handlungen: *Wenn der Krieger einen Termin verschieben muss, erklärt er nicht lange, warum, sondern macht neue Terminvorschläge. Wenn etwas nicht klappt, lamentiert der Krieger nicht, sondern findet neue Möglichkeiten. Wenn es einen Verkehrsstau gibt, verschwendet er die Energie nicht durch Flüche oder Wutausbrüche, sondern findet Wege, um die Zeit sinnvoll zu nutzen. Wenn eine Entscheidung ansteht, zögert der Krieger sie nicht hinaus und übernimmt Verantwortung für die Konsequenzen.*

Verzeichnis der Übungen

Adressen

Selbsthilfegruppen

Selbsthilfegruppe nach dem 12-Schritte-Programm für **Co-Abhängige**: www.coda-deutschland.de

Für **Hinterbliebene nach Suizid:** www.agus-selbsthilfe.de

Hilfe in Krisen

Deutsche Telefonseelsorge: www.telefonseelsorge.de. Kostenfreie Notfall-Hotline: 0800 111 0 111

Für Menschen in Krisen: www.irrsinnig-menschlich.de

Depression (Hilfe in akuten Krisen): www.deutsche-depressionshilfe.de

Fakten und Hilfen für junge Menschen zu **Depression und Suizidalität**: www.frnd.de

Weiterführende Trainings und Coachings

Wutkraft: www.wutkraft.de

Gefühlearbeit: www.friederikevonaderkas.com; www.viviandittmar.net (Vivian Dittmar)

Possibility Management (PM): www.possibilitymanagement.org; www.pm-unlimited.eu (Marion Lutz)

Gewaltfreie Kommunikation (GFK): www.gewaltfrei-gluecklich.de; www.gewaltfrei-dach.eu

Therapeutische Angebote

Somatic experience: www.somatic-experience.de

NARM Therapie: www.drlaurenceheller.com

Zum Weiterlesen

Clinton, Callahan: *Die Kraft des bewussten Fühlens.* Genius Verlag 2016.

Clinton, Callahan: *Wahre Liebe im Alltag.* Next Culture Press 2015.

Dalai Lama: *Be angry! Die Kraft der Wut kreativ nutzen.* Allegria 2020.

Dittmar, Vivian: *Gefühle & Emotionen – Eine Gebrauchsanweisung.* Verlag VCS Dittmar 2014.

Harris, Thomas A.: *Ich bin o. k. Du bist o. k.* Rowohlt Taschenbuch Verlag 2007.

Heller, Laurence und LaPierre, Aline: *Entwicklungstrauma heilen.* NARM. Kösel 2013.

Holleben, Jan von: *Meine wilde Wut.* Beltz und Gelberg 2018.

Hüther, Gerald: *Was wir sind und was wir sein könnten.* S. Fischer 2017.

Juul, Jesper: *Aggression.* S. Fischer 2014.

Kast, Verena: *Vom Sinn des Ärgers.* Herder 2010.

Levine, Peter A.: *Sprache ohne Worte.* Kösel 2011.

Moeller, Michael L.: *Die Wahrheit beginnt zu zweit.* Rowohlt Taschenbuch 2010.

Rosenberg, Marshall B.: *Gewaltfreie Kommunikation.* Junfermann 2016.

Rosenberg, Marshall B.: *Was deine Wut dir sagen will.* Junfermann 2013.

Sprenger, Reinhard K.: *Das Prinzip der Selbstverantwortung.* Campus 2015.

Dank

Meine Wut hat mich unterstützt dieses Buch zu schreiben. Sie hat mich darüber informiert, dass es für mich nicht stimmt, dass die Kraft der Wut noch immer so negativ behaftet ist. Es ist mein Herzensanliegen, diese lichte Seite mit Menschen zu teilen. Die Arbeit am Buch hat es mir ermöglicht, noch tiefer in die Wutarbeit einzutauchen, zu reflektieren und auszuwerten, was ich gelernt habe. An dieser Stelle ist es Zeit, mich zu bedanken:

Allen voran danke ich Jelka Mönch und Cordula Andrä, ohne die es die Wutkraft-Arbeit nicht gäbe. Danke für euren Mut, euch diesem Thema zuzuwenden und die Wutarbeit in die Welt zu bringen. Und danke für eure Einladung, 2015 Mitgestalterin im Wut-Kraft Team zu werden.

Thilo, dir danke ich für unsere gemeinsame Zeit hier. Dein innerer Kampf mit der Wut hat mich inspiriert, die Tür zur Wutarbeit zu öffnen. So habe ich meine Bestimmung gefunden.

Meiner Mutter Christiane: Ich danke dir für dein offenes Ohr, dein Verständnis, deine unendliche Geduld und liebevollen Worte der Ermutigung.

Meinem Bruder Gero und Christiane danke ich für unsere gemeinsame Gefühle- und Wutforschung.

Meinem Vater Claus danke ich für seine inneren Widerstände zum Thema Wut und für die unerschütterliche Ausrichtung, auf die positiven Seiten des Lebens zu schauen.

Ich danke allen Menschen, die ich dabei begleiten durfte, ihre eigene Kraft (wieder) zu entdecken, und deren Wachsen für mich immer wieder so berührend ist.

Ich danke meinen Weggefährten aus der Gruppe F, die mich während der Entstehung des Buches geistig, emotional und körperlich immer wieder gehalten und begleitet haben.

Hannah, dir danke ich für unsere Zusammenarbeit und Freundschaft und dein gnadenlos ehrliches Feedback.

Danke Torsten für deine Ruhe, deine Liebe, dein Halt-Schenken und dein Zutrauen.

Stacia für die gemeinsame Liebe zur Wutarbeit, gegenseitiges Inspirieren und die Vision, diese Arbeit in die Welt zu bringen.

Marion Lutz, dir danke ich für deine klaren Worte, dein ehrliches Feedback, deine Geduld, deine Liebe und deinen Glauben an dieses Buch.

Der ZEGG-Gemeinschaft, meiner erweiterten Familie, dass ihr mich durch die schwere Zeit des Verlustes meines Bruders begleitet und mir die Möglichkeit gegeben habt, mit der Arbeit, die ich liebe, in mein volles Potenzial durchzustarten. Danke für die vielen Inspirationen und Anregungen, die ich im Laufe der Jahre durch viele von euch an diesem besonderen Ort bekommen habe.

Danke, liebe Sylvia Gredig, für deine niemals endende Ermutigung dranzubleiben, deine beeindruckende Kreativität, deine Offenheit und Neugier an dem Thema.

Ich danke dem Team des Beltz Verlags, besonders Dorothea Bühler und Bettina Brinkmann, für euren Vertrauensvorschuss und Glauben an die Kraft des Themas.

Ich danke meinen Inspiratoren, Vordenkern, Mitforschern und Lehrern.

Anmerkungen

1. Verena Kast: *Vom Sinn des Ärgers. Anreiz zu Selbstbehauptung und Selbstentfaltung.* Herder 2010, S. 114.
2. Peter A. Levine: *Sprache ohne Worte.* Kösel 2011, S. 35.
3. Laurence Heller und Alice LaPierre: *Entwicklungstrauma heilen.* Kösel 2013, S. 156.
4. Zur besseren Lesbarkeit verzichte ich auf die gendergerechte Sprache. Mir ist es wichtig, ausdrücklich zu betonen, dass immer alle Geschlechter gemeint sind und ich gleichgeschlechtliche Paare gleichermaßen meine, wenn von Mann und Frau die Rede ist.
5. Marshall B. Rosenberg: *Gewaltfreie Kommunikation.* Junfermann 2007, S. 92.
6. https://www.deutsche-depressionshilfe.de/forschungszentrum/deutschland-barometer-depression
7. Peter A. Levine: *Sprache ohne Worte.* Kösel 2011, S. 411.
8. Gabor Maté: *When the Body says no.* Scribe Publications 2019, S. 61.
9. https://www.uni-regensburg.de/medizin/epidemiologie-praeventivmedizin/medien/institut/professur-fuer-medizinische-soziologie/prof-dr-med-julika-loss/alternative_heilverfahren_angebot_gesundheitswesen.pdf.
10. Die Namen von Personen, die an meinen Seminaren teilgenommen haben, wurden verändert und die Lebensgeschichten so verfremdet, dass sie keine Rückschlüsse zulassen.
11. *Health Psychology*, Vol 24(6), Nov 2005, 601–607.
12. https://www.deutschlandfunkkultur.de/antonio-damasio-im-anfang-war-das-gefuehl-die-sehnsucht.950.de.html?dram:article_id=400314.
13. Interpretationen nach Vivian Dittmar: *Gefühle & Emotionen.* Verlag VCS Dittmar 2007, S. 28.
14. Clinton Callahan: *Die Kraft des bewussten Fühlens.* Genius Verlag 2009, S. 115.
15. Ebd. S. 114.
16. Mehr dazu hier: Harris, Thomas A.: *Ich bin o.k. – Du bist o.k.* Rowohlt Taschenbuch 1976.
17. Verena Kast: *Vom Sinn des Ärgers.* Herder 2010, S. 37.
18. Clinton Callahan: *Die Kraft des bewussten Fühlens.* Genius Verlag 2009, S. 25.
19. Peter A. Levine: *Sprache ohne Worte.* Kösel 2011, S. 408.
20. https://soundcloud.com/user-435173570/7-fragen-an-gerald-huther?fbclid

=IwAR0-NfIeTdRJR8LULBb71iMEXxN5j_yPN0CANdTbCqbuQgjwsICy2PJZ8V8.

21. https://www.zeit.de/wissen/gesundheit/2012-10/Alkoholiker-Sucht-Lebenserwartung.
22. Clinton Callahan: *Die Kraft des bewussten Fühlens*. Genius Verlag 2009, S. 29.
23. »Passiv-aggressiv«. In: *Psychologie Heute*. Verlagsgruppe Beltz Oktober 2019. Heft 10.
24. »Passiv-aggressiv«. In: *Psychologie Heute*. Verlagsgruppe Beltz Oktober 2019. Heft 10.
25. Verena Kast: *Vom Sinn des Ärgers*. Herder 2010, S. 20.
26. Ebd. S. 21.
27. Marshall B. Rosenberg: *Was deine Wut dir sagen will – überraschende Einsichten. Das verborgene Geschenk unseres Ärgers entdecken*. Junfermann 2013.
28. Paul Watzlawick: *Anleitung zum Unglücklichsein*. Piper Taschenbuch 2009, S. 37 f.
29. Vivian Dittmar: *Gefühle & Emotionen*. Verlag VCS Dittmar 2007, S. 102 ff.
30. Michael Lukas Moeller: *Die Wahrheit beginnt zu zweit*. Rowohlt Taschenbuch 2010, S. 15.
31. Clinton Callahan: *Die Kraft des bewussten Fühlens*. Genius Verlag 2009, S. 88–91.
32. Nach Laurence Heller und Alice LaPierre. *Entwicklungstrauma heilen*. Kösel 2013, S. 11 ff.
33. Stephan B. Karpman: *A game free life*. Drama Triangle Publications 2014.
34. Clinton Callahan: *Die Kraft des bewussten Fühlens*. Genius Verlag 2009, S. 142.
35. Verena Kast: *Vom Sinn des Ärgers*. Herder 2010, S. 31.
36. Nach Clinton Callahan: *Wahre Liebe im Alltag*. Next Culture Press 2015, 216 f.
37. https://www.psychologie-heute.de/beruf/40050-burnout-unter-kontrolle.html#page.
38. https://www.stiftung-gesundheitswissen.de/wissen/depression/hintergrund?gclid=EAIaIQobChMI3KjNi8m76AIVCtHeCh2l5gZaEAAYASAAEgIBKfD_BwE.
39. Die Studie ist hier abrufbar: https://www.researchgate.net/publication/329095628_Mismatch_in_Spouses‘_Anger-Coping_Response_Styles_and_Risk_of_Early_Mortality_A_32-Year_Follow-Up_Study.
40. Die Studie ist hier abrufbar: https://papers.ssrn.com/sol3/papers.cfm?abstract_id=3470734.
41. https://www.spiegel.de/karriere/knatsch-im-job-wie-sich-arbeitskonflikte-loesen-lassen-a-825328.html.
42. Vivian Dittmar: *Gefühle & Emotionen. Eine Gebrauchsanweisung*. Verlag VCS Dittmar, Edition Est 2007.